精准扶贫

十八洞的人民情怀

中国人民政治协商会议湘西土家族苗族自治州委员会◎编

中南大学出版社
www.csupress.com.cn
·长沙·

图书在版编目(CIP)数据

精准扶贫：十八洞的人民情怀／中国人民政治协商
会议湘西土家族苗族自治州委员会编. —长沙：中南大
学出版社，2020.12

ISBN 978-7-5487-4298-2

Ⅰ.①精… Ⅱ.①中… Ⅲ.①扶贫－概况－湘西土家
族苗族自治州 Ⅳ.①F127.642

中国版本图书馆CIP数据核字(2020)第262082号

精准扶贫——十八洞的人民情怀
JINGZHUN FUPIN——SHIBADONG DE RENMIN QINGHUAI

中国人民政治协商会议湘西土家族苗族自治州委员会　编

□**责任编辑**	刘　莉	
□**责任印制**	易红卫	
□**出版发行**	中南大学出版社	
	社址：长沙市麓山南路	邮编：410083
	发行科电话：0731-88876770	传真：0731-88710482
□**印　装**	长沙雅鑫印务有限公司	

□**开　本**	710 mm×1000 mm 1/16	□**印张** 15.75	□**字数** 290 千字
□**版　次**	2020 年 12 月第 1 版	□2020 年 12 月第 1 次印刷	
□**书　号**	ISBN 978-7-5487-4298-2		
□**定　价**	58.00 元		

牢记嘱托　决战贫困

——写在习近平总书记视察湘西州6周年之际

湖南省人大常委会副主任、湘西州委书记　叶红专

2013年11月3日，习近平总书记亲临湘西州视察，做出"精准扶贫"重要指示，湘西州决战千百年绝对贫困历史的崭新一页就此掀开，中国共产党团结带领全国人民创造出人类减贫奇迹的关键一步就此迈出。这是一个值得纪念的日子。

6年时间，饱含感恩，充满力量，在湘西州历史长河中留下了灿烂的印记。从中央到地方，从机关到社会，从城市到乡村，从党员到群众，都把习近平总书记的殷切嘱托装在心里，都在为"全面建成小康社会一个都不能少"而挥洒辛劳的汗水。身处湘西州这个精准脱贫攻坚主战场，常常被"尽锐出战"的氛围感染，被"啃下硬骨头"的胆魄打动，被"下好绣花功夫"的劲头鼓舞。这6年，全州1110个贫困村出列874个，减贫55.4万人，贫困发生率由31.93%下降到4.39%，农民收入年均增长12%以上，脱贫攻坚形成决胜之势。让人感慨万千的，不只是这份成绩单，还有全州上下始终牢记殷切嘱托提高政治站位，始终强化党委领导压实四级责任，始终坚持分类指导实施"十项工程"，始终突出精准发力促进"五个结合"，始终注重脱贫质量做到"四防

两严"。这"五个始终",是我们探索的一条可复制可推广的精准扶贫脱贫好路子,是湘西州减贫人口之多、群众增收之快、脱贫基础之实、农村面貌变化之大前所未有的生动注解。特别让我们激动的是,6年里,习近平总书记始终牵挂着湘西州的贫困群众,对湘西州脱贫攻坚工作做出5次重要指示批示,给予肯定和鼓励。这是我们攻克贫困堡垒的无限信心和动力,激发出的力量足以战胜一切困难。

岁月流转,情怀永恒。习近平总书记每年都根据新的形势任务,多次对脱贫攻坚做出重要指示,在十九届四中全会上,习近平总书记对解决贫困问题又做出新的战略部署。这是一份在兹念兹的为民情怀,是一种久久为功的担当境界。在深入开展"不忘初心、牢记使命"主题教育之际,再次回想习近平总书记视察湘西州的情景,学习习近平总书记关于扶贫工作的重要论述,强烈地感受到党的初心使命在热切召唤。能够赶上决战脱贫攻坚这一时代大主题,是人生中的一大幸事,是一笔宝贵的精神财富。面对这样一个光荣的时代任务,我们唯有保持向上之活力、奋斗之朝气、追梦之精神,坚决打赢打好脱贫攻坚战,方能不负初心、不辱使命。这便是共产党人不驰于空想、不骛于虚声的实践品格,便是共产党人始终与群众同呼吸、共命运、心连心的人民立场。

无垠的过去都以现在为归宿,无限的未来都以现在为渊源。经过6年的奋斗,全州精准扶贫进入高质量脱贫的巩固提升期。这个阶段,最重要的是防松懈、防滑坡。我们没有时间喘口气、歇歇脚。小康社会的目标越近,越要点燃奋斗激情;攻坚克难的任务越重,越要发起最后冲锋。一鼓作气、顽强作战、决战决胜必须成为我们摆脱贫困、奔向小康的重要遵循,确保以实干实绩向党和人民交出一份满意的脱贫答卷。

理论是实践的先导,思想是行动的指南。习近平总书记关于扶贫工作的重要论述,彰显了党中央对扶贫开发规律的深刻把握、对脱贫攻坚进程的深刻洞察。学深悟透这一重要论述,既是我们打赢打好脱贫攻坚战的制胜一招,也是我们开展"不忘初心、牢记使命"主题教育的重要任务。要联系思想和工作实际,深刻领会五级书记抓扶贫的着力点、精准扶贫基本方略的实践要领、构建大扶贫格局的推进举措、激发内生动力的有效办法、加强扶贫领域作风建设的具体要求，及时纠正思想和行为偏差，不断提高脱贫质量，全面完成脱贫摘帽任务，确保脱真贫、真脱贫。

紧扣"两不愁三保障"突出问题精准发力、久久为功，是贯彻落实习近平总书记"不降低标准、不吊高胃口"重要指示的具体实践，也是我们实现主题教育目标和推进"检视问题、整改落实"工作的内在要求。要下好绣花功夫开展脱贫攻坚问题以户清零、以村清零、以事清零"三大清零"行动，按照摘帽不摘责任、不摘政策、不摘帮扶、不摘监管的要求扎实做好"扶上马、送一程"工作，推动政策落实、责任落实、工作落实，做到帮扶精准、增收稳定、保障到位、脱贫真实、群众满意。

建立解决相对贫困的长效机制，是十九届四中全会做出的重大部署。打赢脱贫攻坚战，只是消除了绝对贫困，缓解相对贫困将是长期任务，我们要做好打持久战的准备。要统筹抓好贫困户与非贫困户、贫困村与非贫困村的民生保障，积极探索脱贫攻坚与区域发展相互促进，与全面小康、乡村振兴相互衔接的有效做法，努力打造全国精准脱贫的鲜活标杆。要以脱贫攻坚带动民生事业发展，加强普惠性、基础性、兜底性民生建设，大力推进基本公共服务标准化建设，努力在幼有所育、学有所教、劳有所得、病有所医、老有所养、住有所居、弱有所扶上不断取得新进展，尤其要落实就业创业政策，不断提升大众创业、万众创新成效。

众人拾柴火焰高。要大力弘扬守望相助的优良传统，抓好济南市扶贫协作、省辖六市对口扶持、中直单位定点扶贫工作，深入推进"互助五兴"基层治理模式，大力实施"万企帮万村"精准扶贫行动，认真开展"户帮户亲帮亲，互助脱贫奔小康"活动，动员引导全社会关心贫困群众、支持贫困地区、参与扶贫济困，进一步提升专项扶贫、行业扶贫、社会扶贫"三位一体"大扶贫成效。

"脱贫攻坚越到最后时刻越要响鼓重锤，决不能搞急功近利、虚假政绩的东西。"这是习近平总书记对脱贫攻坚工作的严肃要求。我们必须把作风建设贯穿脱贫攻坚各方面、全过程，以过硬作风推动攻坚克难。要压紧压实脱贫攻坚政治责任，发挥"一把手"的示范带动作用，认真开展"三走访三签字"工作，推动领导精力更集中、乡镇责任更明确、部门作为更积极、驻村队员更尽职、村组干部更细心、群众脱贫更主动。要认真落实中央"基层减负年"总体部署，力戒形式主义、官僚主义，持续整顿软弱涣散村党组织，深化扶贫领域腐败和作风问题专项治理，加强驻村结对帮扶管理，坚决杜绝弄虚作假，确保脱贫攻坚工作务实、过程扎实、结果真实。

打赢打好脱贫攻坚战，一切都充满着蓬勃的力量，一切都孕育着无尽的希望。让我们紧密地团结在以习近平同志为核心的党中央周围，认真学习贯彻习近平总书记关于扶贫工作的重要论述，攻坚克难、顽强奋斗，以高质量如期完成脱贫攻坚任务的实际成效践行初心使命，为建设美丽开放幸福新湘西贡献力量，为实现中华民族伟大复兴的中国梦添砖加瓦。

第一章

精准扶贫十八洞模式

第二章

精准扶贫十项工程

第三章

湘西政协扶贫案例

第一章

精准扶贫十八洞模式

01 十八洞村：牢记总书记嘱托 积极探索可复制可借鉴精准扶贫模式

花垣县双龙镇十八洞村作为习近平总书记"精准扶贫"重要思想的首倡地。四年来，十八洞村始终牢记习近平总书记嘱托，在各级各部门的大力支持和关心下，积极探索可复制、可借鉴的精准扶贫精准脱贫模式，现已成为全国、全省精准扶贫精准脱贫的一面旗帜，先后荣获"全国少数民族特色村寨""全国乡村旅游示范村""全国文明村""全国民族团结进步创建示范村""全省脱贫攻坚示范村"等殊荣。2016 年，全村人均纯收入由 2013 年的 1668 元增加到 8313 元，136 户 533 人贫困人口和 7 户 12 人兜底贫困人口，已全部实现脱贫，村集体经济收入为 7.5 万元，基础设施和公共服务基本完善，提前退出贫困村行列。2017 年，全村人均纯收入突破万元大关，村级集体经济收入达 53.5 万元，精准扶贫精准脱贫得到进一步巩固和加强，全村各项事业有了翻天覆地的变化。

精准识贫，不落一人

2014 年，花垣县驻村扶贫工作队和村支两委认真入户调查并结合实际制订了《十八洞村精准扶贫贫困户识别工作做法》，制订"十八洞村贫困农户识别 9 个不评"的标准，按照"户主申请、投票识别、三级会审、公告公示、乡镇审核、县级审批、入户登记"七道程序，把识别的权力交给广大群众，及时张榜公布结果，对识别工作实行全程民主评议与监督，确保识别公开、公平、公正，准确识别出建档立卡贫困户 136 户、533 人，占全村总人口的 56.8%，通过识贫、校贫、定贫，把真正的贫困户、贫困人口全部找出来。2017 年，为确保识别时刻精准，工作队和村支两委再次认真开展了贫困人口"大排查、大诊断、大整改"活动，最终确定新增 23 户、30 人，清退 24 户、41 人。同时，切实解决好"谁来扶"的问题，针对不同致贫原因分类提出帮扶手段，驻村扶贫工作队员和花垣县扶贫开发办、县苗汉子合作社干部职工 37 人与全村建档立卡户全部实行结对帮扶，每人联系 3~5 户贫困户，引导贫困户建立产业，定期深入贫困户家中解决实际困难和问题。

扶贫扶"根"，思想先行

工作队和村支两委多次组织召开群众代表大会，把党的惠民政策讲深讲透，家喻户晓，提升了"投入有限、民力无穷、自力更生、建设家园"的十八洞精神，鼓励群众充分依靠自身力量脱贫致富。积极探索"村民思想道德星级化管理"模式，每半年组织召开一次全体村民道德评比大会，18 岁以上的村民全员参与，以组为单位互相评分。同时，实行"依法和依德治村双结合"，开办道德讲堂，开展歌咏、舞蹈、小品、苗鼓等丰富多彩的文化活动，树立身边榜样，统一群众思想，改写过去"村合心不合"的历史，鼓励贫困户走出贫困，激励群众自力更生、建设家园。四年来，通过不断地对村民进行思想教育，村民脱贫攻坚的积极性、主动性有了空前提高，村民参加村内各种公共建设自愿投工投劳达 2800 多个，施六金还主动无偿让出 1 亩多地为村里修建停车场。

建强组织，筑牢堡垒

2013 年，十八洞村 24 名党员的平均年龄在 55 岁以上，村党支部散漫、薄弱。2014 年 1 月，花垣县委抽调 5 名党员组成了十八洞驻村扶贫工作队，工作队长和第一支书的党组织关系下转到村党支部，全力支持两委班子开展工作。在村委换届选举中推行"两述两评"制度，把讲政治、有文化、"双带"能力强、群众信任的能人选进班子，2014 年选出了大学生村官龚海华担任村支书、致富能人施进兰担任村主任，班子结构得以优化，班子成员的带富能力进一步增强，筑牢了基层党组织的战斗堡垒，群众对村支两委的满意率由以往的 68% 上升到现在的 98%。2016 年，十八洞村党支部被授予"全国先进基层党组织"称号，龚海华作为旅游扶贫带头人获评"中国旅游十大新闻人物"。2017 年，十八洞村支"两委"圆满完成了换届选举，在阿联酋迪拜打"洋工"的龙书伍当选村支书、龙吉隆当选为村主任，实现了组织意图和群众意愿完美结合与统一，新一届村"两委"班子勇接精准扶贫的交接棒，精准扶贫各项工作推进十分得力，村"两委"班子的凝聚力、战斗力得到了不断的提升和加强。

规划引领，精准发力

结合"最美乡村"建设和实施乡村振兴战略，工作队和村支"两委"因地制宜、实事求是，制订了《十八洞村精准扶贫规划》，科学谋划、扎实推进十八洞村村寨建设、产业建设和民族文化建设。

突出基础设施建设。严格按照习近平总书记提出的"可复制、可推广"要求进行基础设施建设，不搞"高大上"项目，不进行大拆大建，确立了"人与自然和谐相处，建设与原生态协调统一，建筑与民族特色完善结合"的建设总原则，以"修旧如故""把农村建设得更像农村"为理念，打造"中国最美农村"，实现"天更蓝、山更绿、水更清、村更古、心更齐、情更浓"，为十八洞的发展选准了方向。脚踏实地，认真实施"三通""五改"和公共服务设施建设，改善村民生活环境，拓宽村道4.8公里，全村225户房前屋后铺上了青石板，家家通上了自来水、户户用上了放心电，建设了村级游客服务中心、停车场、观景台、千米游步道，升级改造了村小学和卫生室，建立了村级电商服务站、村级金融服务站，无线网络覆盖了全村，村居面貌焕然一新，实现了"鸟儿回来了、鱼儿回来了、虫儿回来了、打工的人儿回来了、人心回来了"。

突出民族文化建设。积极举办"苗族赶秋"、苗歌赛、苗鼓表演等活动，鼓励苗绣、苗族巴代、苗医药发展，大力挖掘和发扬民族文化资源，十八洞村民讲苗语、穿苗服、唱苗歌越来越多，展现出更加自信的民族文化，使原生态的民族文化得到传承和发扬。

产业扶贫，重在"造血"

立足长远，发展民族文化乡村游。2016年11月，引入首旅集团、消费宝公司，斥资6亿元打造以十八洞村为核心的蚩尤部落群旅游景区，突出苗族文化神秘特色，致力于打造4A级景区，目前，旅游公厕、游客服务中心、千米游步道等相关旅游项目建设正在大力推进。2017年5月十八洞溶洞旅游项目正式动工，2017年6月与长沙地球仓科技有限公司签约，8栋地球仓生态职能酒店建设进展顺利，现在村里共开办8家农家乐，2014年以来共接待游客50余万人次。2017年10月十八洞村山泉水厂正式建成投产，山泉水厂每年将按"50+1"形式给村集体分红，即每年给村集体保底分红50万元，每生产一瓶水再拿出1分钱注入村扶贫基金，实现共享发展、互利共赢。

瞄准中期，发展特色种植业。组建了花垣县十八洞村苗汉子果业有限责任公司，通过股份合作的形式，在本县生态农业科技示范园异地流转土地1000亩建设精品猕猴桃基地，现已完成有机产品认证并授予"出口示范基地"，2017 年猕猴桃已挂果，9 月 28 日正式开园销售，通过线上线下销售相结合，与京东合作实现网上销售，完成产品检验检疫，实现港澳直通。2019 年可进入盛果期，仅凭此项目全村人均可以增收 5000 元以上。全村所有农户依托中国邮政的网络平台，每株桃树按 418 元/年标准向游客销售采摘权，授予其"十八洞村荣誉村民证"，给予免费游等优惠，已销售 4160 棵桃树采摘权，贫困群众获益 170 余万元。

抓牢短期目标，巩固特色养殖，发展苗绣加工和劳务经济。采取大户带散户的形式，全村养牛 50 余头，山羊 300 多只，母猪 60 多头，年出栏仔猪 1600 多只。组织 53 名留守妇女组建苗绣合作社，实现留守妇女在家门口就业，并与金毕果等四家公司签订定单苗绣协议，2017 年还组织完成花垣县 60 米苗绣长卷作品《锦绣湘西》，寄托了苗族人民对湘西土家族苗族自治州成立 60 周年的美好祝福。同时，加大村民技能培训力度，积极与深圳、广州劳动力市场对接，全村共有 200 余劳动力在外稳定就业。

（供稿：十八洞村党支部、十八洞村委会，2019 年 2 月）

02 金风送爽十八洞
——"精准扶贫"的花垣实践

龙艾青　石林荣　潘尚德　张耀成

眼下正是武陵山中最令人陶醉的时节，金风送爽，群山斑斓，秋枫绯霞，溪水飘彩。

10月下旬的一天，我们来到花垣县排碧乡十八洞村。生气勃勃的村民，整洁秀美的苗寨，修葺一新的民居，种植养殖的项目，络绎不绝的游客……一年前我们所看到的旧貌已悄然发生了巨变。

"这些都是精准扶贫政策落实的结果，感谢党中央、感谢习总书记！"该村党支部第一支书施金通激情地说道。

牢记嘱托，筑起脱贫致富梦

十八洞村藏在偏僻幽静的山谷中，是一个苗族聚居的贫困村，因境内有18个天然溶洞而得名。全村有6个村民小组，225户939人，人均耕地0.83亩，2013年人均纯收入仅1668元。

据新华社报道："2013年11月3日下午，中共中央总书记、国家主席、中央军委主席习近平在湘西土家族苗族自治州花垣县排碧乡十八洞村同村干部和村民座谈。"

报道还披露了许多细节："习近平沿着狭窄山路辗转来到十八洞村特困户施齐文家。木屋四壁黝黑，一盏节能灯是唯一'电器'。老人老伴石爬专问：'怎么称呼您？'村主任说：'这是总书记。'习近平握住老人的手询问年纪，听说老人64岁了，他说：'你是大姐。'"

"'吃得饱吗？''有果树吗？''养猪了吗？'在施齐文家，习近平向两位老人仔细了解生产生活情况。听说养了猪，他问道：'自己吃还是卖了？'他走进两位老人睡觉的小木房，揭开米仓盖子察看，还走进猪圈看老人家里养的两头猪。"

"习近平在低保户施成富家院子里和村干部、村民代表等座谈。从水、路、电到教育、医疗，他一一询问。他说，我今天来，目的很明确，就是看望湖南少数民族乡亲们。我说了，要看真正少数民族的村子，不要临时收拾，是什么样就是什么样，真正了解大家的生活状况。"

在十八洞村视察时，习近平对扶贫攻坚做出了"实事求是、因地制宜、分类指导、精准扶贫"重要指示。

……

一夜之间，十八洞这个偏僻的苗寨闻名天下。

"总书记来到我们花垣县访贫问苦，并在我县十八洞村做出了下一步精准扶贫的重要指示，我们没有理由不带头响应，没有理由不率先落实！"2013年11月8日，在花垣县领导干部传达学习总书记考察湘西州重要指示精神会议上，县委书记罗明的讲话掷地有声。

习总书记的殷切嘱托，各级领导的深切关怀，极大地激发和调动了十八洞村民决战贫困、建设幸福美好家园的热情和干劲。怀着脱贫致富梦想的十八洞村人，迎来了充满希望的春天。

先行先试，十八洞村大变样

深秋的十八洞村，美景如画，秋色宜人。

"自来水通了，房屋改造了，青石板路通到家门口了，游客也多了……"这是村民石爬专发自内心的赞叹。

2013年11月以来，十八洞村干部群众认真贯彻落实习近平总书记到村里视察做出的重要指示，以战天斗地的豪迈气概，克服艰难险阻，打响了决战贫困的精准扶贫攻坚战。

为扎实推进十八洞村的精准扶贫工作，花垣成立了以县委书记任组长，县长任第一副组长，其他相关县级领导任副组长的十八洞村精准扶贫工作领导小组。从县直相关部门抽调熟悉农村工作的5名干部，组建县委驻十八洞村扶贫工作队，指导和帮助该村探索可复制、可推广的精准扶贫经验。

同时，以村支两委换届为契机，优化村班子结构，增强村级组织战斗力。大学生村官龚海华、致富带头人施进兰分别当选为新一届村支书和村主任。县里还指派乡综治办主任施金通驻村工作，并担任村支部第一书记。

精准识别扶贫对象，是开展精准扶贫的一项重要基础工作。"但要在全村6个村民小组、225户农户中，选出真正的贫困户，不是一件容易的事。"驻村扶贫工作队队长龙秀林说，他们驻村后的第一件大事，就是对全村所有农户的家庭成员情况、联系方式、收入来源、产业发展意向等，进行全面细致的调查摸底，并逐一登记造册。

在此基础上，多次召开群众大会和村支两委会议，广泛听取意见，共同商定适合本村的识别标准及"九个不评"规定。按照"户主申请、投票识别、三级会审、公告公示、乡镇审核、县级审批、入户登记"七道程序，把识别权交给群众，公正、公开、公平地确定贫困户。到2014年3月底，十八洞村率全县之先，精准识别出贫困户136户542人，占全村总人口的57.7%。

因地制宜、分类指导，帮助村民选择脱贫项目。

"我今年种了3亩果桑，用人力和土地入股，苗木、肥料由合作社提供。"村民隆兴贵对他加入村里的金惠隆种植专业合作社深感欣喜。他说，合作社采取理事长以资金入股、社员以人力和土地入股的方式，发展社员9户，今年种植果桑40亩。3年后进入丰产期，亩产可达3000斤，以每斤12元计算，收入达3.6万余元，加上每亩桑叶养蚕产值4000元左右，一亩果桑能带来近4万元的收入。

金惠隆合作社理事长隆吉龙介绍，结合村情和老百姓意愿，十八洞村已建立种植、养殖等专业合作社4个，带动了193户农户入社，拓展了扶贫及村民增收的新渠道。

位于道二乡的化坦县现代生态农业科技示范区内一片开阔的土地里，一车车农家肥被倒入挖好的坑内，这是十八洞村异地开发扶贫产业的一个场景。在现场陪同采访的村主任施进兰介绍，十八洞村山多地少，人均不足1亩，且耕地丘块小，分布散乱。为发展产业，摆脱贫困，村支两委班子和驻村扶贫工作队精心谋划，创造性地提出了"跳出十八洞建设十八洞产业"的扶贫思路——

依托县生态农业科技示范区，在道二乡承包土地，建立1000亩高标准猕猴桃基地。同时，探索股份合作扶贫新模式，成立十八洞村猕猴桃开发专业合作社，与县苗汉子合作社共同组建十八洞果业股份有限公司。公司注册资本600万元，由苗汉子出资306万元，占51%的股份，十八洞村全体村民集资294万元，占49%的股份。

提及预期效益，该公司董事长石志刚说，猕猴桃产果年限为30年，基地5年进入盛果期，年可实现产值2500万元，直接带动十八洞村人均增收0.5万元以上。同时，道二乡流转土地的224户农户年均收入0.2万元。基地还可安置劳务用工50人，人均年劳务收入2万元以上。

今年，该村还种植烤烟318亩、蔬菜41亩、西瓜183亩；发展养猪大户1户，存栏母猪35头、仔猪600头；培植养羊大户2户，存栏山羊168只；养牛大户 2 户，存栏牛 84 头；开发稻田养鱼 81 亩。

同时，组建苗绣专业合作社，引导 92 名留守妇女开发苗绣，并与吉首金毕果民族服饰公司签订销售订单，人均实现月收入 1500 元左右；打造具有苗族特色、山村特点的文化旅游业，目前以农家乐为形式的休闲游开始起步；发展劳务输出，全村有 200 余名富余劳动力外出务工，人均年收入 2 万元以上。

如今的十八洞村民，从这些新兴的产业中，尝到了增收的甜头。

走进村卫生室，笔者看到村医刘青书正在给村民施成云开感冒药。他说，今年村里对卫生室进行就地改造，并按要求添置药品器械，常用药品均实行零差率销售。目前，村里建成标准卫生室 2 所，百姓小病小痛均可就地及时诊断、治疗。

针对相邻却路途不近的竹子小学隔年招生、复式教学和排谷美小学设施简陋的现状，该村在不撤并原有教学点基础上，建立教师交流和支教机制，实行村小分级分班教学。同时，对基本教学设施及食堂、厕所、运动场等，进行全面维修改造，解决了孩子们"读书难"问题。

"农网改造了，用电正常了，"村民杨秀富说，"以前我们用的是乡里小水电，在枯水期，还要分单双日供电，很不方便，加上之前架的是木电杆，很不安全。今年农网改造后，全村家家户户用上了安全电、平价电和放心电。"

走进村民施成富家，青石铺成的院子干净整洁，新修的厕所装修得环保而洁净；新建的节能灶边，勤劳的女主人正在为游客煮饭……这是该村改善人居环境显现出的新景象。

十八洞村按照"人与自然和谐相处、建设与原生态协调统一、建筑与民族特色完美结合"的要求，大力推进"五改""三通"等基础设施建设，全村环境面貌焕然一新。目前，已完成民居改造 95 户、改厕 10 户、改圈 10 户、改浴 8 户、改厨 28 户；架设供水管道 8800 米，家家户户用上了自来水；新修水渠 2000 米，铺设入户石板道 1 万平方米；两条总长 2100 米的机耕道及梨子寨主停车场基本建成，5.8 公里的进村公路扩改工程正加紧建设。

"我们要牢记总书记的嘱托和各级领导的殷勤关切，振奋精神、艰苦奋斗，着力把十八洞村打造成全国'精准扶贫'示范村和'中国美丽乡村'，让十八洞村民生活'别有洞天'，真正过上好日子。"面对十八洞村的未来，村支书龚海华充满信心。

以点带面，精准扶贫显效应

作为精准扶贫的一面旗帜，十八洞村发生的喜人变化，让花垣广大贫困群众看到了脱贫致富新希望，更加坚定了全面建成小康社会的信心。

总结十八洞村扶贫工作经验，花垣县委书记罗明将其概括为"五个精准"。即精准识别扶贫对象，精准发展支柱产业，精准改善居住环境，精准服务民生事业，精准组织扶贫力量。"漫灌"改为精准"滴灌"，以一家一户的需求精准选择扶贫政策，让有限的投入在真正的贫困对象上产生实效。

榜样的力量是无穷的。面对千载难逢的机遇，花垣借鉴十八洞村经验，在发展中找出路，在创新中求突破，以点连线、以线扩面，全面开展精准扶贫。

精准识别，找准扶贫对象——

按照县里出台的操作程序及"六暂缓、七不进、八优先、九不评"等规定，全县18个乡镇288个村共识别出扶贫对象74682人，并以乡镇为单位分类编号、归档录入电脑，实现统计指标精准化、统计分类科学化。

该县扶贫办负责人告诉笔者，扶贫对象的精准识别，形成了贫困群众参与规划决策、参与项目实施、参与村务管理、参与融资发展的扶贫工作模式，激发了群众脱贫致富的积极性，为打通扶贫攻坚"最后一公里"奠定了基础。

发展产业，增强"造血"能力——

按照"一乡一品、多村一业、连片开发"思路，立足区域特点和资源优势，分别在前、中、后地区创建特种养殖、商品蔬菜、湘西黄牛、优质烟叶、特色水果等五大产业扶贫示范工程，带动了特色农业的稳步发展。

今年，全县已形成优质稻14万亩、果类10.8万亩、烟叶3.2万亩、商品蔬菜10万亩、药材类1.3万亩、油茶12万亩的特色种植规模和湘西黄牛1万头、西伯利亚鲟鱼20万尾、乳鸽86万羽、大鲵2.2万尾、大闸蟹500多亩的特色养殖规模。

以德农牧业、兴盛公司等一批龙头企业为依托，推行"公司+合作社+基地+农户"模式，引领贫困户参与产业开发。全县已有省、州级龙头企业15家，今年新建专业合作社44个，农民专合组织总数达199个，促进了"小群体"与"大龙头"的有效连接和农民脱贫增收能力的提升。

1至9月，该县实现农业总产值4.42亿元，农民人均纯收入达4545元，同比增长4.5%和10%。

打造园区，助推扶贫产业升级——

今年4月，花垣县现代生态农业科技示范区正式开工建设，这标志着该县调整农业结构、推进扶贫产业升级迈出了更加坚实的一步。

该示范区涵盖道二乡等5个乡镇27个村，规划总面积68.5平方公里，总投资50.7亿元。总体布局为"一园一带七大基地"，即农业科技示范核心园，兄弟河水库沿岸生态农业休闲观光带和畜禽养殖、现代烟草、优质蔬菜、林下经济、特色果木、优质水稻、特色蚕桑基地。

目前，核心区已完成土地整理5000亩，兴修沟渠17.2公里、机耕道17.8公里，拉通主干道3.8公里；入驻德农牧业等龙头企业6家，培育专业合作社7家；流转土地1.2万亩，建成烟叶基地2500亩、猕猴桃基地1000亩、牧草基地3000亩、蔬菜基地3150亩，药材及林果基地2400亩。

示范区以市场为导向、以科技为支撑，有效推动特色农业提速增效，成为当地精准扶贫的重要载体和强大引擎。

完善设施，改善农村面貌——

"以前，我们村条件差、道路窄，房前屋后粪便成堆，现在水泥路进村，男女老少走路、干活方便多了。"日前，谈及村容村貌发生的变化，吉卫镇夯来村支书麻兴中一脸的灿烂。

今年以来，花垣通过资金整合和项目帮扶，新修农村供水工程25处，解决人饮困难0.63万人；实施"五小"水利工程650多处，新增旱涝保收面积2322亩；新建农村通畅工程51公里，全县96.8%的行政村通了水泥路；启动35个村农网改造工程，完成农房改造600户；大力实施"花垣变花园大行动"，农村环境得到极大改善。

关注民生，促进农村和谐——

完成县职业教育中心扩改，开办特色专业9个，在校生达1200人；义务教育、孤残儿童教育、义务教育寄宿生住宿实现全免费；实施义务教育学校营养改善计划157所，惠及2.2万名农村学生；完成"雨露计划"培训1250余人，救助贫困大学生776人。新建合格村卫生室30个，"新农合"参合率达99.4%；推进公共文化和信息化服务进农村，农村广播电视、互联网覆盖率分别提高到93%和66%。

创新机制，提升扶贫实效——

在所有建制村建立了干部驻村制度，并向162个贫困村派驻建整扶贫工作队，每个队安排干部3至5人；落实12名干部进驻12个重点移民村担任第一支书，协助开展精准扶贫。

开全省之先河，在全县18个乡镇设立扶贫开发办公室，分别配备扶贫专干1至2名。支持9个乡镇31个贫困村建立"互助金"组织，入社农户2586户，互助金总额540多万元，受益人口2.85万人；完善18个乡镇金融机构网点，今年共发放小额贷款9.06亿元。引导企业、社会组织参与精准扶贫，全县涌现出转型从事农业开发的工商企业100多家。

采取"1+1"或"1+N"的模式，实行干部与贫困户结对帮扶。全县138个县直机关事业单位、18个乡镇的3200多名干部与3300余贫困户结成帮联对子，做到"农户不脱贫、帮扶不脱钩"。组织7100多名党员到社区、农村报到，走访农(居)民2.9万余户，与贫困户结成教育实践对子7800多对……

又是橙黄橘绿时。花垣县提出，确保到2020年，稳定实现扶贫对象"两不愁、三保障"，农民人均纯收入增长幅度高于全国平均水平，基本公共服务主要领域指标接近全国平均水平，争取在周边县市实现率先脱贫、率先发展。

精准扶贫，花垣步履铿锵。

（来源：《湖南日报》2014年11月3日）

由看到干　民力无穷
——十八洞村精准扶贫启示录(上)

柳德新　曾楚禹　彭业忠　龙艾青

今年春节期间，每天数万名游客来到十八洞村，让交通一时拥堵。村民们纷纷戴上红袖章，自发疏导交通，引导游客。游客吴世武的小车后轮掉进沟里，10多名村民合力把车抬上来。吴世武掏钱想表示感谢，村民们连连摇头。

十八洞村，这个深度贫困村、矛盾多发村，如今不仅天更蓝了、山更绿了、水更清了，而且人更美了、心更齐了、情更浓了。

有限投入下的变化，是村民由"看"到"干"的角色转换，并由此生发出脱贫攻坚的无穷动力。

唤起精气神，破除"等靠要"——
"带了人，没带钱"

十八洞村由飞虫村和竹子村合并而成，因为村里有十八个溶洞，便以十八洞作为新的村名。全村225户939人，6个村民小组分散在4个自然寨。寨与寨之间，村民们各有"算盘"，村合心不合，经常扯皮打架。

2014年1月23日，花垣县委驻十八洞村精准扶贫工作队进驻的第一天，就遭遇"下马威"：因为修机耕道占用自家农田，4组村民施长寿和两个儿子分别拿着柴刀、钢棍，阻止施工。其他村民纷纷涌上前，准备强行把他们拖走，"械斗"一触即发。工作队队长龙秀林赶来，问施长寿到底有什么要求。施长寿担心：修机耕道，最先占用他家农田。如果后面的村民不同意，导致机耕道修不成，他岂不是吃了"哑巴亏"？经询问，其他村民都表态支持修机耕道。龙秀林当场起草协议，被占用农田的村民们一个个签字画押，让施长寿吃下"定心丸"，顺利化解"阻工风波"。

进村后，有村民直接问工作队队长龙秀林："这次带了多少钱来？""带了人，没带钱！"龙秀林斩钉截铁地说。此前，也曾有工作队来扶贫，主要是送钱送物。工作队一走，村民们又陷入了贫困。没看到真金白银，不少村民冷嘲热讽，工作队连动员会也没开成。

龙秀林意识到这是块真正的"硬骨头"，陷入了深深的思考：如果不唤起贫困群众的精气神，光靠干部唱"独角戏"，将是死路一条。扶贫先扶志，必须破除贫困群众"等靠要"思想！

工作队和村支两委从集体活动入手：过苗年、办画展、搞晚会……每次都刻意打破村寨界限，拉近村民心理距离。他们还想了个"绝招"：实行"思想道德星级化管理"。从"发展致富产业、支持公益事业"等方面，让村民互相评议、打分。根据评议结果，村里给每家每户贴上星级牌，得分最高的是五颗星。

村民施六金因为不准将电杆架在自己田里，在评议时得分倒数第一。40多岁的施六金，因为穷一直打光棍。"只有两颗星，还让不让我讨老婆？"感到有压力的施六金，悄悄把星级牌撕掉了。

通过星级评比，说风凉话的村民渐渐少了，主动参与公益事业的村民多了。工作队因势利导，虚实结合，投入少量资金，鼓励群众自己动手，开展"五改"（改水、改厨、改浴、改厕、民居改造），村容村貌一天天变美。

干部带头干，让贫困群众心热起来——
"有钱没钱，大干3年"

精准扶贫，要求改"大水漫灌"为"滴灌""喷灌"。工作队和村支两委干部就是"滴灌""喷灌"的管道。如果管道渗水，将无水可灌。

2014年上半年，十八洞村村支两委换届，村里能人踊跃竞选。施进兰放弃每月6000元的打工收入，回家竞选村主任。在就职演说中，他向乡亲们立下誓言："有钱没钱，大干3年！"

龙书伍夫妇在迪拜打工，年纯收入15万元以上。"总书记都这么关心十八洞村，我们还有什么理由不建设好家乡？"他说服妻子一起回国，在换届时被选为村会计。

换届后的村支两委6大主干，平均年龄40岁，年富力强。但还是有几个村民贴出大字报，说村干部贪污扶贫款，扬言要曝光。第一支书施金通主动请来电视台记者调查，公布各种账目，消除了村民的误会。

在换届时，十八洞村还创新配备了9名"后备干部"——主干助理，协助村干部开展工作。村支书助理杨斌，经常协助调解纠纷；村主任助理孔铭英，担任义务解说员和宣传员，向游客讲起总书记到她家的故事，推介十八洞村……

工作队 5 名队员，变"驻村"为"住村"，几乎没有周末。2 月 18 日，队长龙秀林应邀到邻村传授精准扶贫经验，一上车就睡着了。县委宣传部干部石林荣与他同车，不禁发微信"朋友圈"感慨："他太累了！两年间，满头青丝已如雪。"记者见到龙秀林时，他一双解放鞋，头发几近全白。今年春节，游客太多，他大年初一就到了村里。工作队副队长吴式文也仅在初一去了一趟岳母娘家。

干部干在实处，群众看在眼里，心也慢慢热起来了。贫困村民龙元满、施玉香包括此前阻工的施长寿等人，说起工作队和村干部，都竖起大拇指点赞。工作队、村支两委趁热打铁，变"干部干、群众看"为"干部群众一起干"：调动留守妇女的力量，成立苗绣专业合作社，让她们在家里创业；调动青年人的力量，成立十八洞青年民兵突击队，负责村里各项建设的重点、难点工作；调动留守老人的积极性，为他们解决具体困难，赢得他们支持。

劲往一处使，让贫困群众行动起来——
"以前要我干，现在我要干"

3 公里村道拓宽硬化，房前屋后青石板改造，农网改造，3000 米水渠建设，自来水入户入厨，开发千亩猕猴桃基地，发展养猪、养牛、养羊等养殖业，建设梨子寨停车场、公厕、成富家观景台、一期游步道……短短两年间，十八洞村的变化翻天覆地！

"投入有限，民力无穷！"湘西土家族苗族自治州州委书记叶红专说，脱贫致富终究要靠贫困群众用自己的辛勤劳动来实现。正是激发了内生动力，贫困群众才有了紧迫感和荣誉感，形成了脱贫攻坚的合力。

此前星级评议垫底的施六金，经工作队介绍到外地打工后，长了见识，"换了脑筋"。村里修建停车坪，要占他家一亩多地，他一分补偿都没要。2 月 18 日，记者到十八个溶洞探险，施六金喊上另外两名村民，自告奋勇当向导——"媒体多宣传，旅游才会旺！今年，我要评五颗星，还要讨老婆呢！"

春风吹拂，十八洞村景美人更美：央视航拍设备摔落深山，龙玉菊等 20 多名村民自发进山寻找；农网改造施工时，涟源籍民工肖磊触电晕倒，杨进昌等多名村民在不知高压线是否断电的情况下，冒着生命危险救人；90 后青年龙兴刚，在火车即将轧过的一刹那，从铁轨上勇救同伴；龙拔二、杨秀富等贫困村民拾金不昧……

今年春节前，很多在外打工的年轻人回家，亲眼看到十八洞村的变化，纷纷留在村里发展。施六金说："以前要我干，现在我要干！"春节游客太多，很多年轻人主动建议，要另外选址扩建停车场、游步道。工作队、村支两委欣然采纳意见，2月17日就开会部署相关事宜，新的行动正在悄然展开。

没有比人更高的山，没有比脚更长的路。"投入有限，民力无穷；自力更生，建设家园"，在脱贫攻坚战中凝聚的十八洞精神，让十八洞苗寨散发出无穷魅力。

（来源：《湖南日报》2016年2月22日）

脱贫摘帽　群众认账
——十八洞村精准扶贫启示录(中)

曾楚禹　彭业忠　柳德新　吴红艳

以前抢着戴,现在主动摘。"贫困户"这顶帽子,在花垣县十八洞村不再流行了。

截至 2013 年底,十八洞村有 136 户贫困户、542 名贫困人口。2014 年有 9 户 42 人脱贫,剩下的 127 户 500 人计划两年内摘帽。但实际上,今年初,所有 127 户贫困户都已主动签字认账脱贫。

所有贫困户脱贫摘帽的背后,是十八洞村扶贫方式由"大水漫灌"到"精准滴灌"的转变。"扶真贫、真扶贫、真脱贫",十八洞村的脱贫攻坚路径,让人耳目一新。

扶真贫,瞄准贫困人口——精准到户,136 个贫困户都有帮扶措施

2014 年初,花垣县委驻十八洞村精准扶贫工作队进村后,办的第一件大事就是"扶持谁"——从 225 户 939 名村民中,筛选出真正的贫困户、贫困人口。

"在城里买了商品房的不评,阻挠公益事业建设的不评,在村里修了三层以上楼房的不评……"经过户主申请、群众票决、公告公示等 7 道程序,精准识别出 136 户贫困户、542 名贫困人口。

"这些贫困户、贫困人口,就是我们的扶贫对象!"工作队和村支两委逐户分析致贫原因、脱贫方法,一户户地扶,一个个地帮。

施成富家,因习近平总书记曾经到访并召开座谈会,经常有游客前来参观。工作队帮助施成富实施民居改造,厨房、厕所修葺一新,土坪也铺了青石板。施成富的儿子施全友带回女朋友孔铭英,在工作队帮扶下,开办了全村第一家农家乐——"成富家厨房",招牌菜是苗家腊肉、豆腐、酸汤。

2 月 18 日，"成富家厨房"接待了 16 桌游客。74 岁的婆婆龙德成挨桌与客人握手，讲述总书记到她家做客的细节，不时比划着："总书记比我高出一个头。"去年底，他们家为了熏腊肉，就杀了 8 头猪。"以前的厕所，就是一个茅坑，我穿高跟鞋还摔过跤，当时真想跑了。现在好了，和城里一样了。"正在炒菜的孔铭英，现在已成为施全友的妻子。"既脱贫，又'脱单'"，施全友一脸幸福。

在工作队和村支两委帮扶下，村里已开办 4 家农家乐，家家生意火爆。还有 10 多家农家乐，也将在年内开张。有游客想在村里住宿，6 组贫困户杨秀祥看到商机，正在张罗着开办一个能住宿、吃土菜、售特产的苗家农庄。

精准到户，136 个贫困户都有帮扶措施。贫困户刘青文、龙先进等人，有养殖意愿，但缺少资金、技术。工作队和村支两委支持养殖大户隆英足、隆成志，扶持带动 50 多户贫困户发展生猪、黄牛、山羊养殖。肥猪屠宰后，则熏制成苗家腊肉。去年一年，全村仅腊肉就卖了 10 多万元。对更多有外出打工意愿的年轻人，则由"见过世面"的村主任施进兰、村会计龙书伍等人"传帮带"，并请来专家授课，培训 200 余人次，两年实现劳务收入 470 多万元。

在民生服务方面，缺什么补什么。改造村小学，解决"读书难"；建设 1 所标准村卫生室，解决"看病难"；实施农网改造，解决"用电难"；对丧失劳动能力的 39 户 144 名贫困人员，全部实行低保兜底；争取救助资金近 4 万元，解决 37 名贫困家庭学生困难……针对村里未婚大龄男青年多的情况，工作队甚至还实施"脱单计划"，举行以"缘定十八洞，牵手奔小康"为主题的相亲会，最终 5 对男女青年成功牵手。

真扶贫，改"输血"为"造血"——拔除穷根，542 名贫困人员都有获得感

武陵山腹地，地无三尺平，田地多为"斗笠丘"，资源贫乏。

"跳出十八洞，发展十八洞！"工作队"脑洞大开"：在 20 公里外的花垣镇道二片区，流转土地 1000 亩，引进龙头企业苗汉子合作社，以股份制合作开发千亩猕猴桃产业园。其中，542 名贫困人员以产业扶贫资金入股，占股 27.1%。资金缺口 1000 万元，找银行贷款；技术不过关，请来中科院武汉植物园专家坐镇；尚未挂果，成都阳光味道公司就下了订单，以保底价收购……

如何让贫困户真正参与进来，把猕猴桃产业当作自己的事？工作队想了一招：每名贫困人员交 100 元入股保证金。但此举遭到大多数贫困户反对："哪能要我们自己掏钱？"

工作队和村支两委组织贫困户代表，到成都参加国际猕猴桃节，实地参观猕猴桃基地。"靠种猕猴桃，很多人家建了小洋楼，买了奥迪车，甚至送子女出

国留学……"四川猕猴桃产业的富民效应，给十八洞村3组贫困户石香凤等人强烈震撼。回到村里后，他们成了猕猴桃产业的坚定支持者，发动左邻右舍交齐了入股保证金。

2月18日，记者站在道二片区紫霞村远眺，1000亩猕猴桃漫山遍野，嫁接苗已抽出新芽。十八洞村常驻基地的贫困户施金文说，2017年，猕猴桃就将挂果了，"2019年进入盛果期后，入股贫困户人均纯收入可达5000元以上。"

但对脱贫心切的村民来说，2017年挂果的猕猴桃基地，远水解不了近渴。"扶贫既要谋划长远，注重'造血'，也要让贫困群众看得见、摸得着，有实实在在的获得感。"花垣县委书记罗明说。

工作队将眼光瞄准了一些"短平快"的产业。十八洞村苗绣特产农民专业合作社成立，一年多生产苗绣9000余件，村里"绣娘"累计拿到加工费10余万元。

结对帮扶企业——苗汉子合作社，也建立2个温室大棚，培育花卉。去年底，合作社拿出27万多元，给村里每名贫困人员各发放500元帮扶资金。

真脱贫，同群众一起算账——决胜猴年，避免"边脱贫、边返贫"

中央扶贫开发工作会议强调："要实行逐户销号，做到脱贫到人，脱没脱贫要同群众一起算账，要群众认账。"

今年初，工作队、村支两委就十八洞村2015年脱贫人口摸底统计时，同贫困户一户户算账。出乎意料的是，现有127户贫困户全都认账，主动申请摘掉贫困户帽子。

"这两年，我们的收入实实在在增加了，更重要的是看到了希望。"年过花甲的1组村民隆巴秀、石女金夫妇，是村里条件最差的特困户。他们和记者算了去年的收入账：老两口都享受低保，两人一年2400元；石女金苗绣收入2000元；对口帮扶的苗汉子合作社，给每人发放帮扶资金500元。加上退耕还林、种田收入等，夫妇俩去年人均纯收入超过3200元，高于2880元的贫困线标准。而且，村里投入8000元，对他们家实施了民居改造。今年春节前，隆巴秀爽快地在《贫困户退出确认书》上签了字。更多的贫困户，2015年人均纯收入达到5000元甚至上万元。"过两年，猕猴桃那边还有不少收入呢！"隆巴秀憧憬着好日子。

最近，十八洞村火了。村民们担心：龙秀林等工作队干部会不会"见好就收"，"回去谋个好位子"？在2月17日召开的组以上干部会议上，龙秀林打消了村民们的顾虑："现在，产业开始成型了，收入开始增加了，思想开始统一了，工作局面打开了，但成效还不稳固，我们必须决胜猴年！工作队一定会善始善终，实现3年驻村帮扶规划。"他们谋划，今年在提升旅游设施、培养解说员的同时，抓紧开发十八溶洞，让十八洞的景观、十八洞的风情、十八洞的故事吸引更多的人。

"尽管所有贫困户都认账脱贫，但这种脱贫还十分脆弱，稍有不慎还会返贫。"龙秀林等人对此十分清醒：如果把十八洞村比作一辆汽车，现在还只是开到了高速公路的入口，只有鼓足干劲，踩好油门，把好方向盘，才会进入发展的快车道。"只有贫困群众的钱袋子鼓起来，十八洞村真正步入快车道，我们工作队才可以放心离开。"

（来源：《湖南日报》2016 年 2 月 23 日）

05 风起苗寨 十八洞开

——十八洞村精准扶贫启示录(下)

彭业忠 柳德新 曾楚禹 石林荣

由深度贫困村到 136 户贫困户全部脱贫摘帽,由默默无闻的苗寨到乡村游的胜地,由"精准扶贫"首倡地到全国精准扶贫典型……短短两年多时间,花垣县十八洞村犹如凤凰涅槃,"精准扶贫"之花结出了"精准脱贫"之果。

十八洞开,风起苗寨。十八洞村的精准扶贫经验,正在向其他贫困地区复制、推广。

帮扶措施重内生动力——"不能搞特殊化,但不能没有变化"

按照"不能搞特殊化,但不能没有变化"的要求,工作队和村支两委从交通等基础设施入手,让十八洞村成功连接外界;从精神层面入手,让十八洞村全体村民"拧成一股绳"。

工作队和村支两委攻坚克难,一条 3 公里长的进村道路,拓宽到 6 米,并改为柏油路面。连通外界后,大型旅游车辆可直接进村,前来参观的游客陡增。他们顺势启动乡村游,新修了梨子寨主停车场、公厕及 1118 米的游步道,实施民居改造及改水、改厕、改厨……新修的石板路、新扎的竹篾墙、新添的青片瓦……两年多时间,整个十八洞村,处处都迸发着活力。

村容村貌大变,村民的精气神也更足了。2014 年,工作队和村支两委把十八洞青年和民兵组织起来,成立十八洞村青年民兵突击队,勇挑精准扶贫的各种急、难、险、重任务。突击队员隆英足是村里的养猪大户。2014 年,她牵头成立木兰养猪合作社,赊给贫困户仔猪和饲料,免费提供技术指导,18 个贫困户入社养猪,"钱景"看好。

更多的贫困户有了更强的脱贫愿望并付诸行动。6 组村民杨秀富、龙拔二夫妇,在工作队帮扶下,开了一家羊肉馆,去年一举脱贫。客人有需要时,龙拔二还现场表演苗绣技艺。

"鸟儿回来了,鱼儿回来了,虫儿回来了,打工的人回来了,外面的客人也来了。"龙拔二如此描述村里的变化。

产业项目重市场机制——探索"可复制、可推广"经验

拔穷根,产业扶贫是根本。在"五个一批"中,"发展生产脱贫一批"居首。但在一些地方,扶贫工作队一撤,产业项目又陷入困境。

十八洞村的产业项目,都采取市场化机制、公司化运作,把龙头企业、贫困户、普通村民紧密联结到一起,形成产业扶贫合力。

十八洞村最大的产业项目——千亩猕猴桃产业园,投入达1600万元。村里引进龙头企业苗汉子合作社,成立十八洞村苗汉子果业有限责任公司,注册资本600万。其中,苗汉子合作社出资306万元,占51%股份;十八洞村出资294万元,占49%股份(542个贫困人口以产业扶贫资金入股,占股27.1%)。但还存在1000万元的资金缺口。有村民建议,由县里向上级部门伸手要钱。工作队和村支两委开会讨论,达成一致:"向上面申请产业扶贫资金,不是要不到。但如果用财政资金堆砌起来,'可复制、可推广'的效果就会打折了。"最终,他们以猕猴桃产业园1000亩土地的经营权作为抵押,从银行贷款1000万元。

扶贫开发,既是政治任务,也是经济工作;既要更好地发挥政府作用,更要使市场在资源配置中起决定性作用。十八洞村的产业项目,无论是旅游产业还是"11·3"工程等,都贯穿了这一思路。

他们利用得天独厚的自然景观优势、特色民俗民风、特色建筑等,成立了十八洞乡村游苗寨文化传媒有限责任公司,下设游客服务中心,发展农家乐4家,实现村游机构有保障、游客有饭吃、有导游解说、有游道走,将十八洞村打造成为党的群众路线教育实践基地和农家乐、乡村游胜地。同时,邀请四川省杨振之来也旅游发展有限公司帮助十八洞村做好乡村旅游发展规划。

利用十八洞品牌效应,推出"11·3"工程。"11·3"指的是每个农户种植10棵冬桃、10棵黄桃,饲养300条稻花鱼。村支书龚海华解释,种植桃树后,他们卖的不是桃子,而是每棵桃树的年采摘权。每棵桃树采摘权定价为418元/年,其中300元给种植桃树的农户,118元作为村里管理平台费用。目前,购买桃树年采摘权的有近千人,还有1000多人已表达购买意向,"既可筹集资金,又可带动乡村旅游"。

总结猕猴桃产业股份合作模式,十八洞村动员50多名贫困户,申请扶贫小

额信用贷款，准备投入村小水电项目和矿泉水厂项目，拓宽致富门路。

不栽盆景重示范带动——精准扶贫向纵深推进

两年来，十八洞村接待游客20万人次。工作队队长龙秀林介绍，十八洞村的乡村游，不能满足于已取得的成绩，要向纵深发展——将原来从村里到后山莲台山林场的10多公里机耕道，提质改造成旅游通道。他说，今年6月，将与中国户外活动网联合举办一次户外活动比赛，进一步丰富十八洞村乡村游的内容；新修旅游公路和游步道至十八洞峡谷里，让全村形成一个大的环形旅游格局。游客在村内各景点游玩后，将由电瓶观光车进行接送；还将在村口和两个自然寨修建3个停车场，让游客不为停车发愁。

"我们不仅看上了十八洞的景观、十八洞的风情，更对十八洞的故事、十八洞的精神感兴趣。"2月17日，湘西中铁商务国际旅行社总经理张娟专程到十八洞村洽谈旅游合作。

"看的是十八洞风景，学的是十八洞经验。"华天集团驻双龙镇双龙村帮扶工作队队长王鹤友到十八洞村参观后，依托后盾单位华天集团，促成了双龙村与十八洞村联合，准备设计多条乡村旅游线路，将分散的苗寨串联起来。

"跳出十八洞发展十八洞"的做法，也在花垣县双龙镇的让烈村开始"复制"。2015年，省委组织部帮扶工作队进驻后，让烈村分别在吉首市平年村和保靖县夯沙村租赁两块"飞地"，总面积达800亩。让烈村支书龙远云说，将参照十八洞村模式，优先支持41个贫困户入股；引进公司，股份制开发高山养殖、高山蔬菜、高山水果、高山中药材等扶贫产业。

风起十八洞。"十八洞村精准扶贫经验，可学可用，是习近平总书记'精准扶贫'重要思想在湖南的成功实践，是湖南省脱贫攻坚战的重大典型，值得各贫困村复制、推广。"省扶贫办主任王志群说。

（来源：《湖南日报》2016年2月24日）

06　精准扶贫十八洞村　打造中国最美乡村

　　2013 年 11 月，习近平总书记来湘西土家族苗族自治州花垣县十八洞村调研，提出了"因地制宜、实事求是、分类指导、精准扶贫"的战略思路。5 年来，十八洞村不忘初心，牢记嘱托，坚定不移地落实总书记的讲话精神，结合村里的实际，致力于打造中国最美丽乡村，积极探索可复制、可借鉴的精准扶贫模式和经验。

　　2017 年共计接待游客 26 万人次，实现旅游收入 200 余万元。村里乡村旅游快速发展得到了党中央和湖南省、湘西州的高度认可。2017 年，《人民日报》《新华社》《经济日报》等媒体记者纷纷来村采访报道十八洞村精准扶贫工作情况，中央电视台在 1 月 31 日和 2 月 1 日连续 2 天报道《村庄里的中国：苗寨集体婚礼》；7 月 14 日《焦点访谈》报道"十八洞村脱贫记"；10 月 17 日《新闻 30 分》播出第四个扶贫日节日"歌谣唱响十八洞，苗寨趟出致富路"；英国、美国两家电视台报道十八洞村扶贫故事等。特别是 10 月 13 日电影《十八洞村》在全国院线上映，获得社会各界的广泛关注和热烈反响。同时，十八洞村先后荣获"全国少数民族特色村寨""全国乡村旅游示范村""全国文明村""全国民族团结进步创建示范村""全省脱贫攻坚示范村"等殊荣。2018 年年初，十八洞村被评为 AAA 级旅游景区。影片《十八洞村》成为继《边城》后，花垣县旅游产业新的形象名片，让十八洞村走向全国。

夯实核心，筑牢乡村旅游顶层设计

　　俗话说："火车跑得快，全靠车头带。"一个村的发展需要一个强有力的党支部来引领。2013 年，十八洞村党支部成员平均年龄 50 岁，全村 24 名党员的平均年龄 55 岁以上，散漫、薄弱是当时党支部的真实写照。为有效推进十八洞村精准扶贫工作，2014 年 1 月，花垣县县委抽调 5 名党员组成了十八洞精准扶贫工作队，同时选派第一支书驻村，工作队长和第一支书的党组织关系下转到村党支部，全力支持两委班子开展工作。在村委换届选举中推行"两述两评"制度，真正把讲政治、有文化、"双带"能力强、群众信任的能人选进班子，并创新增设建制专干和主干助理。通过竞争上岗选出了大学生村官龚海华担任村支书、致富能人施进兰担任村主任，班子结构得以优化，班子成员的带富能力进一步增强，筑牢了基层党组织的战斗堡垒，群众对村支两委的满意率由以往的 68% 上升到现在的 98%。2016 年，十八洞村党支部被授予"全国先进基层党组织"称号，龚海华作为旅游扶贫带头人获评"中国旅游十大新闻人物"。2017 年，十八洞村支"两委"圆满完成了换届选举，此前在阿联酋迪拜"打洋工"的龙书伍当选村支书，龙吉隆当选为村主任，实现了组织意图和群众意愿的完美结合，新一届村"两委"班子勇接精准扶贫的交接棒，工作推进十分得力。

2016 年，十八洞村全村人均纯收入由 2013 年的 1668 元增加到 8313 元，136 户 533 名贫困人口除 7 户 12 人需政策兜底外，全部实现脱贫，贫困发生率由 2013 年的 56.76% 下降到 1.28%，实现集体经济收入 7.5 万元，基础设施和公共服务基本完善，全村提前退出贫困村行列。如今，十八洞村已发生了翻天覆地的变化，从闭塞难行的山间村庄到风光旖旎的旅游胜地，成功探索出了一条经济效益、社会效益与生态效益相结合的发展新路。

抓住中心，把准乡村旅游建设方向

各项公共服务设施建设严重滞后是十八洞村发展的短板。为补足短板并避免过去扶贫经常出现大拆大建和资金堆积现象，驻村工作队和村支两委深入调查研究，组织党员干部、村民代表外出考察学习，并充分征求国家住建部专家团队、县委十八洞精准扶贫工作领导小组和县直相关职能部门的意见，严格按照精准扶贫"可复制、可推广"6 字原则去开发、建设，不搞高大上项目，不进行大拆大建。围绕这一原则，十八洞村确立了"人与自然和谐相处，建设与原生态协调统一，建筑与民族特色完善结合"的建设总原则，以"把农村建设得更像农村"为理念，以打造"中国最美农村"为目标，谋求"天更蓝、山更绿、水更清、村更古、心更齐、情更浓"，把"鸟儿回来了、鱼儿回来了、虫儿回来了、打工的人儿回来了、外面的人儿来了"确立为十八洞村乡村旅游的努力方向，一步一个脚印，认真开展水、电、路改造，农村"五改"和公共服务设施建设，改善村民生活环境。即保持原生态的苗族建筑风格、风貌，修旧如旧，只对个别破烂不堪的民房外观进行修缮，并做好室内的改厨、改厕、改浴、改圈任务。

同时，对进村公路进行美化，在公路两旁栽种紫薇树和格桑花。全村225户房前屋后铺上了青石板，家家通上了自来水、户户用上了放心电，还实施人畜分离、污水处理工程。

值得一提的是，十八洞村还建设了村级游客服务中心、停车场、观景台、千米游步道，升级改造了村小学和卫生室，建立了村级电商服务站、村级金融服务站，无线网络覆盖了全村，村居面貌焕然一新。针对全村收入较低的部分群众，十八洞村实施低保兜底保障机制，进行动态管理，2017年重新评议出低保户31户117人，兜底7户12人。村民加入农村合作医疗率达100%，今年合作医疗报销人数237人，报销金额49万余元。建档立卡户、低保户在校学生87人享受国家助学补贴14.6万元。解决读书难、看病难、保障难三难问题。现在，十八洞村进村是黄泥竹篾的苗家宅院，地上是青草点缀的石板路，房前屋后绿树盈盈，既宜居又宜游。

凝聚民心，提升群众思想道德水平

为进一步加强村民思想道德建设，破除部分群众等靠要思想，在工作中，十八洞村智、志双扶贫，百姓观念得到改变。第一，通过广泛讨论、征求意见，制订了《十八洞村思想道德建设手册》，并分发到户，让村规民约及管理办法家喻户晓，实现村民自治、法治、德治相结合，塑造淳朴的乡风民风。其次推行"村民思想道德星级化管理"模式，每半年召开一次全体村民道德评比大会，18岁以上的村民全员参与，以组为单位互相评分。评分内容包括遵纪守法、勤劳致富等6个方面，每户按家庭成员计平均分，90分以上为五星级家庭，80分以上为四星级家庭，以此类推，并实行挂牌管理，让村民把自身行为置于全体村民监督下。第二，开办道德讲堂，树立身边榜样，统一群众思想，改写过去"村合心不合"的历史，鼓励贫困户走出贫困，激励群众自力更生、建设家园。村里修建停车场，四年前因不准电杆架在自己田里而"大闹村部"的施六金，主动无偿让出1亩多地。四年来，乡亲们参加村内各种公共建设累计自愿投工投劳2800余个。第三，举办文体活动，加深群众之间、干群之间的了解。2017年，十八洞村举办了"赶秋节""过苗年"等苗族传统节日活动，还组织青少年朗诵爱国诗词20余场次。通过以上措施，使得村民思想更统一了，对村里的建设更支持了，对美好生活的愿望更强烈了。

不忘初心，创新乡村旅游发展模式

乡村旅游要赶超，精准扶贫要兑现，创新发展是出路。

一是打造农旅一体化。总书记在十八洞提出精准扶贫"十六字"方针之后，苗汉子出资306万占股51%，十八洞村出资294万占股49%（其中村集体占股12%，村民占股37%）组建了花垣县十八洞村苗汉子果业有限责任公司，在花垣县国家农业科技示范园的1000亩流转土地打造猕猴桃产业化基地。2017年猕猴桃已初挂果，同年9月28日正式开园销售，采取线上线下相结合的销售模式，同时完成猕猴桃产品检验检疫，各项指标全部符合出口标准，实现港澳直通销售。2017年猕猴桃产量约200吨，村民实现分红73.75万元。十八洞村将农业产业与乡村旅游结合起来，游客可一边品尝美味猕猴桃，一边欣赏基地美景。

二是直接参与模式。5年来，十八洞村的农家乐增加到15家，以苗家特色为主要资源的观光休闲游吸引了30多万人次游客。其中施成富家通过开设农家乐已经购买2台汽车，达到了脱贫致富的目的。

三是间接参与模式。家中没有劳动力又无理念的农户将房屋出租出去，每年就有一笔固定的收入，让他们间接地参与到乡村旅游中来。

四是做好创意营销。如十八洞村实施"11·3工程"，依托中国邮政的网络平台，创新推行桃子采摘权转让带动旅游业发展的模式，每户种植冬桃10棵、黄桃10棵，以每株桃树按照每年采摘权418元的标准进行公开营销，对认购人发放"十八洞村荣誉村民证书"，给予免费游等优惠，目前已销售4160棵桃树采摘权，贫困群众获益170余万元。

五是抓牢短期目标，巩固特色养殖、发展苗绣加工和劳务经济。十八洞村采取大户带散户的形式，截至2017年底全村养牛50余头、山羊300多只、母猪60多头，年出栏仔猪1600多只。组织53名留守妇女组建苗绣合作社，实现留守妇女在家门口就业，并与金毕果等四家公司签订苗绣定单协议，在2017年还组织完成花垣县60米苗绣长卷作品《锦绣湘西》，寄托苗族人民对湘西土家族苗族自治州成立60周年的美好祝福。同时，加大村民技能培训，积极与深圳、广州劳动力市场对接，全村200余劳力在外稳定就业。

六是引进社会资本参与。2016年11月，十八洞村引入首旅集团、消费宝公司，斥资6亿元打造以十八洞村为核心的蚩尤部落群旅游景区，突出苗族文化神秘特色，致力于打造AAAA级景区。目前，飞虫停车场、游客服务中心、溶洞旅游项目、地球仓生态职能酒店、十八洞村山泉水厂均在有序推进。其中，十八洞村山泉水厂已于2017年10月8日正式建成投产，将按"50+1"形式给村集体分红，即每年给村集体保底分红 50 万元，每生产一瓶水再拿出 1 分钱注入村扶贫基金，实现共享发展、互利共赢。

2017 年 2 月，十八洞村成功脱贫摘帽。

2018 年初，十八洞村被评为 AAA 级旅游景区。

靠精准施策，十八洞村发展"产业带动"旅游扶贫，找到了脱贫致富的"金钥匙"，开辟出旅游致富新路子。

（来源：《华声在线》2018 年 10 月 28 日）

党员冲在前　群众不掉队

07

——十八洞村推行"五兴"互助深化"基层治理"纪实

青山伴晨雾，游道绕民俗。11 月 26 日，走进十八洞村，如龙的石板路、篱笆墙、悦耳的苗歌声、欢笑声，很快让笔者融入，开始尽情欣赏这个已经走出深闺的美丽苗寨。在一饱眼福之余，让人觉得十八洞的美呀，不再止于山色的奇幻、溪流的清曲，更让人感动的是这里的自然之美已经融进了党员群众的心里、脑里，变成了村民共奋共进的力量。

学习互助，"村懒汉"变为"带头人"

"好纯的蜜糖哟！"在村里碰上 40 岁出头的、正在接取蜜糖的村民龙先兰。他一边请客人品尝，一边告诉我们：以前，他整天被酒泡着，精神萎靡，无所事事。今年，村支两委组建了 41 个"五兴"互助组，分别从"学习互助兴思想、生产互助兴产业、乡风互助兴文明、邻里互助兴和谐、绿色互助兴家园"五个方面建立互帮互助关系。每个互助组由 5 户村民组成，一般由党员担任组长，与村民形成互助关系。他是村支书龙书伍的互助组员，龙书伍通过主题党日学习实践，与他谈心交流，探讨"男儿当自强"的道理。开始，他心里感受不强烈，龙书伍不断上门做工作，又给他提供学习蜜蜂养殖技术机会。如今，他不等不靠，养殖蜜蜂 150 多桶，成为致富带头人，娶上了巧媳妇。他说："在村干部帮助下，我娶上了媳妇，村民看得起，让我媳妇又当上了妇女主任，我要支持她。"

生产互助，"新平台"拓宽"当家业"

"有了新的合作社，我们就不怕返贫了。"在村口，遇到村民龙东姐，她笑意里透着自信。她说，十八洞村 2016 年已经脱贫摘帽，但为防止群众掉队返贫，村里打算成立合作社"抱团致富"，开拓农旅结合产业，但施全胜等村民意愿不强，不愿意加入农旅合作社。"作为互助组的一名平民组长，我也要出点力。"村民龙东姐不甘落后，逐户走访意愿不强的农户，与他们商讨土地增值条件，分析土地入股实惠和村里已经具备的旅游、交通、信息基础，通过与群众充分交流，村民们打消了缺劳力、少资金、信息不畅等后顾之忧，全村204户村民通过土地入股、信息共享等互助方式，顺利成立了十八洞村农民农旅专业合作社。如今，合作社已形成茶叶、黄桃、桑蚕和苗绣等当家特色产业。

乡风互助，"标牌上"铭刻"文明风"

"雨露阳光，润我家乡。饮水思源，自立自强。"来到十八洞村停车场，几位孩童的诵读声引起了我们的好奇。"小朋友读的是什么呀？"孩童回答："村里的村规民约'四字经'呀。"来到村里的感恩亭，我们发现，以四言形式编成的村规民约短语，内容涵盖党建引领、民主管理、文明新风等各个方面，读来朗朗上口，有潜移默化的作用。

"为人手脚要干净，偷盗扒窃不可沾。"没走多远，我们发现苗族古歌遗训也刻在了村里的标牌上。"打人不打脸，骂人不骂娘"之苗族遗风，"'一游'休上壁，'到此'忆中留"的警示提醒，让人大有滴水见海、观叶知秋的感悟。村主任龙吉隆告诉笔者："布设文明标牌是创建文明新村的一个举措，各互助组家庭通过献工献料完成了这项事情。"接着，他自豪地说："我们村是全国文明村呢！"

邻里互助，"老支书"乐编"连心带"

手织苗绣，穿针引线。布上雀儿，活灵活现。走进老支书石顺莲家，发现这位60多岁的已经退休的女支书仍在干着村里的大事。她说，村民团不团结，村里和不和谐，关键看村里是否有"连心带"。接着，她拿起刚织好的苗族花带，笑嘻嘻地告诉我们："你看，这就是村民们团结的'连心带'。"

"为什么这么说呢？"笔者好奇地问。

"以前，村里的妇女没有事做时，明着一起扯谈，背里弄出是非，言语杂乱了，有时自然就伤了和气。"她说，为了把妇女们团结起来，自己牵头创立了十八洞苗绣合作社。一位叫龙妹的绣娘担心找不到销路，她便帮着联系相关公司，订下订单；自己有些花样不太熟悉，技术不太精，绣娘们也手把手地教她。互助组成立后，大家天天赶产品、织苗绣，再也没有时间扯是非了。她说："我们飞虫寨邻里几十家，原来有些不太团结，现在，大家一起织苗绣，一起讨论编织手艺，已经亲如姐妹了。"

绿色互助，"乡旮旯"跻身"示范村"

"道路干净、家庭清洁，脏乱差的现象再也看不到了。"几位同行的友人感叹着，村民施进兰走过来插话："要想实现旅游兴村，必须加强绿色环保意识。"他说，自己是村里旅游公司的副经理，也是一名互助组组长，与施文志、隆金山、施贵英等5户村民形成互助关系。作为乡村旅游的领头人，他更注重与村民形成绿色生态互助关系。针对建房选址、垃圾处理、污水排放和发展绿色产业等方面，逐户与村民谈心，村民们改变了以往乱搭乱建、随意排放等不良习惯。在产业选择上也积极配合绿色乡村旅游，种黄桃、栽茶叶、植油茶、兴旅游等绿色产业陆续兴起。接着，他告诉我们："十八洞村已经跻身'全国乡村旅游示范村'行列。今年，村里旅游越来越火，离不开'五兴互助'治理模式的创新。"

十八洞村破茧巨变，党员群众抱团奋斗……走出十八洞村，一幅幅感人画面在笔者脑海中久久萦绕。哪里有群众，哪里就有党组织和党员作用的发挥。新时代催生新思想，新征程呼唤新作为。站在新的起点上，十八洞村必将充分发挥"五兴"互助组的作用，紧紧瞄准"产业兴旺、生态宜居、乡风文明、治理有效、生活富裕"的乡村振兴总愿景，党员打冲锋，群众不掉队，不忘初心，继续前进。

（来源：《团结报》2018 年 11 月 29 日）

08

文明花开十八洞

吴红艳

藏在深山旮旯的花垣县排碧乡十八洞村，从 2013 年 11 月 3 日起备受外界关注。因为这一天，习近平总书记来到村里视察调研，做出了"实事求是、因地制宜、分类指导、精准扶贫"的重要指示，要求探索可复制的扶贫经验。

如今，在这个承载着习总书记殷切期望、肩负着集中连片特困地区精准扶贫战略试点重任的小山村，精神文明建设犹如春风化雨，惠及广大村民，成为精准扶贫的不竭动力。

今年 4 月，十八洞村被评为"湖南省文明村"。

制定村规民约，倡导乡村新风尚

2014 年 1 月 24 日，花垣县委驻十八洞村工作队正式驻村的第二天，村里就发生了阻工事件。

村后山机耕道施工现场，几个村民拦住一台挖机，死活不让施工。"这是我家的土坎，想要修路，有本事你们把我挖走！"一村民抱来几拢稻草，索性在土坎上躺了下来。

村干部调解了大半天都没有结果，只能去找工作队。

前一晚村民大会商讨修机耕道的事，大家都很支持，明明是商量好的事，怎会出尔反尔？

原来，十八洞村田地少，人均面积不足 0.8 亩。这些年，虽然村民们脱贫致富愿望十分强烈，但始终走不出"一家一户"的窄小天地。

在工作队的调解下，"阻工事件"虽然得到了解决。然而，如何统一全村人的思想，让大家抛开狭隘观念，支持和参与村公益事业建设，投入精准扶贫行动中来呢？这成了工作队必须解决的问题。

通过多次召开村民大会，广泛听取群众意见和建议，工作队和村支"两委"结合村里实际，制订了涵盖村寨建设、村风民俗、文明礼仪等内容的《十八洞村村规民约》。"十八洞，是宝地，将你我，来养育……每个人，顾大局，促全村，小康去……"村规民约不仅被编成了"三字经"，还唱成了苗歌，全村老小一读就懂，一听就会。

全村 225 户家庭代表自发在村规民约上按了手印表明决心，大家纷纷要为村里建设发展出一份力。

"有钱没钱，大干三年！"去年年初，施进兰放弃了外出打工 6000 多元月薪，回来竟选月工资仅 694 元的村主任；老支书施老计 67 岁，村里修路引水、改厨改厕，数他最积极；20 多个年轻后生成立了青年民兵突击队，维护治安、巡查山林，急难险重的事情，争着干、抢着做；五六岁不懂事的娃娃，也拿起扫帚打扫卫生……

如今，十八洞村成了一个大家庭。村里只要搞公益事业，不管是占田占地，还是出工出力，家家支持，人人参与。于是，村里顺利地拓宽了进村道，新建了停车坪、游步道、观景台，搞起了农家乐，办起了猕猴桃、苗绣等 8 个专业合作社。

开展道德评比，树立身边好榜样

7 月 6 日，30 多名外地游客进村游玩，手中的相机对准石板路、竹篾墙、青瓦房，咔嚓咔嚓一阵猛拍。

施六金忙得团团转，义务为游客们解说带路。然而，谁也想不到，大半年前，他还为农网改造电线杆立在他家田里跟村干部们闹过。

施六金的改变从何而来？

村支书龚海华举起手中一块印有小五星的黄色小标牌。

这是十八洞村一项创新之举，"思想道德建设星级化管理模式"。村里每半年开展一次道德评比，以组为单位互相评分，18 岁以上村民全员参与。评分内容包括社会公德、个人品德等六大块，每户按家庭成员计平均分，90 分以上为五星级家庭，80 分以上为四星级家庭，以此类推。

电线杆一事施六金的表现被村民看在眼里，在首次道德评比中，他家评分仅 60 多分，挂上了两星级家庭标牌。

标牌挂上不久，就被施六金悄悄摘了下来，他也从此改变，不仅踊跃参与村里各项公益事业，还协助村支"两委"开展工作，义务为游客当导游。

"农村工作复杂琐碎，但道德却有约束力。哪一家人做得好不好，村民心中自有一杆秤。"龚海华道出了道德星级化管理模式的初衷。

自去年9月以来，十八洞村定期开办"道德讲堂"。村民们踊跃上台，讲述村里典型人物优秀事迹。火车轮下救人的龙兴刚、拾金不昧的杨秀富、助人为乐的隆会、孝敬老人的王晴霞……

首届"11·3颁奖晚会"上，村委会表彰了48个表现突出的"道德模范"，为大家树立了身边的榜样。

"邻里互助、热心公益、见义勇为"等文明意识，潜移默化地渗透到群众心底。

杨洪春是山东省某旅游集团总经理，去年9月，和几个同事来十八洞村游玩，参观溶洞返途中，一个趔趄跌伤了右踝骨，动弹不得。20多名村民将身高1米8、体重近200斤的杨洪春从600多米深的山谷背回寨子，并护送到医院救治。杨洪春感激涕零："十八洞村风景美，十八洞人的心灵更美！"

举办文化活动，凝聚苗乡正能量

"总书记到苗山，全村群众沸腾喧。问寒问暖看家境，召集干群共座谈。"傍晚，十八洞村艺术团20多位妇女在排练节目。而在以往，因为村组之间相隔较远，她们往来甚少。

由飞虫、竹子两个村合并成的十八洞村，曾经村合心不合，村民常因村干部配置、村部修建所在地等村务计较和争夺。

如何凝聚人心？工作队和村支"两委"通过举办文化活动，把十八洞人箍拢起来。

去年以来，村里开展了过苗年、赶秋、"你是大姐"主题画展、微电影《寂寨》拍摄等数十项文化活动，安排所有村民参与，消除村组限界，拉近大家距离。

"最让人感动的，是村里过苗年那次。"扶贫工作队队长龙秀林感触颇深。去年底，北京、上海、天津等地的1000多名游客进村体验生活，工作队把客人分成小组，平均安排到4个村民小组150多个农户家庭中。

村民们十分热情，和客人在篝火晚会上一起唱苗歌、打苗鼓、秀农具……还联合周边村寨开展杀年猪、打糍粑、上刀梯等民俗活动。

"大家都在为十八洞这个集体张罗，大家都在给我们花垣人争光，那种团结，真让人骄傲！"龙秀林至今感慨不已。

一场场活动中，村民们打交道次数多了，情感加深了，村组之间的关系逐步融洽了。"十八洞"，这个共同名字带来的荣誉感，把大家的心凝聚在了一起。

村里成立了十八洞村苗绣专业合作社，老支书石顺莲，村民施翠群、龙拔二等50多个妇女聚拢起来，大家在一起交流苗绣技巧，情同姐妹。

　　养牛大户隆成志、养猪专家隆英足等致富能手，走村串户为村民传授种养技术。施全友、吴红灯等发展农家乐的村民，忙不过来了，一个电话、一声招呼，全村老少都赶过来帮忙。以前鲜少走动，现在遇到红白喜事，变成了全村人的大事。

　　在为十八洞付出的日子里，曾经村合心不合的人们，慢慢聚拢起来了；在发展产业的项目中，十里八寨的乡亲们拴在了一起；在脱贫致富的大道上，百里苗乡数万名党员干部和群众一道，手牵手、心连心……

　　　　　　　　　　　　　　　　　（来源：《团结报》2015年7月7日）

第二章 精准扶贫十项工程

01

实行产业"联动式"扶贫，推进脱贫长久长效

李 静

近年来，湖南省吉首市以"发展生产脱贫工程"为抓手，实行产业"联动式"扶贫，让"产业项目资金跟着穷人走"，把"血液"输到"静脉"，有效激活贫困群众的自我"造血"功能，推进贫困群众脱贫长久长效。

建立利益联结，推进产业"联动式"扶贫，实现"资源变资产、资金变股金、农民变股东"

实行产业四级覆盖"带动"。筹措资金近 2 亿元，实施"产业四级覆盖"贫困户。投入资金 5872 万元实施"贫困户自主发展产业"，即结合产业扶持以奖代补政策，落实贫困户家庭帮扶项目，实现"一户一产"，4.1 万人受益；投入整合资金 1305 万元实施"村级产业带动贫困户"，即以农民专业合作社为载体，结合本地特色产业，与贫困人口建立紧密的利益联结机制，通过实现"一村一品"，全村每个建档立卡贫困户按财扶资金总规模的 125% 以上收益分红，至少分红 5 年；投入资金 2453 万元实施"乡级产业带动贫困户"，即以农业龙头企业、国营公司为载体，结合乡镇区域产业特色，通过农村流转土地，采用委托帮扶、股份合作的模式，与贫困户签订 5 年以上的分红合同，带动贫困人口 0.5 万人；投入资金 9043 万元实行"市级产业带动贫困户"，即用扶贫重点产业项目、金融扶贫小额信贷项目，采取委托帮扶模式，带动贫困人口 1.2 万人，保证贫困户每年保底分红收益 800 至 1000 元不等。建设光伏发电站，稳定村集体经济收入，投资 4400 万元在 84 个村（其中 74 个贫困村全覆盖）推进光伏发电项目，已全部并网发电。在全市各乡镇、村推行主导产业"联动"模式。坚持"因地制宜"原则，按照"短中长"（短期以黑木耳种植、稻田养鱼、畜牧养殖和旅游服务为主，中期以茶叶、猕

猴桃等种植为主，长期以中药材、产业示范园等重点产业扶贫项目为主）产业发展模式，在特色农业上完成种植业 40 万亩，养殖业 98.88 万头（羽），稻田养鱼 5000 亩。建成万亩示范园 3 个、千亩示范园 12 个、百亩示范园 148 个，直接受益贫困人口 3.9 万人。2014—2017 年市级重点产业项目通过采取直接帮扶、委托帮扶方式，投入资金 4581 万元，先后启动了黄金茶、中药材、精品农业产业示范园以及湘西黄金茶基地开发等项目，共带动建档立卡贫困人口 1.9 万人，连续 5 年人均年收益 800 至 4000 元。

注重产业融合，推进产业"链条式"扶贫，
变"单一为综合、过客为常客、潜力为实力"

坚持产业融合发展思路，推进实施"旅游+""互联网+"等扶贫行动，构建一二三产业助力脱贫攻坚的"链条式"产业发展格局。"旅游+"推动"绿水青山"变成"金山银山"。大力发展乡村生态休闲旅游，以乡村旅游扶贫精品村为重点，打造苗族生态文化乡村游精品线路，带动贫困户脱贫。例如，寨垅村成立了乡村旅游发展股份公司，村里的 150 名贫困户通过入股土地 1800 亩，人均分红 4550 元。坪朗村组建苗鼓表演队进行商演，带动建档立卡户 13 户参与，开展的猕猴桃、草莓等采摘体验项目，让全村建档立卡贫困群众直接或间接受益。"互联网+"推动"网货下乡"和"农货进城"。出台奖励措施，对销售本地农特产品达 1000 万元以上的电商企业按比例给予奖励，对发送本地农产品包裹达到一定规模的快递企业给予上限 10 万元补贴。引入名企增强电商扶贫动力，与京东集团、湖湘商贸签订项目合作协议，开通运营"湘村购"、线上"京东·吉首特产馆"，与集群 E 家、易田电商平台合作搭建农村电商服务网络架构，形成农村基地生产加工、服务站填报信息、电商平台网上销售的电商扶贫产业链，受益贫困群众 1.5 万人，为 30 个贫困村农产品进城销售开辟了新途径。

推进转移就业脱贫，实现"一户一人务工，全家不再受穷"

积极推进贫困户本地与外地转移就业，确保贫困家庭劳动力至少掌握一门致富技能，通过自己勤劳双手带动全家脱贫。"摸需求"，对全市所有建档立卡贫困劳动力信息进行摸底，确保就业信息精准。建立乡镇和村级人力资源数据库，随时做好新增贫困劳动力资源数据库动态更新及跟踪服务工作。"引进来"，每年举办"春风行动""就业援助月""民营企业招聘周""人才集市"等招聘活动 20 余场次，特别是与东莞市、济南市联合举办的招聘会产生了重要深远的影响。此外，与 16 个省内外劳务协作单位签订了合作协议，畅通了劳务协作渠道。

"贴出来",把企业岗位信息贴出来,破解企业用工和贫困劳动力之间的就业信息不对称难题。先后在全市93个行政村和社区设立固定的招聘信息发布专栏,经过筛选,定期发布就业岗位信息,让贫困劳动力足不出村就可以看到招聘信息。"稳下来",通过"企业+农户",推荐就业扶贫基地,使不能外出务工的贫困户实现居家灵活就业。在全市遴选吸纳贫困户就业能力强、带动优的企业申报全国就业扶贫基地,为转移就业助力,吉首市诚成纺织有限公司已入选全国就业扶贫基地。

推进生态补偿脱贫,实现"传统林业向生态林业、民生林业转变"

选派生态护林员,贫困户有了"绿色"靠山。出台《吉首市村级专职护林员队伍配备方案》《2016年吉首市生态护林员培训班实施方案》等文件,选聘生态公益林护林员时贫困户优先,共选聘了407名贫困户护林员,工资为每人每年1万元。建设生态"绿色"银行。大力实施"产业建设生态化"扶贫工程,对油茶、木本药材等特色林业产业加大帮扶力度,带动产业结构调整和优化升级,推动贫困户增收脱贫。已在全市建成油茶、木本药材和花卉苗木等特色林业产业基地近16900亩。

（供稿：吉首市扶贫开发办公室）

泸溪：务实推进健康扶贫

　　泸溪县是武陵山片区区域发展与扶贫攻坚试点县，近年来，泸溪出台一系列相关政策，农村合作医疗报销比例逐年提高，然而效果不是很理想。如何用好新农合这笔资金，防止农村人口特别是建档立卡贫困户因病致贫、返贫？泸溪县委、县政府的决策层一直在思考、探索。2016 年初，泸溪县在潭溪镇下都村召开常委会扩大会议，专题研究精准扶贫政策扶持实施意见。随后，经过多次实地考察调研，反复征求意见，出台了《泸溪县精准脱贫"十项工程"单项工程实施细则》，其中，《泸溪县医疗救助帮扶工程实施细则》就是专门针对农村合作医疗报销而出台的地方政策。这项政策的出台，为建档立卡贫困患者带来了"福音"，带来了"真金白银"。为了做好新农合报销工作，泸溪县大力筹措救助资金，整合医疗救助资金 3422 万元，统一归集到城乡居民医疗保险管理服务中心，不足部分由县财政兜底保障。同时，在城乡居民医疗保险管理服务中心，设立新农合基金和医疗救助基金专户，将部门统筹资金归集到医疗救助基金专户上。2016 年，泸溪建档立卡贫困人口住院费用人均报销比例为 80% 以上，在全州率先推行医疗救助"一站式"结算服务模式，开辟就医绿色通道，工作成效明显，深受群众好评。如今，全县贫困人口参保、大病救助率均达 100%，贫困家庭签约服务覆盖率和健康档案建档率均达 100%，有效遏制了因病致贫、因病返贫现象。

全面实施"先诊疗后付费"服务模式，发挥医疗保障合力

　　为切实解决贫困人口患者预交住院费用困难问题，泸溪县按要求全面实施"先诊疗后付费"服务模式，建档立卡贫困患者在县内定点医疗机构入院时不需缴纳住院押金，只需提供相关证件即可入院治疗，出院时只需支付定点医疗机构与城乡居民基本医疗保险等经费保障渠道结算后的个人承担部分，即直接按住院总费用报销比例的90%办理结算。

泸溪县武溪镇五里洲村建档立卡贫困户宋海斌因为患脑肿瘤，2017年6月到湘雅附二医院住院治疗，出院结算总费用7.1万余元，享受城乡医保补偿了2.8万余元，享受医疗救助二次入户追补了3.5万余元。

泸溪县小章乡白泥塘村建档立卡贫困户杨志齐，今年3月因意外导致多发性肋骨骨折，到湘西州人民医院住院治疗，出院结算总费用12.5万余元，享受城乡医保补偿了4.8万余元，享受医疗救助二次入户追补了6.4万余元。

"这个政策真的好！现如今，我们在县内住院不需要预交住院费了，这对我们来说是天大的好事，而且到县外住院，费用可以直接拿回县医保中心，也是按90%报销，手续简单，老百姓办事方便。"符自家的妻子向桃花满怀激动地说。今年上半年，符自家因星形细胞瘤先后三次在湘雅二医院住院治疗，住院总费用高达15.89万元，通过起付线减免、医保报销、医疗救助"一站式"服务等政策共计减免14.31万元，三次住院费用实际报销比例均为90%以上。

全力构建"一站式"结算平台，发挥救助政策合力

为革除医疗救助中"审批程序繁杂、报销多头奔波"的弊端，泸溪县按照"医院垫付、集中支付、内部结算"的原则，于2016年在全州率先推行"一站式"服务结算模式。2017年，继续在县城乡医保中心设立"两个基金"，即医保基金和医疗救助基金，按照"一套人马、一个窗口、一支笔审批"的"一站式"模式，将贫困人口患者的基本医疗保险补偿、大病保险报销、医疗救助等优惠政策集中在县城乡医保中心一个窗口结算完成。同时，在县乡及州内定点医疗机构实行"一站式"结算服务，建档立卡贫困户在县内医院住院的费用在医院结算窗口直接补偿90%，县外非定点医疗机构住院患者出院后的住院费用到县城乡医保中心持相关资料即时结算到90%，对特别困难户住院费用予以全额救助。

泸溪县人民医院院长助理苏清涛介绍，以前医疗报销及救助过程的程序繁杂，多部门各管一块，如非定点医疗机构的费用由城乡医保中心集中报销、大病补偿委托商业保险公司年终追补等，"现在就在医院的专门窗口就可进行一站式结算，很方便"。今年以来，在去年开通县人民医院和县民族中医院以及县医保中心服务大厅"一站式"服务的基础上，开通了11个乡镇18个卫生院、州直定点医疗机构、辰溪县人民医院的"一站式"服务，实现了"一站式"服务医疗救助全覆盖。

2月17日至2月27日，洗溪镇峒头寨村建档立卡贫困人口龚继珍患急性胃炎在州民族中医院住院，住院总费用3630元，基本医疗报销报销1346元，医疗救助报销1921元，实际报销比例达90%。龚继珍出院后逢人就说赶上了好政策。5月25日，武溪镇五里洲村三组建档立卡贫困人口刘慧芳患白血病住院，治疗用去医药费166190.91元，医疗保险报销68826元，医疗救助报销金额达80746元，报销比例为90%以上。这些都得益于"一站式"服务的救助政策，它极大减轻了老百姓就医负担，获得了老百姓的交口称赞。

去年，通过现场追补、集中打卡方式，对5420人次建档立卡贫困人口患者的住院费用追补资金881.11万元；通过"一站式"服务结算模式对790人次建档立卡贫困人口的住院费用补助医疗救助资金226.63万元。今年以来，通过"一站式"结算服务，救助8085人次，救助金额848.48万余元，实际补偿率均为90%以上。

务实推行特殊慢性病救助帮扶，提升医疗保障水平

为提高建档立卡贫困人口健康保障水平，减轻建档立卡贫困人口慢性疾病患者门诊治疗费用负担，防止因病致贫、因病返贫，最大程度地保障参保居民的利益，2017年7月，泸溪县出台了《泸溪县建档立卡贫困人口特殊慢性疾病患者救助工作实施方案》，对15种当年参加医疗保险、大病保险、养老保险且在乡镇卫生院建立居民健康档案的县内建档立卡贫困户慢性病患者，实行门诊用药费用按病种分年度救助1500~6000元的帮扶措施，并通过县财政整合筹措200万元、社会力量捐助268万元共计468万元，用于特殊慢性病、大病的救治救助。

通过摸底调查，全县贫困人口患慢性病8615人，占贫困人口的12.84%，15种特殊慢性疾病患者2384人，占贫困人口的3.81%。目前，针对特殊慢性病患者的救助工作正在紧锣密鼓的进行之中。

同时，为广大农村适龄妇女进行"两癌"免费筛查、启动心血管病高危人群早期筛查与综合干预项目、全面落实人口出生缺陷"三级预防"措施。截至目前，"两癌"检查2500余人；心血管病初筛8100余人；产前筛查656人、新生儿疾病筛查1738人、新生儿听力筛查1013人；县、乡、村三级传染病疫情网络直报率达100%；儿童免疫规划接种率为90%以上；广泛开展医疗卫生下乡村送服务活动，为建档立卡贫困户及广大农民群众实施免费健康体检、专家诊疗、送医医药等活动20余次。另外，泸溪县卫计局将健康扶贫与重大民办实事等项目紧密结合，全县11个乡镇147所行政村卫生室，扩面实现国家基本药物制度村级医疗机构全覆盖，实行药品零差率销售，直接让利于群众，所使用的基本药物同步纳

入医保报销范围，村民可以即时结报，在低价的情况下保证了药品质量，保障了村民健康。"因病致贫、返贫"现象得到有效缓解，有力助推了全县精准脱贫。

（供稿：泸溪县医疗救助帮扶工程协调小组）

老家寨： 推进全域旅游 共建共享脱贫

老家寨位于凤凰县山江镇北部，距凤凰古城 23.5 公里，距山江镇 3 公里，2016 年底并入山江镇雄龙村。老家寨总面积 3.5 平方公里，有 3 个自然寨，3 个村民小组，136 户、668 人，其中贫困户 62 户、262 人，是凤凰县贫困面最广、贫困程度最深的村寨之一。2015 年以来，老家寨充分依托秀美的山水资源、深厚的文化底蕴、独特的民俗风情，努力探索乡村旅游与脱贫攻坚相互促进的路子，做好旅游扶贫与易地扶贫搬迁有机结合的文章，在青山绿水中挖掘"金山银山"，在乡愁中踏上脱贫致富的康庄大道。目前，雄龙村老家寨传统村落保护到位，基础设施基本完善，建筑风貌协调统一，民俗民风保存完好，旅游生意日渐红火，村民住房安全、就业创业、持续增收等方面得到有力保障，全域旅游带动脱贫致富，展现出了勃勃生机。

立足核心优势，做好全域旅游大规划

老家寨是一座以吴氏和龙氏家族为主的纯苗古村落，目前寨子仍完好保存着明清时期苗族的典型家居，以及乾嘉苗民起义期间的古战堡和古战巷，是凤凰县少数民族原始生态保护较好的村寨。该村寨所处的山江片区，拥有国家地质公园、中国武陵山区苗族文化核心保护基地、苗族祭祀文化圣山等多个品牌，旅游资源优势得天独厚。为更好地对接凤凰县已经相对成熟的旅游市场，规避前些年乡村旅游景点无序开发破坏严重、同质竞争特色不足等问题，2015 年以来，省政府办公厅、省研究室、驻村扶贫工作队和县里一起以老家寨为中心深入开展多次专题调研，充分掌握了该区域自然资源、产业发展、村寨人口、贫困原因及群众意愿等基本情况，科学地编制了《凤凰县八公山片区综合扶贫开发总体规划》和《凤凰县八公山片区精准扶贫产业发展规划》，找准了老家寨搞好苗族非物质文化遗产保护开发、打造苗山圣寨民俗文化游的发展定位，明确了旅游脱贫的大方向。

着眼盘活资源，搭建多方共赢好平台

如何让老家寨的核心资源变得值钱，变成资本，这是老家寨发展全域旅游必须破解的首要难题。在老家寨旅游扶贫过程中，坚持政府赢在稳定发展繁荣、企业赢在营利发展、村民赢在脱贫致富的基本原则，探索实施了"政府宏观引导、企业自主发展、集体全程配合、村民积极参与"模式。在政府方面，坚持由县统一规划，县铭城公司（政府国有公司）统一承建，按照全域旅游的标准和要求，统筹建设景区道路、供水等旅游设施与贫困村基础设施，三年来，在老家寨投资3000余万元，建设了游步道、游客中心、停车场、沿湖栈道等一大批项目，突破了长期限制该村的基础设施不足的瓶颈，基本形成了完整的旅游产业配套。在企业方面，以涉旅企业为载体，负责景区内部设施建设及运营，引进了战略投资者东方园林集团，计划投资12亿元用于凤凰北线苗山圣寨主题游开发建设，目前已经完成投资7000余万元，启动了旅游慢行系统、山江风情小镇风貌整治等项目，苗族博物馆—苗人谷—八公山—老家寨苗山圣寨民俗文化游线路已初步成形，旅游人气渐旺，旅游收益可期。在村集体方面，负责抓好生态、传统文化、村容村貌保护开发，目前村集体已经和县铭城公司签订了资源保护有偿使用协议书和共同建设旅游重点项目协议书，公司每年向村集体支付资源有偿使用费和旅游收入，保底分红。2017年底，村集体就得到了第一笔分红款预计10万元。在村民方面，负责保护好自己的老房子，并通过政策支持、市场运作、企业运营，全程全方位地参与到旅游开发经营中。目前，不少村民已经在开发企业提供的旅游服务岗位稳定就业，围绕旅游发展特色种养、苗绣、农家乐等特色产业，享受了国家产业扶贫的相关政策。参与了易地扶贫搬迁的村民不仅可以搬进村旁集中安置点的新房，还能以老房子入股公司享受资产收益。

用活扶贫政策，破解后续发展老瓶颈

像许多传统古村落一样，老家寨的保护开发面临的最大瓶颈，就是"人到哪里去，钱从哪里来"的问题。为更好地保护传统村落，获取老寨子开发经营新效益，将该村68户、303人全部纳入易地扶贫搬迁对象，其中贫困户54户、236人，同步搬迁14户、67人，建档立卡贫困户按每人2000元，每户最高不超过1万元标准出资，2017年底全面竣工并实现入住。同时，积极探索产权、经营权、收益权"三权分置"搬迁模式，将搬迁户的 68 栋原住房统一打包给东方园林进行保护性开发经营。群众搬迁后，公司按照每户每月保底 100 元标准分红给搬迁户，并为老家寨提供民俗表演、讲解员等近 70 个就业岗位，工资不低于 2300 元/月。通过易地扶贫搬迁政策和旅游开发的有机结合，政府用 1800 万的投入撬动近 4 亿元的企业投入，在盘活资源的同时，一并消除了企业后续经营和搬迁群众后续生存的后顾之忧。

拓宽收入渠道，探索持续脱贫新路子

得益于路子选得好、模式选得准，老家寨的乡村旅游一直处在良性发展的轨道上。2016 年以来，接待游客超过 2 万人，实现旅游收入 120 万元以上，带动村民人均增收 3000 余元。广大村民尤其是贫困户已经开始尝到了旅游扶贫带来的甜头，多了不少稳定持续增收的新路子。一是旅游带动产业扶贫。通过旅游消费带动该村一批新产业的发展，500 亩有机玉竹基地已经开始分红，一批大户带动下的贫困户的养鸡场、养牛场、稻田鱼等产业项目已经有稳定收益，农家乐生意渐成气候，参与农家乐的 52 户贫困户人年均增收 5000 元以上。二是资源入股收益扶贫。在东方园林集团的开发过程中，68 栋原住房的搬迁户每月都可享受公司的保底分红，村民原有的林地、耕地等资源也相应地作价入股，获得稳定收益。三是提供就业岗位扶贫。目前，开发企业已经提供餐饮、导游、演艺等旅游服务岗位 21 个，人均月收入 2000 余元，东方园林集团从 2018 年起新增加一批旅游服务岗位，免费或低价向建档立卡户提供景区周边经营摊位，让其从事农产品、手工艺品等销售活动，实现创业脱贫。四是文化传承保护扶贫。吸引、支持群众在特色村落从事银饰锻造、花带编制、苗族刺绣等民族文化技艺传承活动，在展示、传承传统民族文化的同时收益脱贫。老家寨已经成立的苗绣合作社带动了 20 余户贫困户，产品远销法国、加拿大，每年每户平均增收 3000 多元。

（供稿：中共山江镇党委、山江镇人民政府）

被阳光雨露滋养的孩子们
——花垣县教育资助工作走访实录

刘红春

位于湘、黔、渝交界处，被誉为"湘楚西南门户"的花垣县，是国家级贫困县。因为贫困，很多农村孩子没读完初中就辍学了，全县每年考上大学的学生屈指可数。教育落后，教育资源、人才严重匮乏，是花垣县长期以来亟待解决的一大难题。2013年，习近平总书记在花垣县十八洞村提出了"精准扶贫"重要战略思想，一时间，举国上下全力投入精准扶贫工作，花垣县作为"精准扶贫"首倡地，更是奋勇争先，全面深入推进精准扶贫，积极发挥政府作用，充分利用国家政策，集合社会力量狠抓教育扶贫，一举改变了全县长期以来落后的教育面貌。

政府发力，国家资助为城乡低保户撑起一片希望的蓝天

天祥(化名)出生在一个城镇低保户家庭，父母都是聋哑人，没有稳定的工作和收入，家境贫寒。天祥从小跟外公外婆一起生活。

天祥的外婆住在县城最古旧的青石板街西长街169号。这是一户极不起眼、房屋有些破旧的普通人家，简陋的木门洞开着，虽然连油漆都没有刷，狭小的客厅里，年代久远的沙发已经非常陈旧，简单木桌上摆放着一部小小的电视机，斑驳的墙壁上贴满了天祥从小学到高中获得的各种奖状。

"天祥从小就很爱读书，成绩好，老师都喜欢他，只是家里太穷，不能给他提供很好的学习条件。"天祥外公七十多岁了，说起外孙一脸的自豪。

年迈的外婆说起政府资助的事更是激动："天祥父母都是聋哑人，在小县城里很难找到合适的事做，我和他外公都年纪大了，又没有固定收入，要不是有救助，我们担心天祥初中都读不完。"

一家人对政府和学校给予天祥的关怀和帮助十分感激，外婆说："自从有了贫困救助，天祥读书从来没跟家里要过一分钱。国家免学费、课本费，政府补助生活费一学期1000元，学校每月发放300元生活费，再加上三立集团每年5000元的救助，让我们这样贫困的家庭不再为孩子上学发愁。感谢国家政策，感谢学校，要不是有你们，我们家天祥再聪明也可能一辈子进不了大学校门。"

天祥作为城镇低保户家庭的孩子，从初中起就享受到了国家资助，几年来，是国家的资助政策为这个窘迫的家庭撑起了一片蔚蓝的天空。

社会发力，个人资助让贫困家庭孩子插上腾飞的翅膀

"我的梦想就是走出大山，走到外面去。"喜欢奔跑的群秀（化名）出生在风景秀丽的十八洞村。

大山、清泉、苗寨，是群秀从小到大最熟悉的风景。然而这个活泼可爱的小姑娘，每当站在山顶向远处张望的时候，她的心却急切地想知道，外面的世界到底是什么样？

群秀的父亲是个老实的庄稼汉，由于身体的原因，他不能够像别的中年男子那样外出打工挣钱养家。因此，群秀的三个姐姐只能够辍学的辍学，打工的打工，家里就只剩下她和父亲以及年幼的妹妹。

群秀是个聪明的孩子，从小学到初中，学习成绩一直不错，而且擅长体育，在全县中小学生运动会上屡次拿到很好的名次。出色的表现，让群秀赢来了同学们羡慕的目光，村子里的大人们都说她是个将来有出息的孩子。群秀也在心里暗下决心，再苦再难，都不放弃读书的机会，目标只有一个，那就是走出大山，考进大学。

幸运之神总是眷顾勤奋的人。群秀作为一名体育特长生顺利地考上了边城高级中学，这个十八洞村里的小姑娘，靠着自己的努力，进了县城最好的中学，她离梦想又更近了一步。然而小群秀考上高中的消息非但没有让父亲高兴，反而让他眉头皱得更紧了。父亲有说不出的难处：小学、初中在离家十几里的镇上，每天跑着上学，回来吃饭，家里勉强负担得起，可读高中的话，就要到县城去，食宿都要花钱。加上高中不属于义务教育，学费比小学初中贵得多，不是这个贫困家庭能够承担的。然而，沉浸在喜悦中的群秀又怎能体味到这些？

面对女儿渴求知识的眼睛，父亲心如刀割。

书是一定要读的，倔强的父亲不忍心让群秀像三个姐姐那样早早离开校园，走向社会。他到处找亲戚们借钱，努力凑齐学费，让群秀如愿走进了边城高级中学。群秀是个懂事的孩子，她深深理解家庭的不易。每当夜幕降临，一天的学习和训练结束后，她的脑海里总是会浮现出父亲苍老的面容，想着漫长的高

中三年该如何度过，这个坚强的孩子流下了泪水。

群秀的情况引起了学校资助中心负责人文峰老师的关注。每年开学前，文老师都会提前对新入学的贫困家庭学生进行深入细致的了解，然后根据学生的不同情况分类：有的是从小失去双亲的孤儿；有的家庭不幸遭遇大灾，家徒四壁；有的父母残疾，没有能力抚养孩子……在学校资助中心的关心下，这些孩子都得到了相应的资助。

文老师知道，像群秀这样的孩子，要是得不到有效救助很难顺利读完高中，更不要说读大学了。寒门学子多愁苦，从事资助工作多年的文老师既心疼又着急，想方设法在最短的时间里，联系上了长沙一位爱心人士，把小群秀的情况向他做了详细介绍。很快，这位爱心人士回复，愿意资助群秀每年1000元的生活救助。

尽管这一笔救助金不多，但是让群秀和她父亲看到了未来生活充满希望。得到了这位爱心人士的救助，群秀十分感激社会的爱心资助，经常会给这位从未谋面的爱心人士写信，汇报学习生活情况。如今，已经读到高二的群秀一边训练，一边学习，依靠社会资助，她已经慢慢走出了生活的困境，满怀希望，正努力向自己的梦想奔跑。

爱心接力，心理资助给留守儿童一个快乐的童年

小芳（化名）是排吾学校四年级的一个女生。她出生不久，父母因生活所迫，不得已把她交给爷爷奶奶来带，双双外出打工。十多年来，小芳只是在每年过年时能够见到父母，渐渐地，父母在她眼里都成了陌生人。

爷爷年纪大，奶奶常年生病，对小芳的照顾仅限于温饱的保障，其他方面很少关注，尤其是孩子已到入学年龄，他们也没想到要送小芳去学校读书。当地学校在走访时发现这一情况，及时给爷爷奶奶做通思想工作，小芳才跟着村里比她小的孩子去上学。

因为与社会缺少接触，已经十一岁的小芳性格孤僻，脸蛋总是黑黑的，脖子上有厚厚的污垢，辫子扎得歪歪扭扭，还整天流着鼻涕，一副脏兮兮的模样。尤其是离开爷爷奶奶后，小芳很不适应集体生活，她极少说话，没有朋友，因为个子高，被安排在教室里最后面的位置，这让她更加自我封闭，成了同学们眼中的异类，大家排挤她，嘲笑她。老师发现了这些，批评了同学，同时找小芳谈话，去她家进行家访，然而收效甚微。小芳仍然不愿意跟同学们交往，更不肯参加班级的集体活动，在学校里从来都是独来独往。

2015年9月，由湖南省妇女联合会、湖南省妇女儿童发展基金会联合捐建

的排吾学校"知心屋"心理活动室挂牌成立。这是一个专门关爱留守儿童心理健康的爱心项目，主要作用是通过在留守儿童中普及心理健康知识、疏导学生心理问题、矫正学生心理偏差，从而促进留守儿童健康成长。

"知心屋"心理活动室配置齐全，有心理档案室、心理测评室、亲情聊天室、阅览室，还有心理咨询室和沙盘治疗室。另外"知心屋"配备有专门的心理健康老师，针对小芳的问题，老师用心制订了一系列的心理辅导方案，先是通过活动游戏，引导小芳慢慢参与团队游戏，让她逐步融入团队中来。一开始，看着同学们开心地玩着游戏，小芳只是在一边静静地看着，不肯参与。后来，她的眼睛里闪出了开心的光芒，有好几次，看到别的小朋友在那里玩闹，她咯咯地笑出声来。辅导老师抓住时机，邀请她加入游戏，通过一系列心理辅导，小芳终于克服心理障碍，变得乐意与同学们相处，注意讲究卫生，学习成绩也有了一定的进步。在老师的鼓励下，她第一次用亲情电话跟父母做了交流，在电话里亲热地叫着："妈妈，妈妈。"

三年来，"知心屋"心理活动室在花垣县遍地开花。全县中小学校都在积极开设心理健康课程，关注留守儿童的心理状况，及时与孩子们进行良性沟通，实施心理健康辅导，帮助他们走出心理阴影，让每个孩子都能拥有一个快乐的童年。

尾声

在花垣县教体局学生资助管理中心，记者了解到大量的典型事例：

向秋菊，2014年受澳门大专教育基金会资助，以全省文科第二名的成绩考上了北京大学，实现了自己的梦想。她说："如果不是社会爱心人士伸出援助之手，我可能早就辍学了，是教育扶贫让我有了努力的方向和前进的动力。"

徐文姬，由于家庭贫困，正在为大学学费发愁的时候，学校资助中心为她申请到了国家助学贷款，解决了她的后顾之忧，让她能安心地在大学校园里学习。

苗族姐妹麻青芝、麻丹，家庭生活困难，父母靠捡废品、打零工供儿女上学。资助办工作人员了解这一情况之后，积极为两姐妹寻求资助，多次与边城爱心协会工作人员前往走访，给姐妹俩送去了每人每年3000元的助学金，并协同政府帮助孩子父母回家创业。麻青芝后来考上了大学。此事经中央电视台报道之后，在社会上引起了很好的反响。

黄磊，一名家庭贫寒的农门学子，父亲残疾，母亲体弱多病，一直是教育扶贫的资助对象。2014年顺利考入湖南工业大学，学校资助中心不仅为她放发1000元奖学金，还为她申请到了澳门大专教育基金会每学年1500元的资助金，争取到了国家贫困大学生助学金 5000 元，帮助她顺利走进了大学校门。

学生资助管理中心工作人员麻水英介绍：从 2016 年起，湘西州实施家庭经济困难学生精准资助政策，在全州范围内对建档立卡贫困家庭实行 15 年免费教育，并对建档立卡贫困家庭和城乡低保户子女分别按学前、小学、中学、中职每生每年不低于 1000 元、1500 元、2000 元、2500 元的标准进行生活补助，分别给所有考上本科、大专的建档立卡家庭的贫困大学新生一次性 5000 元、3000 元以上的资助。

仅 2018 年春季，边城高级中学就有 851 名建档立卡贫困学生获得共计851000 元的国家资助；167 名城乡低保家庭学生得到了 161750 元的补助；免除851 人次建档立卡经济困难生的学费，共计 135086 元，免教辅费 792 人次，共计187529 元；此外，还获得了社会爱德基金事实孤儿救助、三立老总私人救助、北京常春助学慈善基金会救助、花垣"博世科"公司救助、宋祖英教育基金、少数民族助学金、花垣教育基金等一大批爱心救助。

这些关怀和帮助就像阳光，照耀着大山深处孩子们纯净的心灵；如同雨露，滋润着每一个贫困学子的家庭。在国家精准扶贫政策有力推动下，各级爱心救助就像一盏盏明灯，点亮了大山深处孩子们的梦想。

电商拉通比耳脐橙畅销高速路

里耶脐橙的主要盛产地是海拔 200 米山间小盆地的龙山县里耶镇，它果面橙红，香气浓郁，多汁化渣，酸甜可口，具有独特的地方特色，是国家认证的地理标志农产品，全镇种植面积达 7 万亩，覆盖建档立卡贫困户 3200 户 1 万余人。一直以来，由于地处偏远，里耶脐橙虽然在本地享有名气，但是销售一直是果农最头疼的事。近年来，里耶镇比耳村一帮敢想敢干的年轻人，积极借助互联网时代电子商务蓬勃发展优势，率先探索"互联网+里耶脐橙"网络营销模式，打破了多年销路单一、局限于周边地区的僵局，通过电商平台打通了产品畅销的高速路，大大提升了产业效益，让里耶脐橙成为当地名副其实的脱贫致富产业。

政府帮忙开道，引有志青年上路

2015 年，湘西州与腾讯公司合作，搭建"湘西为村"平台，以微商模式推广电商扶贫，龙山县里耶镇比耳村被列为首批试点村。龙山县扶贫办派人专门进驻村里，边宣传政策，边做项目规划，边物色合适人选。当时，村民们对电商这种新生事物一窍不通，要物色既懂得技术操作又愿意干事创业的带头人难上加难。一个叫龚辉的小伙毛遂自荐，组织本村青年和 2 名在外大学生、4 名在外工作人员成立了团队。这几个年轻人充满激情、富有创意、乐于奉献、团结协作，工作团队一成立就赢得了全体村民的支持。龙山县扶贫办先后投入 30 万元，帮助村里注册、开发了比耳为村微信公众号，购置了电脑、打印机、扫描设施，在果园中安装了直播摄像头，建成双系统网络，家家户户通宽带和无线网络，在公共区域建了 10 多个无线发射器，实现了村庄人口密集地、收购点的无线网络全覆盖。政府的助力让这帮有思想和实干精神的年轻人有了用武之地，经过紧锣密鼓的策划、筹备、启动，电商团队在最短时间内正式运转起来。如今，走进比耳村，张贴有比耳村公众号二维码的广告随处可见，扫码就能连上WiFi，互联网让这个偏僻的小山村随时都能联通世界。

一个都不能少，拉贫困农户上车

发展电商的最终目的，就是带动大家脱贫致富，所以必须让贫困户得到实惠，实实在在地参与进来。比耳村的电商团队做的第一件事，就是为村民们进行实操培训。初次培训，并没有电商团队期望的群众踊跃参与的热闹景象，偌大的村部会议室中仅寥寥几人，电商团队的年轻人们耐心上完课后，一齐摇头苦笑。面对贫困户的观望和疑惑，电商团队没有犹豫和畏难，而是集思广益，针对村民们的心理和想法改变策略。第二次培训，几个年轻人和村干部逐户上门宣传发动，并购置了日常生活用品作为参加培训的"奖励"，培训当晚，村部会议室座无虚席，培训第一件事，就是教村民扫码，培训结束后再根据村民课堂表现发放奖励。讲了几次课后，村民对电商运营模式有了详细了解，果农们参与电商销售的积极性高涨，比耳村电商团队的年轻人们信心大增，先后开展了10余次专题培训，对电商的入门知识、微信公众号使用、微店开设、营销策略、产品包装、物流快递等整套流程进行系统讲解，手把手地教贫困户实际操作。在网络入户时，贫困户只按成本的一半收取费用，非贫困户按实际成本收取。龙山县扶贫办为产品统一设计和印制了精美包装盒，免费提供给贫困户。针对自己操作不好微店的贫困户，电商团队开设了总微店，帮助贫困户网上销售，只按成本收取物流和包装费，收入全部归贫困户，确保每个贫困户都能通过网销增收。村支"两委"也与电商团队紧密协作，利用微信公众号平台，开展村务管理和便民服务，大到村务公开、政策宣传、民主决策，小到电费收缴、矛盾化解、家禽走失、水管维修，"为村"平台都起到了及时有效的连接作用。如今比耳村的村民，家家都是微信群成员，户户都在开微店做微商，很多日常事务都通过网络来处理，互联网已经成为村民生产生活中不可缺失的一部分。

高端媒体宣传，催电商快车提速

为宣传村庄、宣传产品，比耳村电商团队一帮年轻人费尽心血，征集广告词，采集图片，撰写推文，反复推敲琢磨，先后发表推文62篇，借力网络媒体进行宣传，引起外界广泛关注。2016年6月12日，中央人民广播电台进入比耳村实地采访"为村"工作后，发表《互联网如何落地村庄，一颗橙子告诉你答案》，这是国家级媒体第一次宣传比耳村。随后，新华社记者、《人民日报》记者多次来比耳村采访，新华社刊发《用互联网改变乡村的人》，对比耳村发展农村电商进行报道，《人民日报》刊载长文《当村里开通了微信公号》，整版报道"湘西为村"在比耳村的成功经验。2016年11月，时任州委常委、副州长孙法军担任主播，在比耳村对"里耶脐橙"进行网络直播活动，引发销售热潮。2017年1月，央视7套《每日农经》节目，对比耳村进行了采访和拍摄，节目播出后，信息刷爆了比耳村所有村民的朋友圈，咨询电话不断。紧接着，央视《新闻联播》栏目4名记者进入比耳村采访，4月19日《新闻联播》报道了里耶脐橙搭上互联网致富果农的新闻。经过国家级新闻媒体一系列的深度宣传，比耳村的知名度大幅提升，更让果农们大大地享受到了互联网带来的实惠。2016年，全村有110多户开微店做微商，网销脐橙30多万斤。2017年，全村参与网销的果农增至230多户，线上年销售60多万斤，网销300单以上的有80多户，500单以上的有30多户，最多的突破了1200单。在没有为村电商平台之前，里耶脐橙市场均价仅1.5元/斤左右，2016年，网销均价达5元/斤，市场火爆拉动了线下销售价格上涨，均价为3元/斤以上。村里过去有名的贫困户李元友，家中有4人，借助电商平台，2017年线上销售脐橙1.1万斤，销售收入6万元，剔除生产和销售成本，纯收益4万元，人均纯收入达1万元，当年如期实现了稳定脱贫。如今，比耳村家家小洋楼，户户有存款，普遍拥有高端电器、小汽车等，已经成为当地有名的富裕村。

打造多元销售，促电商之火燎原

脐橙上市时间很短，每年只有4个月的上架期，为了实现销售多元化，增加村民的收入，比耳村电商团队与其他"为村"村庄合作，带动村民搞微店分销，利用自己的销售渠道分销湘西州其他"为村"村庄店铺里的好商品，实现互利共赢。菖蒲塘村猕猴桃、大坡村葡萄、隘口村茶叶、惹巴拉织锦、苗市腊肉、龙山百合等湘西特色农产品都成为比耳村微店中的商品，丰富了店内商品的品种，增加了村民收入，巩固和壮大了全州电商经营队伍。同时团队主动出击，与步步高等大型商场接洽，建立战略合作关系，并主动招揽更多的客商前来合作，把产品直接铺向线下。鼓励村民充分利用新媒体的便利做好自主网销，微信、淘宝、微博、视频网站都已经成为很多比耳村民的网络营销渠道。为加强对电商扶贫销售工作的指导，推广比耳经验，龙山县委、县政府专门制订了"互联网+里耶脐橙"工作实施方案和发展规划，以比耳村为示范，搭建信息平台，搭上"互联网+"的快车道，将里耶脐橙推向大市场。龙山县人民政府与湖南空港实业股份有限公司张家界分公司签订了《龙山里耶脐橙品牌推广协议》，在张家界荷花国际机场出港登机牌上刊登里耶脐橙的产品广告，"里耶脐橙"随着在张家界登机的旅客飞向了全国乃至世界各地。在每年的脐橙采摘销售季节，专门开通了里耶至吉首的"里耶脐橙"专趟邮车，每天中午12点从里耶出发，当天晚上就可以到长沙。比耳村发展农村电商的星星之火，带来了里耶脐橙销售的燎原之势，吸引周边各村纷纷前来学习仿效，电商扶贫事业在当地蓬勃发展，贫困群众脱贫致富不再是梦想。

（供稿：龙山县扶贫开发办公室）

06 民企助力精准扶贫的"湘西样本"

章 勇　杨建曲

近年来，湘西工商联为提高扶贫实效，引导民企采取各种形式进行帮扶，激发贫困户脱贫致富的内生动力，形成了多元化产业扶贫的新模式。

在湘西的精准扶贫中，民营企业应作为其中的补充力量，发挥其独特的作用。作为民营企业家，主责主业是企业发展壮大，但对于助力脱贫攻坚也理应有责、有情、有为。

"到目前为止，凤凰县凤飞水晶有限公司的上机工每个月最高可拿工资8500元以上，最低也能每月拿到2500元以上。这种坐在家门口上班的就业方式有利地解决了留守老人、留守儿童和留守妇女的社会问题，也为湘西扶贫做出了极大的贡献。"凤凰县工商联主席李蔓蓉对记者说起凤飞公司的扶贫成绩时笑容可掬。

2016年以来，湘西自治州工商联主动作为，持续发力，实施了全州民营企业参与精准脱贫的"千企联村"行动。目前，全州已动员各地1200余家企业、商会参与，443家进入全国"万企帮万村"行动台账，结对帮扶519个贫困村，帮扶贫困群众49604人，实施项目1021个，投入资金6.57亿元。

党政重视成为民企扶贫的动力

去年，一则"主席卖瓜"的新闻在网络上热传。

湘西州花垣县补毫村瓜农施光成是该村的建档立卡户，也是湘西州工商联主席石红的联系户。老施家有两个人，他和母亲相依为命，如何让老施尽快脱贫成了石红的心事。去年初，她去考察后，与老施商议种植西瓜，为此她为老施送去肥料，联系了种苗。在她的支持下，施光成把西瓜种植作为脱贫致富的当家产业。

老施家里老娘 90 多岁了，他一个人走不开，又没车子拉，眼看着瓜熟卖不出去，这让老施急得像热锅上的蚂蚁。石红了解到老施的愁心事后，帮老施卖起了西瓜。

"我们补毫村的西瓜又甜又红……""你们最近需要买西瓜吗……"石红拨通了一些熟识的朋友的电话，向他们推销老施的西瓜。

电话打出去后，民营企业湘西协和医院、湘西武陵建安公司、湖南铭三鼎集团、吉首市个私协会、爱尔眼科医院、湘泉药业纷纷认购西瓜。

随后，湘西协和医院张国珍院长一行六人来到补毫村，和老施一起来到地里摘瓜、搬运上车。

这只是一个贫困户脱贫的剪影。据了解，近年来，湘西州工商联认真落实"万企帮万村"精准扶贫行动的工作要求，引导全州民营企业家，以建档立卡贫困村、贫困户、贫困人口为帮扶对象，通过产业扶贫、就业扶贫、教育扶贫、公益扶贫等途径，开展全州民营企业参与精准脱贫"千企联村"行动。

截至目前，全州已引导近 200 家本地民营企业参与"千企联村"精准扶贫行动，帮扶贫困人口近 5 万人。

"目前，全州把脱贫攻坚作为第一民生工程和各级政府的大事来抓。湘西州工商联及非公企业、各行业商会将作为精准扶贫参与者和补充力量，全面完成交办的脱贫任务。"州政协副主席、州工商联主席石红说这些话时，一字一句掷地有声，底气十足。

据悉，为参与精准扶贫，州工商联组织了"千企联村"动员大会，州委书记叶红专亲自出席动员大会并讲话，要求全州各级各部门为民营企业参与"千企联村"行动开辟绿色通道。民营企业参与精准脱贫"千企联村"行动被写入了州委经济工作报告和州委 1 号文件，被纳入了自治州对县市的年度绩效考核目标。

民企成为精准扶贫的生力军

2013 年 3 月，昔日的花垣县矿老板龙清泉与龙照成注册成立五龙农业开发有限公司，到 2014 年底，先后投入资金 780 多万元，按照设计要求，开发新茶园 2000 亩，改造老茶园 1000 亩，组建注册了三个茶叶生产合作社，配套一条精加工生产线，建成 3000 亩的绿茶产业基地，自产的"排吾云雾茶"已获国家商标注册。

按照公司设计方案，2013 年 3 月至 2020 年底，以"公司+基地+合作社+农户"的开发模式，投入资金 2.64 亿元，与茶旅游相配套地开发"排吾云雾茶" 3000 亩、"边城翠翠红"茶 12000 亩，实现年产茶叶 600 吨，销售收入 3.6 亿元，税收 2520 万元，利润 8250 万元，项目区 3180 户贫困户 14300 名农民年收土地流转费、劳务费、种茶收入和利润分红 9550 万元，户平 3 万元，人均 6680 元。

"目前，在产业开发尚未达产达标的情况下，我们公司三个联结村农民已获得逐年增加的产业开发收入，2016 年三村农民共收领了土地流转费、劳务收入、鲜茶交售、贫贷统还经利等，合计 839.75 万元，户平 1.31 万元，人均 3054 元，仅这一项就有 3000 多贫困户脱贫。"龙清泉颇为自豪地说道。

近年来，在州工商联的指导下，花垣县民营经济迅猛发展，一批规模以上民企主动承担社会责任，助力精准脱贫。

同时，该县引导 9 家规模民企派出工作队（组）进驻 16 个村驻村扶贫，每家企业每年投入帮扶资金 20 万元以上，累计为贫困村落实帮扶资金 1000 余万元，倾力打造"一村一品，一户一业"模式。动员 16 家规模民企通过"龙头企业＋合作社＋基地＋农户""公司＋村集体＋农户＋基地"等形式委托帮扶非贫困村的贫困户，促进稳步脱贫；发动全县民企积极参与公益帮扶，多年来捐赠帮扶资金达 500 多万元。

"文化旅游产业，是凤凰脱贫攻坚的支柱产业，也是民营经济发展的支柱产业。"凤凰县工商联主席李蔓蓉说。

在凤凰县工商联的引导下，民企采取"公司＋贫困户""致富能人＋贫困户"等形式带动扶贫增收。2017 年 1 至 7 月，全县 7 个乡村旅游景点（区）共接待游客 98.98 万人次，带动 3000 余贫困人口在家门口就业、创业，其中从事园艺管培、保洁、安保、票务等工种 2200 人，自行经营摊点 800 余人，实现增收 580 余万元。

李蔓蓉介绍："到 2020 年，旅游人数稳定在 600 万以上，旅游业年收入 200 亿元以上，财政收入突破 30 亿元，直接、间接旅游就业人口 12 万～15 万人。"届时，凤凰旅游业将为精准扶贫注入更强劲持久的动力。

此外，龙山县大力开展"百企帮百村、千商扶千户"合力脱贫攻坚活动，全县 46 家民营企业，1073 名非公经济人士，结对帮扶 37 个贫困村 2768 名贫困人口，开展结对帮扶活动 50 余次。

全州在工商联的发动下，掀起了既有民营企业、商会整体帮村，又有小微企业、商会会员结对帮扶的参与热潮。

"多元"帮困成为扶贫的湘西模式

6 月 1 日，凤凰县凤飞水晶有限责任公司厂内一个个水晶球从机器内吐出，董事长向少华笑逐颜开地讲述着这些水晶球的用途。

2015年董事长向少华应凤凰县"引老乡回故乡建家乡"政策感召,回到凤凰县阿拉经济开发区落地生根,为家乡父老乡亲脱贫攻坚做贡献。仅两年时间,共投资5529.4万元。目前,凤飞公司负责全县2000个建档立卡户(其中残疾人50人)就业问题,并保证员工月收入3500元以上,所有保险一并缴纳。"这些农民一下子变成产业工人,政府为企业解决了用工问题,企业为政府减轻了就业扶贫压力。"向少华说。

在州工商联的指导下,2014年苗汉子合作社108户成员携手十八洞村,成立了花垣县十八洞村苗汉子果业有限责任公司,在湖南湘西(国家)农业科技示范园区内流转土地1000亩,建设精品猕猴桃示范基地,实行股份制合作的利益联结机制。农民变股民后,公司采取"贫困户+企业+产业项目"的精准扶贫新模式,总投资1.13亿元,直接带动花垣县3个乡镇(含十八洞村)57个村建档立卡贫困户2772户11142人脱贫致富。

近年来,湘西工商联为提高扶贫实效,引导民企采取各种形式帮扶,激发贫困户脱贫致富的内生动力,形成了多元化产业扶贫的新模式,即"矿业转农业",转型升级引领产业新跨越。湘西州花垣县规划建设了占地68.5平方公里、总投资50.7亿元的湖南湘西国家农业科技园区(花垣核心区),并以园区为载体,引导由"矿老板"转型经营农业;"老板带老乡",委托帮扶助力产品变商品。该县一批民企带动老乡通过借力于淘宝、京东、苏宁等大型电商平台建立了"湘西馆",引导入驻企业167家、入驻品牌41个,通过团购、预售、众筹等方式推销湘西农特产,全年实现成交额2.2亿元;"资金变股本",采取"公司+基地+合作社+贫困户"等模式,引导产业扶贫资金、扶贫对象帮扶资金通过股份合作、委托帮扶等形式加入龙头企业进行产业建设;"农民成工人",就业帮扶拓宽群众脱贫路。湘西州引进入园企业83家,新增就业岗位1.37万个。

石红说:"在湘西的精准扶贫中,民营企业应作为其中的补充力量,应当发挥独特的作用。作为民营企业家,主责主业是企业发展壮大,但助力脱贫攻坚也理应有责、有情、有为。"

(来源:《中华工商时报》2018年6月6日)

07

扶贫车间办到家门口
——济南市高标准推进对口帮扶湘西州脱贫攻坚

"就业扶贫车间让我圆了致富梦。"2019 年 4 月，来自湖南湘西凤凰县的建档立卡贫困户田桂虾，在济南市设在当地的就业扶贫车间——周生堂生物科技有限公司找到了工作，一年可收入两三万元。

近年来，济南市高标准扎实推进东西部扶贫协作相关工作。湘西土家族苗族自治州是湖南唯一的少数民族自治州，也是脱贫攻坚主战场。2018 年，济南选派 16 名挂职干部在湘西任职，与结对地区互派医生、教师、农技等专业技术人才挂职交流 60 人次，向湘西州拨付财政帮扶资金 2.8 亿元，筹集社会帮扶资金 2000 万元，并在济南建设湘西州特色农产品展销平台，利用各类博览会、展销会、大型超市等举办经贸活动，累计签订各类协议 70 余项，推销各类农产品 400 余吨，销售额超过 4000 万元，惠及湘西州贫困群众约 3.2 万人。

培养一技之长带动脱贫

今年 6 月 22 日，山东蓝翔技师学院与花垣职业培训学校合作，在"精准扶贫"的首倡地——湖南花垣县十八洞村设立了分院，并赠送价值 210 万元的两台挖掘机。据了解，学成后每个学员一月至少能挣六七千元，实现"一人就业、全家脱贫"。

开展扶贫协作以来，济南市联合当地举办培训班、轨道交通班等 13 期，学生免费入学并享受生活及交通补贴，累计培训 900 余人次。组织专场招聘会 15 场，提供就业岗位 1.7 万个，达成就业意向 2227 人，实现转移就业贫困群众近千人；建设"就业扶贫车间"12 个，解决贫困群众就业 883 人，其中建档立卡残疾贫困群众 47 人。在项目资金管理办法框架内，济南确保援助资金和援建项目向深度贫困地区和建档立卡贫困人口倾斜，继续将民生、产业、劳务、人才等方面合作向纵深推进，切实增强受援地区贫困人民的获得感。

产业联盟为协作"搭桥"

今年 6 月，济南市在全国率先成立了由 64 家单位参与的"济南市东西部扶贫协作产业联盟"，形成扶贫协作的"新模式"。7 月，湘西舜源文化传播有限公司落户湘西州。公司仅用 18 天时间就完成了办公地点选址、工商注册、税务登记等所有流程。公司整合了济南市社会各界爱心力量和产业资源，为济南企业赴湘西投资兴业提供资源和信息共享服务，搭起了扶贫协作的"连心桥"。

联盟成立了，"连心桥"搭建了，成员单位开始行动起来。最早加入联盟的成员单位之一济南本土 IT 企业——浪潮集团提出建设"智慧湘西"项目，并捐赠 1000 万元企业上云服务券，旨在助力当地中小企业上云，助推新旧动能转换，为湘西州脱贫攻坚贡献济南力量。

作为济南市东西部扶贫协作产业联盟牵头单位的济南日报报业集团，也与湘西州团结报社完成了互访工作，双方将在新闻采编、报纸发行、全媒体中心建设等方面加强合作，走出一条"新闻扶贫之路"。

目前，"济南市东西部扶贫协作产业联盟"成员还在陆续增加，企业赴湘西州总投资额已超过 1.5 亿元。未来，在产业联盟的协调帮扶下，电子商务、劳务派遣、旅游文化、商贸往来等系列帮扶工作也即将拉开帷幕，为两地商贸活动牵线搭桥。

人才交流促进智力扶贫

两地频繁的人才交流，也为脱贫攻坚注入了"源头活水"。来自济南市高新区的许卫军在湘西州古丈县挂职县委常委、副县长。不到一年，在他的牵线搭桥下，湘西的能源服务有限公司落户古丈县。"项目今年 8 月份部分投产，一年可实现税收 500 万元。当年引进落地、当年投产、当年见效，这样的'高效率'，也算是对我付出最好的回报了。"许卫军兴奋地说。

除互派年轻干部挂职外，为保障"人才+产业"双落地，近年济南湘西两地还互派医生、教师、农技等专业技术人才学习交流，达 122 人次。同时，济南广泛开展干部和人才培训合作，举办了湘西州乡村旅游带头人培训班、全州农技干部及新型农业经营主体负责人培训班等 13 个专题班次，为湘西州培训各级干部和各类专业人才近 1000 人次。今年济南市还将新增 41 对街道/乡镇和 78 对社区/村结对帮扶，"万企帮万村"结对关系年内有望突破 100 个。

（供稿：湘西州扶贫办公室）

08

湘西军分区：
部队驻守一地　脱贫致富一方

近年来，湘西军分区积极响应习近平主席打赢打好精准脱贫攻坚战号召，大力弘扬"扶贫司令"精神，按照军队要"走在前列"的要求，根据湘西州委、州政府统一部署，紧紧围绕"一超过，两不愁，三保障"精准脱贫目标，集中力量、务实作为，以基层组织、基础产业、基础设施、基本帮扶和社会事业建设为重点，狠抓永顺县松柏镇仙仁村和芙蓉镇兰花洞村精准脱贫攻坚工作，凸显武装工作效益，取得了显著成效。

精准对接，绘好"一张图"

根据省军区和湘西州委、州政府统一部署，军分区机关自 2015 年起对口驻村帮扶永顺县松柏镇仙仁村，2016 年下半年增加永顺县芙蓉镇兰花洞村对口驻村帮扶。军分区党委站在讲政治高度，克服改革后人少事多的突出矛盾，分别指派得力干部负责驻村扶贫具体工作，进驻扶贫村之初，重点在摸清底数、绘好规划图上下功夫。一方面，把"扶持谁"的底数搞准确。两个驻村扶贫工作队深入帮扶村一线，对全村地理水文、基础设施、经济发展现状、卫生教育等进行全面调研，为制订脱贫规划找准依据。按照精准识别工作要求，对建档立卡户和所有村民进行全覆盖走访，调查核实具体情况，按规定、按程序组织评议审议公示，全面接受群众的监督，切实做到公开、公平、公正开展精准识别工作，两村最终识别出建档立卡贫困户 240 户、869 人。另一方面，把"怎么扶"的措施精细化。在摸清底数的基础上，军分区首长带领驻村扶贫工作队员多次深入两村实地调研论证，论证产业发展、基础设施建设、民生事业等精准扶贫项目，5 次修改完善扶贫建设发展三年规划，规划了 23 个产业项目，涉及资金 2000 余万元。

军分区机关 16 名干部、4 名战士、3 名职工结对帮扶 87 户贫困户，其中仙仁村 39 户、兰花洞村 48 户，按照"五个一批"的精准帮扶措施制订"一户一策"脱贫方案，每月坚持走访，了解产业发展和落实情况，帮助贫困户找项目、找信息、找出路，量身定制切实可行的产业发展措施。

科学统筹，下好"一盘棋"

原广州军区给湘西州支持扶贫帮困资金 25 万元，军分区协调发放给全州 11 个村 177 户困难家庭；省军区下拨脱贫攻坚专项党费近 10 万元，支持扶贫村的党建工作。省军区、军分区多次下发搞好扶贫工作的指导性意见，组织驻村扶贫工作队召开脱贫攻坚推进会，推动精准扶贫有效落实。军分区领导和机关人员每年至少 8 次深入扶贫点调查研究，组织州直和县直相关单位现场办公，督导工作落地，研究具体项目。加强驻村扶贫工作经费保障，每个驻村扶贫工作队安排每年 4 万元工作经费，投入 4 万余元购置宿村设备物资。驻村工作队严格按要求每个月驻村 20 日、宿村 10 晚，做到多走动勤帮扶，把村民不知的政策宣讲到位、把村民有疑问的政策解释到位、把村民的急需和扶贫政策整合到位，做到政策宣传全覆盖。驻村扶贫以来，分别为仙仁村、兰花洞村协调投入扶贫项目资金 1273 万元、718 万元，支持两村交通、用电、用水、住房和村部楼建设等建设，目前两村村容村貌、村民生产生活条件明显改善。重点在增强"造血"功能上下功夫，大力支持两村因地制宜发展产业，通过实地论证考察，投入 150 余万元扶持仙仁村大力发展以烤烟、猕猴桃、黄桃种植为主的农业产业，全力推进松柏基地循环农业示范园开发建设，投入 100 余万元扶持兰花洞村大力发展烤烟、猕猴桃、稻花鱼、油茶、黄桃等种养殖产业，帮扶两村村民大力发展黑毛猪养殖。

建强组织，带好"一班人"

按照"好班子、好体制"目标，开展调查研究，听取群众意见，加强与乡镇驻村干部协调沟通，采取有效措施，帮助两村加强村支两委班子建设，着力改善党员年龄结构和文化结构，注重发挥村支部的战斗堡垒作用和党员队伍、民兵队伍"两支队伍"的模范带头作用，充分调动了两村干部和广大党员、民兵带领群众脱贫致富的信心和热情。注重彰显脱贫攻坚"军字号"特色，结合民兵组织整顿，加强民兵组织建设，挂起牌子，建起场子，支起摊子，组建民兵应急突击队。积极开展"一拓双带四促进"活动，结合两村实际，创造性开展"把致富能手培养成党员、把优秀民兵培养成骨干、把退役军人培养成干部，带领群众脱贫攻坚、带领群众维护稳定"的"三培两带"活动，在两村中，1 名优秀退役士官新进村班子担任村秘书，发展民兵党员 1 人，培养后备干部 5 人，发展入党积极分子 3 人，帮扶退役军人和民兵产业致富典型 6 人。严格落实村党支部工作制度、组织生活制度、学习制度、纪律制度、村务公开制度和财务管理制度等制度，使村级决策管理走上制度化和规范化的轨道，提高村干部依法办事能力。

目标倒推，厘清"一本账"

以贫困村贫困群众整体精准脱贫为目标，把扶贫责任精准到人、精准到具体事，每个项目均落实人头、落实时限、落实标准。建立军地协作制度，积极参加州扶贫办组织的座谈交流和总结汇报，及时总结经验、深入查找问题、研究推进措施，军地联合对驻军扶贫工作组织检查验收，发现问题不掩盖不回避，采取有力措施进行解决。跟踪计算贫困户每年生产收益有多少，低保救助等其他收入有多少，对帮扶收入逐一计账，及时跟进脱贫进展，确保贫困户收入情况清楚、实现目标可控。现两村已完成 172 户、676 人精准稳定脱贫，2018 年两村可全部实现"村退出、户脱贫"目标。

（供稿：湘西军分区机关）

09 社会扶贫的郭氏模式
——以保靖县基地为例

宋世兵

2007 年 7 月，在湖南省委、省政府和各级统战部门的支持下，香港嘉里集团郭氏基金会在保靖县建立了第一个脱贫奔小康基地，吹响了向中国农村贫困挑战的号角。12 年来，基金会已在全国设立了 14 个脱贫奔小康基地，其中 12 个为农村基地，2 个为城市基地。

嘉里集团郭氏基金会认为当今世界有关贫困的最严峻的社会问题是机会分配的不均，这是造成世界不和谐的根本原因，而提高人的素质是应对贫困问题的最佳手段。乡村似乎成为"被遗忘的角落"，特别是贫困地区，社会与人的发展远远落后于全国整体水平，经济不发达远非贫困的全貌，基层治理和公共品提供困境，还有乡村道德失序、共同体瓦解等难题，对乡村建设和发展构成了严峻挑战。基金会选择内地的农村贫困地区为切入点，探索解决机会不均这一根本问题的可能途径。

保靖县基地围绕基金会的"以人为本，敬天爱人"理念和原则，以实现保靖小康为奋斗目标，以建立"规范"和"公德"为社会终极目标，坚持从卫生、教育、产业、环境"四个切入点"着力，践行"脱贫困、奔小康、创和谐"的脱贫宗旨，在保靖县 16 个乡镇的 95 个村寨(学校、医院)开展示范工作，累计先后投入资金 1 亿元，建设项目 400 余个，取得了较好的成效。保靖基地被国务院扶贫办誉为"社会扶贫的郭氏模式"，向全国推广，而且被北京大学社会学系杨善华教授称作"现代版的乡村建设实践"，收入《理想主义与现实改造——一项关于社会公益组织的个案研究与反思》一书。

精准扶贫十项工程　第二章

67

画一张春意盎然的新蓝图

2007 年以来，嘉里集团总裁郭鹤年及夫人，基金会总裁彭定中，顾问彭对喜，保靖基地主任彭军、石关顺先后数次来保靖考察，基地项目科主任王军、彭军等先后多次走村串寨调查摸底，多方论证，制订了保靖基地十五年规划线路图，亲手描绘了一张春意盎然的新蓝图。

头五年(2007—2012 年)：建立"基地示范村"——通过"四个切入点"工作的全面展开，示范村脱贫模式探索初见成效。

中五年(2013—2017 年)：构建"示范村群"——通过"心火燎原"培育和谐发展的沃土，规范与公德意识得到根本提升。

后五年(2018—2022 年)：实现"小康境界"——通过"示范村群"的示范和带动作用，基地县逐渐全面达到小康境界。

保靖基地扶贫从卫生、教育、产业和环境这四个切入点入手，辅以"星火燎原"计划，促进农村在健康、文化、经济、环境、社会公德等方面得到均衡发展，全面、长远地推进帮助人、改变人的事业，带领老百姓走上幸福之路。

到 2022 年，农村居民享有与城镇居民一样的公共服务；县、乡、村三级医生有素养，卫生事业进入"小病不出乡，大病不出县，卫生保健靠村医"的崭新时代；卫生管理规范化、信息化、系统化；农民不仅能独立思考，而且能关爱他人、视邻为己、守望想助；村民素质得到全面提高，规范、公德、公平、和谐成为主流意识；全县教育均衡发展，城乡居民享受均等的受教育机会；依托示范园、"星火燎原"计划，大力培养爱心产业带头人，带动全县产业发展；推进农民的组织化合作进程，实现守望相助的均富；农民讲诚信，发展有后劲；人与人、人与自然和谐相处，代代人都有获得健康可持续发展的机会；爱护生活环境，生活垃圾及污水得到有效处理；基建、采购行业得以全面规范，诚信与公德心成为行业标准，坦荡做人、规矩做事成为行业的文化。

12 年过去，保靖基地人众手描画的新蓝图，一步一个脚印地变成了现实或即将变成现实，变成保靖土家族苗族人民深情的回忆。"通过我们的工作，影响和改变身边更多的人，是基金会工作的主旋律。"基地原主任彭军一语道出基金会扶贫的主要任务。陇木洞示范村书记彭运江说："基金会为保靖县贫困村绘制了最新最美的蓝图，一张蓝图干到底，保靖人民的明天将更加美好。"

搭一个百花齐放的大舞台

《世界银行研究报告》表明：从 1990 年到 2010 年，全世界的贫困人口已经减少了一半，其中大的有75%的贡献来自中国，中国的脱贫效果很好，中国人一定采用了非常有效而正确的做法。这一贡献之中，包含了郭氏基金会的心血、汗水和智慧。

12年来，郭氏基金会与保靖县地方政府同心同德，同心同向，同心同行——向保靖农村贫困宣战！据统计，2007年保靖县30万人中尚有7万贫困人口，脱贫任务任重而道远。

基金会认为："健康身体能做事，文化头脑做好事。"从大卫生做起，从老百姓日常生活健康做起，提升健康素质。健康扶贫之花让农民笑意写在脸上。2007年8月，基地成立不久，会同县卫生局由基金会出资，在全县范围内对14岁以下农村儿童，开展先天性心脏病普查，送13名先心病患儿到长沙湘雅医院免费治疗，还给每人补助400元生活费。第二年，项目范围扩大到湘西州8县市及湘鄂渝黔4省市边区。基金会的义举，2010年被湖南省卫生厅推广，福泽全省农村先心病儿童，后又被卫生部向全国扩广。2008年，又对全县农村白内脏患者普查，查出的398名患者送到自治州人民医院免费治疗，还扩大到自治州8个县市。2009年，再次启动60岁以下已婚妇女健康检查项目，发现8名早期癌症患者，及时救治。开展县、乡、村三级医技人员大培训，15名县直骨干破天荒获得去长沙、上海进修学习机会，87名乡镇以上的医生、379名村医得到上海、香港、长沙专家县内培训。目前已培训各类医务人员2100多人次。

"原来村里环境极差，走到哪里都是臭气熏天的。有的人家人畜混居，污水横流，无法下脚。"村主任田维富这样评价曾经的山河村，如今村道干净，村庄整洁。70多岁的山河村老婆婆米珍珍改掉了不刷牙的坏习惯，有人风趣地问她："你老人家牙都没几颗了，还天天刷什么牙？"老人激动地说："上课的时候才教的，病从口入，为了健康，我剩一颗刷一颗！"另一位村民刘顺银说："这两年有很多村民都开始戒烟戒酒了。我以前烟不离手，现在不抽了。以前干活经常腰疼，现在晓得劳动一个小时，要休息10分钟。"

智力扶贫之花开遍原野。"一个人不仅要有健康的身体，还要有独立思考的能力，只有具备这两个条件，才能抓住脱贫致富的机会。"基地原主任彭军深知贫困者之所以贫困的深层次原因。帮助全县中小学教师参加国家、省、州、县各级各类培训，培训4200余人次，教师的教育教学能力和校本研修水平显著提高。"以前学校开展培训，要从北京、上海聘请专家来授课，如今参加过基金会培训者的培训项目的老师，都能承担基本的培训任务。"多次参加基金会培训的教师进修学校教务主任谭永平感慨地说。帮助学校设立留守儿童"关爱室"，配置电话、电脑、电视机、图书等，每年资助500多名特困生，保障了农村学生就读率。

为全县 14 所中小学配建了"音体美"、"实验"、电脑室、多媒体室，让学生享受了高质量的教育。在岳阳小学，49 岁的彭远松老师正在用便携式多媒体，为一年级学生上数学课，课堂里鸦雀无声。该校 2008 年被基金会列为项目校，基金会一次性为该校配置了 15 台电脑、2 台空调和 2 台多媒体仪，使学校发生了翻天覆地的变化。

基金会在全县龙家、山河、陇木洞、扁朝等 10 个示范村陆续开展扫盲、电脑、务工、实用技术等培训，办班 11 期，培训 15640 人次，评选优秀学员 687 人，五好文明家庭 156 户，优秀宣讲员 58 人，涵盖了全县三分之一的村。

大妥村民杨灯龙只有小学文化，连电脑电源都找不到，培训后告别了"现代文盲"，如今能熟练地操作电脑，浏览网页、打字、上传下载无一不通，更重要的是学到了技术，走上了脱贫的大路。

产业扶贫之花向阳竞放。李代佑是基金会种植业主管，每隔一段时间就会去胡道深的种植基地看看。胡道深在基金会扶持下，种了 5 个大棚疏菜，养了 5 头母猪，每年出栏仔猪 90 多头，纯收超过 2 万元。还种了 1000 多株脆枣，树下套种西瓜。2010 年，根据扁朝村海拔高、日照长、昼夜温差大的特点，鼓励村民种植反季节水果和疏菜，远销周边县市。1119 人的扁朝村 2009 年的人均纯收入只有 1936 元，第二年增加到 3950 元。村主任姜长荣说："让我们村干部更高兴的是，产业培训让大多数村民学到了一技之长，学到了脱贫致富的本领，脑壳也开始富起来了。"

基金会心怀同胞深情，以帮助农民脱贫致富为己任，在资金、项目、技术上给予帮扶。根据每个示范村组和家庭的自然与经济条件确定项目，按照"试点先行、可以复制、逐渐推开"的原则，通过榜样、能人带动和爱心带头人传递爱心的方式，让脱贫致富形成燎原之势。2010 年，基金会为山河村侯昌洲提供无息贷款 3 万元，种植西瓜 47 亩，当年实现纯收入 10 万元，带动 10 户村民把西瓜种到了张家界，走上了共同脱贫致富之路。吴安球说："没有基金会的帮扶，现在还是穷光蛋。"基金会帮他提供 5 万元无息贷款，养羊 200 多只，当年翻身。吴安球借给刘顺茂 20 只种羊，生下的小羊归刘顺茂所有，刘顺茂借鸡下蛋，两年功夫发展到 70 多只，年收入达到 4 万元。

基金会还与政府合作，在阳朝乡溪洲村兴办农业科技示范园，培训新农民，在碗米坡镇陇木洞村创建生态休闲观光园，摸索生态与经济双赢之路。

生态之花开扎根大地。基金会的视野刚切入保靖这片美丽而贫瘠的土地，交通不便、饮水困难的问题让基金会慨叹。基金会将人居环境改善作为帮扶的重头戏。复兴镇山河村主任田维富做了个形象的比喻，说村路象火车路，经长期碾压，两边隆起轨道，车和人晴天一身灰，雨天一身泥。2010年，基金会出资1200万元，改造了3条通村路，全长21公里，硬化为水泥路，为12个村民小组3500余人开辟了通向小康的"黄金通道"。基金会出资700万元，为扁朝村修路、建活动中心、村小、卫生室，村容村貌变了模样，还实施了大妥安全饮水、阳朝集中供水、甘溪河流域治理等工程，让上万的群众受益。76岁的罗莲芝老人连声说基金会好："帮我们引来了自来水，祖祖辈辈愁的吃水和用水，再也不愁了。修了水泥路，我多年没去县城了，现在隔三差五地去。"老人沧桑的脸上，舒展着幸福的笑容。

留一群初心不改的带头人

全面小康不仅是物质的小康，更重要的是精神的小康。彭定中总裁敏锐地发现了这个问题，要求各个基地县在全县范围之内选拔爱心人士，纳入基金会的编外工作团队，作为爱心形象大使，鼓励和支持他们做一些爱心项目，使爱心连成片，最终达到"心火燎原"。所有员工都说这个办法好。基地原副主龙先梅介绍，心火燎原计划分四步实施，第一步精选火种，从2010年每年评选爱心教师、医生、人士、带头人，作为爱心代表分散在全县各个角落，撒下一粒爱心的火种；第二步挑亮火苗，宣传表彰，培训座谈，联接成片，使孤立的火苗联接成片；第三步燃烧火焰，实施示范项目，使项目成为爱心传播的载体和平台；第四步燃亮他人，代表点燃周边人的爱心，这些人再照亮更多的群众，以致全社会形成关爱和谐的沃土。

保靖县基地率先带头，从2011年至今选拔了125人，遍布全县16个乡镇95个村，他们之中有爱心医生、爱心教师、爱心村民、爱心带头人，大力宣传他们的事迹，带动更多的人参与到献爱心、改变人的行动中来。基金会不仅帮助爱心代表的实际困难和需要，每月还按时发放生活补贴，解除后顾之忧。安排每个代表做一些如爱心校园、爱心村寨、爱心村卫生室、爱心道路等小项目，从小到大，聚少变多，目前全县已实施爱心代表项目105个，已成燎原之势。

"和基金会相处一年改变了我自己，相处两年改变了我的家人，相处三年改变了我周围的同事……"爱心教师胡晋的一次发言，至今还留在大家的脑海中。大岩村爱心代表龙献英是全州农村科技致富能人，帮助龙新昆、龙顺先掌握了炒茶技术，还帮助村民销售茶叶。矮坡村茶叶大户、爱心带头人龙秀娇自等资金帮助村民建苗圃，自繁自育，降低了育苗成本，还按市场价收购村民鲜叶，帮助村民加工，只收取加工费作为机械维修和电费，解决了茶农的一系列难题。爱心教师隆付忠当爱心代表以来，为贫困学生争取捐款达10万多元，救助贫困生 500 多人次。尖岩村爱心医生连续三年实施环境卫生、健康教育和安全饮水项目，改变了村民卫生意识和习惯，还影响了一批人，村里修路，全村 13 户人主动让出了屋坎，有的拆了厕所，有的无偿帮工帮料，有的拆了自家的屋柱。龙家村民 74 岁的龙珍珠因冠心病无钱治疗，全村老少踊跃捐款，帮助老人渡过难关。陇木村民彭图辉突患大病，无钱医治，村民筹备 8000 元，递给她，送进医院治疗。山河村示范户王玉学将 8 只羊送给残疾人王冬狗养，解决了他的生计问题……这样的事例不胜枚举。

2015 年 5 月，基地顾问彭对喜欣然填词《浪淘沙》："三农牵人魂，同返风尘，复入深山察贫困。但求清偿旧时账，此心方平。真爱盈乾坤，修身助人，酉水两岸更兴盛。喜看迁陵众英雄，又上征程。"对"迁陵众英雄"发出了由衷的赞美！

变一幅蕙质兰心的新画卷

"基金会长期致力于慈善事业，这种无私援助、无私奉献的精神令人敬佩。基金会在湖南开展的项目取得了良好的社会效应，特别是在扶贫工作中大力推崇的以人为本的理念，实行的项目化运作方式，展示出严、实、细的工作作风，值得我们学习借鉴。"湖南省委原副书记梅克保如是说。在全州扶贫工作表彰大会上，州委书记叶红专充分肯定了郭氏基金会的做法，号召全州各级各部门向基金会学习。畅安驾校刘大业在《给保靖基地的一封信》中写道："真想让所有人知道，在湘西保靖，有这么一个机构，有这么一群人，以他们的理念，以他们的实际行动，感动着身边每一个人，感动着这个社会。"

基金会的扶贫给我们的启示是多方面的，"以人为本，以人改变人"的理念促使扶贫从输血向造血转型，实现"主角"与"配角"的转换，办事讲规距、讲诚信，廉洁奉公。保靖山川河流大地正在嬗变，正如扁朝新村长吴天金在活动中心竣工时，应双目失明的老人要求，扶着她去看大楼模样时描述的那样："用手扶着改变，用脚丈量着改变，用心感受着改变……"

"时间、爱心、金钱"组成的"铁三角"让一切都在改变。村民懂得了"自助、人助、天助"的道理，树立了"以村为主、以我为主"的发展意识；村容村貌在变，示范村绿叶与鲜花相映，新公路贯通了，清洁的自来水进家了；农村的医技水平、教育水平，都有较大的提升；村支两委执政能力显著提高，陇木洞村书记彭运江成为基金会全国所有示范村率先给本村制定出长远发展规划的第一人，龙家示范村的做法在全乡推广；示范村的贫困窘况改变了，绝对贫困的问题不复存在；丰衣足食之余，村民天天聚在村部跳广场舞，唱卡拉 OK，表演小品相声，生活有滋有味。

　　在 2017 年基金会年会上，保靖县委副书记、县长杨志慧深情地说："有基金会的倾情奉献，有全县 31 万父老乡亲的齐心协力，我们有理由想信，呈现在我们眼前的，必将是一个规范、公德、机会分配公平的社会，一个心存感恩、爱心涌动、温润心灵的时代，一个风醇物厚、崇善崇德的和谐关系，一个望得见山、看得见水、记得住乡愁的美丽乡村！"

陈　昊　陈生真

"搭帮党和政府的政策好，给我们在城里修建了这么好的房子！我们现在也成城里人，这是我们几辈子做梦都想不到的好事！"2019 年 6 月 6 日，在吉首市经开区易地扶贫搬迁安置点张仕佑家里，他一边忙着收拾家里的东西，一边高兴地对记者说。

张仕佑是吉首市丹青镇香花村人，全家 4 口人，最近刚搬进吉首经开区易地扶贫搬迁安置点 100 平方米的新家。他在经开区标准厂房搞建筑装修，媳妇在吉欧鞋服有限公司打工，两人加起来月工资有 6000 多元，孙子就近入学乾元小学，每天乘坐免费公交车上学。

2016 年以来，吉首市有计划地对很难实现就地脱贫的群众进行易地扶贫搬迁，截至目前，全市建成 15 个集中安置点，共实现 1966 户 7900 人搬迁。"住进好房子，过上好日子"对他们来说，不再是一个梦。

"四个结合"让搬迁群众住上好房子

"从乡里搬到吉首来，人人得到党关怀。感谢政府感谢党，永久安康永不衰……"悠扬的山歌从吉首市经济开发区易地扶贫搬迁安置点 9 栋 1 单元 101 房陈初鸾家里的窗户飘出，他闭眼欣赏着碟机里播放的山歌，面前的桌上放着一杯茶，茶香沁人心脾。

吉首经开区易地扶贫搬迁安置点是该市最大的易地扶贫搬迁安置点，整个小区共有 23 栋 7 层的楼房，目前已住进了近 2000 名居民，涉及 7 个乡镇的 48 个行政村 624 户易地扶贫搬迁户。对祖辈生活在农村的他们来说，进城，有一套自己的楼房，曾经是可望而不可即的梦想，如今却变成了现实。

温暖的家，是每个人一生的守望。"我们要让每一个搬出来的贫困群众搬得出、稳得住、有事做、能致富，让他们真正住上好房子。"州委常委、吉首市委书记刘珍瑜满怀深情地说。

为了实现这一目标，吉首市按照分类安置的原则，创新实施了"四个结合"搬迁安置方式：

把易地扶贫搬迁与新型城镇化相结合，让农民变市民，将近70%的搬迁户安置在城区或附近，实现了小城市扩容、新区开发、提高城镇化率和搬迁群众进城愿望多重利好。

把易地扶贫搬迁与新型工业化相结合，让搬迁农民变成产业工人，有近70%的进城安置人口被安置在"经开区"和"百里"两大工业园区内，通过对搬迁农户进行就业技能培训，实现在工业园区企业就近就业。

把易地扶贫搬迁与旅游发展相结合，让搬迁安置房变成"民俗游"客栈，坪朗等集中安置点建在风景区附近，建筑均采用极具民族特色和风情的建筑风格，让安置区也成了一道亮丽风景。

把分散安置与适当"小集中"相结合，建立乡镇"建房理事会"和农户协商机制，按照乡村规划选定小集中安置区"组团拼盘"进行"小集中"安置，避免了"原址或简单就近"建房。搬迁建设过程中，由市搬迁主管部门聘请专业监理、甲方现场代表会同"建房理事会"成员全程监督，保障了工程质量安全，控制了建房面积，也加快了建设进度。

"精准后扶"让搬迁群众过上好日子

在吉首经开区安置点一栋楼房的一楼门面里，由该市就业局、妇联、移民局等单位组织的服装定制培训正在火热进行。40多名小区居民在心艺民族服饰公司师傅们的辅导下，学习服装制作技能。"他们学习合格后，可以在公司专门设在这里的扶贫车间里就业，领取计件工资，搞得好的一个月五六千没问题哦！"公司负责人向建英抿着嘴笑说。

不仅搬得出，还要稳得住、有事做，如此才能真正实现搬迁群众安居乐业，过上好日子。

吉首市搬迁办与吉首经开区管委会建立就业合作关系，分别与开发区内的32家企业签订了《易地扶贫搬迁用工战略协议》，各企业共提供了就业岗位1300个，已有370户搬迁人员在园区企业就业。市就业局还针对搬迁户实际情况，有针对性地开展系列免费培训，提高他们的就业能力。对就业能力较弱的人员，还兜底安排了58个公益岗位，月工资近1300元，贫困群众有了新家，更有了新的奔头。

为了做好针对搬迁群众的配套服务，吉首市政府出台了一揽子后扶政策，在搬迁户产业发展、财政支持、就业、入学等方面明确了优惠政策；吉首市农业、人社、国土、林业、教体、公安等部门，按照各自职能推出了专项优惠措施。

　　2018年秋季，安置区的146户搬迁户的165名适龄学生进入就近的中小学、幼儿园上学，市政府还免费安排了两辆公交车，每天免费接送安置点的学生上学放学。随着后续各项服务工作跟进，安置点内物管中心、图书室、健身场所、惠民超市、医疗卫生室等机构先后设立，搬迁户中的43名党员还成立了临时党支部，积极参与到小区的各项建设管理服务工作中。

　　在这里，30岁的陈万正与相恋4年的女友终于喜结良缘，虽然热闹的婚事已过去了1个多月，但在这套70平方米的房子里，依然处处贴红挂喜。常年和妻子在外地打工的陈万正，最大的梦想就是能在城里有套房："现在梦圆了，是党和政府帮我们实现了这个梦。"

　　与搬出来的乡里乡亲们一样，夫妻俩为了战胜贫困而奋斗，而那幸福已然悄悄敲响了门，他们的幸福生活才刚刚开始。

（来源：《湖南日报》2019年5月29日）

第三章 湘西政协扶贫案例

01 首倡之地当有首倡之为
——湘西州政协人打赢脱贫攻坚战在行动

陈 彬 向绍文 李 炎

地处武陵山脉腹地的湘西土家族苗族自治州，是湖南唯一的少数民族自治州，也是湖南贫困程度最深、扶贫任务最重的地区之一。

2013 年 11 月 3 日，习近平总书记在湘西州花垣县十八洞村考察时，首次提出了"精准扶贫"重要思想，指引中国扶贫开启新时代。

"首倡之地当有首倡之为。"在湘西州政协主席刘昌刚看来，打好打赢脱贫攻坚战是湘西自治州党委、政府的首要政治任务、第一民生工程和头等大事，也是湘西州政协履职的核心和重点。要凝聚政协智慧，贡献政协力量，深入推进精准扶贫、精准脱贫，助力全面打赢脱贫攻坚战。

近年来，在刘昌刚的带领下，湘西州各级政协组织、政协委员、政协工作者积极投身脱贫攻坚战场，助推贫困之地旧貌换新颜。

尽心履职 汇聚强大攻坚合力

多年来，刘昌刚历经了很多岗位，但无论在哪，始终牵挂着困难群众和脱贫工作。2017 年初，刘昌刚担任湘西州政协主席，3 年多来围绕脱贫攻坚，他留下了坚实脚步。

"人民政协具有凝聚人心、汇集力量的畅通平台和智力优势，要尽心履职，汇集强大合力，助力脱贫攻坚。"刘昌刚说。

聚焦群众增收、民生保障、公共服务、社会扶贫、群众满意度等脱贫攻坚领域的重点工作，州政协先后组织委员多次开展相关专题调研活动，通过实地察看、现场走访，召集乡村干部、群众代表、产业大户、致富能人和特困群众座谈，广泛听取各方意见和建议，并形成了一批高质量的调研报告。

武陵山片区作为少数民族聚居区，既是大美之地，也是至贫之地。在刘昌刚看来，武陵山片区开展旅游产业扶贫具有得天独厚的优势，必须持之以恒地推进旅游产业发展在助推精准扶贫中的积极作用。为武陵山片区探求发展路径，一直是州政协履职的重点。

2017年，州政协参加了武陵山片区政协主席联席会第二次会议，以"全域旅游"为主题，与武陵山片区各市州区县政协达成广泛共识，为全域旅游协作协同发展凝聚合力。

2018年，武陵山片区政协主席第三次联席会在重庆黔江召开，并在湘西吉首召开了湘鄂渝黔四省市政协助推武陵山片区旅游产业扶贫合作座谈会，形成了"湘西共识"，推动文化和旅游部门签订了《湘鄂渝黔旅游产业扶贫合作框架协议》。

此后，湘西州政协将黔江会议和吉首会议的文件整理汇编，并以特刊形式在湖南省苗学会会刊《五溪》上刊发。刘昌刚说，此举是州政协为推进武陵山片区脱贫攻坚的主动作为，汇集了助推武陵山片区脱贫攻坚的强大合力。

创新机制　激发内生发展动力

初夏的龙山县茅坪乡山清水秀，茶园坪村的茶园里生机勃勃。

茅坪乡位于龙山县西北方向，距县城21公里。2017年底，全乡有贫困村7个，其中深度贫困村4个，茶园坪村就是其中之一。

2018年，按照湘西州委的统一安排，刘昌刚对口联系帮扶茅坪乡。此后，他多次深入各村开展脱贫指导，推动茅坪乡全面实施"精准扶贫十一项工程"和结对帮扶、驻村帮扶，以及东西部扶贫协作资源、资金带动，乡镇的经济发展水平不断提高。

茅坪乡分管扶贫工作的武装部部长梁辉说："刘昌刚主席要求很高，工作很细，每到一处都深入调研，有什么问题就立马提出来。"

长兴村有一位村民没有住房，村里把未使用的村委会办公场所给他居住，但"没有房子的产权"。在了解到这户贫困户的情况后，刘昌刚立即提出帮助他建房。"精准体现在脱贫攻坚每一个细节中。"刘昌刚说出的这句话，至今令梁辉印象深刻。

在很多村民眼里，刘昌刚对脱贫工作高标准、严要求，也注重帮助村民解决困难。

今年4月，茶园坪村的茶园突然出现了许多虫子蚕食叶片。得知这一情况后，刘昌刚很快联系相关部门负责人及专家，化解了问题。

此外，刘昌刚不断着手推进的基层协商民主建设，如今已在茅坪乡开花结果。

2018年3月，华菱集团帮扶工作队入驻茶园坪村。"村民就发展何种产业争论不休，各种声音都有。"茅坪乡党委书记王从强说，村里最终通过召开基层协商民主会，在充分讨论的基础上，很快形成一致意见，相关工作得以快速推进。

同年11月，湘西州政协基层协商民主建设现场推进会在龙山县召开，所有参会人员来到茅坪乡考察，并为这里打造的协商模式所吸引。如今，茅坪乡通过民主协商会议解决问题已成为常态。

"人民政协作为协商民主的重要渠道和国家治理体系的重要组成部分，要积极探索将政协协商向基层延伸，推动政协协商与基层协商有效衔接。"刘昌刚说，通过推进基层协商民主建设，既可以激发脱贫攻坚的强大内生动力，也可以提升乡村治理能力和治理水平。

为民解忧　多元造血力拔穷根

蒲家河村的贫困户龚兴平，如今已是当地有名的致富带头人。

站在水泥路旁，看着自家60多亩高山刺葡萄长势喜人，龚兴平信心满满："今年种葡萄的纯利润估算有15万多元，这一切得感谢刘昌刚主席。如果没有他，现在我们所站的路还是山，眼前的葡萄园还是一片荒田。"

2017年，龚兴平夫妇在本村、邻村流转土地218亩，种植高山刺葡萄50余亩。但一直以来，葡萄产业园通往外界的路狭窄、泥泞，车辆进不来，也出不去，大部分时候只能靠人工背运物资。生产困难，资金缺乏，当时看不到希望的龚兴平甚至两次想过放弃经营。

刘昌刚了解情况后，找到龚兴平促膝交流，并鼓励他不要灰心，尽力帮助他渡过难关。很快，刘昌刚协调州农业农村部门和州政协机关，与龙山县相关部门积极展开协商，筹措修路资金，协调处理好葡萄基地的用电问题等。

2018年8月，通往葡萄园的马路动工建设；9月底，一条800米长的葡萄基地产业路竣工使用。"葡萄园的设施齐全后，我们的成本降低了一半以上。"龚兴平说，下一步葡萄产业园将扩大生产规模，实现多种产业同步增收。

发生在龚兴平身上的帮扶故事，是湘西州政协参与"三个一"扶贫行动的一个缩影。

"要真心真情结对，尽心尽力帮扶，通过多元造血拔穷根、摘穷帽。"刘昌刚说，州政协党组高度重视"三个一"扶贫行动，先后12次召开主席会议和专题会议研究部署，并将其作为州政协近年来工作的重中之重，明确该项工作在州政协主席会议和党组的领导下开展，作为政协推进精准扶贫的新抓手予以推进。

目前，湘西州的 1792 名州、县（市）政协委员，共帮扶建档立卡贫困户 2410户、贫困人口 11102 人，帮助增收 1546 户，帮助兜底 842 户，资助贫困学生 1643名，帮助农业就业 1716 人，转移就业 3768 人，累计实施基础设施、产业、民生等项目 9270 个，投入资金 9750 万元。

持续帮扶　助力巩固脱贫成果

5 月 15 日上午，湘西州政协十二届五次会议闭幕。当天下午，州政协就召开专题会议，安排部署"湖南政协人助力巩固脱贫成果万户帮扶行动"工作。

会议传达学习了有关文件精神，并就如何成立帮扶小组、确定帮扶家庭和如何做好工作保障等方面进行了部署安排。

刘昌刚要求，要摸清底数，准确选定帮扶家庭；要搞好衔接，合理组建帮扶小组；要全员行动，迅速开展动员部署；要强化保障，统筹推进帮扶工作。

在一个月前，刘昌刚就前往州政协曾联点帮扶的补点村，组建帮扶小组。

因地处偏僻，群山环绕，且常年受山洪的侵袭，位于吉首市寨阳乡的补点村发展乏力，贫穷落后。2015 年 3 月，补点村成为湘西州政协的扶贫点，驻村帮扶工作队迅速进村入户了解情况，并在多次沟通讨论后，为山村量身定制了脱贫计划。

2016 年，在省政协主席李微微等的牵线搭桥下，中国国际经济技术合作促进会与湘西州签署战略合作框架协议，支持补点村精准扶贫资金 1000 万元，项目涉及公共服务设施、水利工程建设等，湘西州政协负责监督实施。

2017 年新一届州政协接棒，继续扛起了"三个一"扶贫行动大旗，抓住补点村脱贫巩固的关键年，加大结对帮扶力度。刘昌刚多次深入补点村调研精准脱贫工作，并召开扶贫联席会议，共商精准脱贫大计。

如今，补点村已经摘帽，建档立卡的 33 户 107 人已全部脱贫，但刘昌刚依旧牵挂着这里的百姓，"脱贫并不意味着扶贫的结束，要久久为功，巩固脱贫成果"。

76 岁的石家申在 2016 年成功脱贫，他的妻子 72 岁，无劳动力，且患有慢性病；儿子 41 岁，患有精神残疾，现在医院治疗。全家收入来源有限，缺乏劳动力，仅靠政策兜底、保洁员工资及市重点产业扶贫项目分红等维持生活。

因此，刘昌刚为石家申一家组建了帮扶小组，不仅保障好一家人的基本生活，确保兜底政策与保洁员公益性岗位的持续，还将对夫妇二人实施心理疏导，帮助其儿子享受医疗保障和筹集救治费用。

一枝一叶总关情，助力决战决胜脱贫攻坚，刘昌刚和湘西州政协人始终在路上。

饱含万千情感，助推万象更新！

——湘西州政协精准扶贫样本之蒲家河蝶变

02

陈　彬　向绍文　李　炎

今年是决战决胜脱贫攻坚之年，作为习近平总书记"精准扶贫"重要思想首倡地的湖南，用实干诠释责任与担当，取得了脱贫攻坚的重大决定性进展。

攻坚，必须上下同步，凝聚合力，共同推进。2016年初，围绕省委、省政府推进精准扶贫的各项决策部署，省政协拉开了助力脱贫攻坚"三个一"扶贫行动大幕。这些年来，全省各级政协组织、广大政协委员、政协机关干部走村入户帮扶贫困户，聚焦问题建言献策，为湖南脱贫攻坚注入了强大的政协力量。

为充分展现全省政协系统助力脱贫攻坚的作为与成效，湘声报精心策划"热土大潮——聚焦脱贫攻坚中的政协力量"专题，首期推出来自湘西土家族苗族自治州政协的报道。

清晨的蒲家河村，已是一派繁忙的景象。

葡萄园中，百合基地里，随处可见忙碌的村民。说起今年的收成，村民们的脸上洋溢着笑容，充满信心。

两年前，这个地处龙山县民安街道的小山村，基础设施落后，产业发展迟缓，村民收入微薄，是远近闻名的省级深度贫困村。两年以来，在湘西州政协的倾力帮扶下，村里的路、水、电通了，传统产业生机勃发，新产业带来新活力，村民的腰包也渐渐鼓了起来。

"这几年，村里变化太大了。"村民龚兴平不禁感叹，"以前是飞扬青山不见路，看破红尘无去处，现在是两边青山看不够，家家都把楼房住"。

春耕辛劳，秋收甜蜜。如今的蒲家河村，已经摘掉了贫困的标签，对湘西州政协而言，在脱贫攻坚的征途中又交上了一份令群众满意的答卷。

"蒲家河村脱贫并非终点，而是建设更美好生活的新起点。"湘西州政协主席刘昌刚说，州政协将一如既往帮扶蒲家河村，让村民的日子越过越红火。

精准施策　驻村帮扶助脱贫

蒲家河村距县城 15 公里，下辖 11 个村民小组（自然寨），共有 408 户 1583 人，有建档立卡贫困户 91 户 333 人，截至 2017 年底尚有 32 户 83 人未脱贫，是省定深度贫困村。

说起村里过去的模样，村民们纷纷摇头。以前蒲家河村没有一条像样的水泥路，11 个村民小组居住分散，组与组之间都是泥巴路。村民到县城或附近集贸市场赶集，出行很不方便，即使开车也需绕道别的村。

除了交通不便，其他基础设施也比较落后，人畜饮水工程未实施完成，村民只能挑水吃；全村没有一盏路灯，线路老化严重，村民们苦笑道："大水（雨）无电，小水（雨）无电，不大不小是个闪闪电。"

2018 年 3 月，在完成对吉首市寨阳乡补点村的精准扶贫任务后，湘西州政协随即启动对蒲家河村的驻点精准帮扶。

刘昌刚第一次到蒲家河村时，眼前的景象令他有些意外："村里的主干道大部分是土路，坑洼难行，有积水，车子进不去，大家只能穿着雨鞋进村。"

"一定要改变村里的落后面貌，让大家过上好日子。"刘昌刚向村民表示，州政协会以一以贯之的扶贫决心，高质量打赢蒲家河村的脱贫攻坚战。

此后，州政协通过工作对接、入户走访、慰问困难户、召开座谈会等方式，在村里展开调研，掌握了村班子情况、群众思想、村情村貌、人文环境、发展项目等第一手情况。

一系列问题被摆上了桌面。村级党组织建设薄弱，堡垒作用没有发挥；基础设施落后，缺乏项目支撑；基础产业薄弱，造血功能不足……面对村里的现状，州政协积极行动，驻村扶贫工作队立足村里实际，因地制宜，精准施策，很快拿出了全村发展规划。

夯实基础　村容村貌焕新颜

要想富，先修路。脱贫攻坚，基础设施建设要先行。

为此，州政协驻村扶贫工作队和龙山县有关部门首先召开了一个协调会。为了加快进度，州政协又召集龙山县直有关部门召开了两次民主协商会，最终敲定了与基础设施建设有关的多个具体事项。

"项目开始实施后，工作队就进入一种特别紧张、忙碌的工作状态。"扶贫工作队队长、州政协民族宗教法制群团委员会副主任符家学说。

因为修路，一些村民的地将被占用。如何做通村民的思想工作，同意让出自家土地，成为工作队面临的第一个难题。有的村民白天不在家，队员们只能晚上沟通。一次沟通解决不了，就两次，两次不行就三次。最多的一户，工作队上门沟通了 11 次，先后找了 10 多个人，甚至把这户的亲戚从外乡镇接来帮着做工作。

历经一年多时间，村里新修了 3 条公路，共 3.7 公里；硬化了 11 条道路，共 19 公里，总投入 1300 多万元。其中一条全长 6.5 公里的道路，连通了蒲家河村、民爱村和洗洛镇花鹿溪村、高寨村，周边群众 4300 多人受益。

蒲家河村晴天一身灰、雨天一身泥的历史，从此一去不复返。

此外，村电网升级改造同步推进，电线杆由原来的 9 米升高至 12 米，输电线路由裸线换成了皮线；村综合服务平台及文化广场建成使用。

为解决饮水工程水源问题，在州政协的协调下，县水利局将蒲家河村纳入县城直接供水系统，供水管道途经 3 个村，受益群众 7000 多人。

2018 年，为把蒲家河村打造成"宜居宜游乡村"，工作队启动推进了街道污水处理项目建设，按照生态污水处理的要求，抓好街道污水处理工作，建设集中处理设施及配套工程，实施农业循环经济和清洁示范生产项目，减少农业源污染。

"州政协驻村帮扶以来，蒲家河村的村容村貌变化很大，工作队作风硬朗务实，解决了长期难以解决的水、电、路等一系列问题，为老百姓做了很多实事。"龙山县民安街道党工委书记向顺忠说。

壮大产业 百合种植添动力

产业兴旺，致富才有希望。蒲家河村耕地面积只有 1128 亩，林地面积 2000 余亩，虽拥有传统百合产业，但由于地势起伏不平、交通不便，百合种植收益甚微。

如何让传统产业焕发生机？如何通过产业发展增加村民收入？州政协驻村扶贫工作队经过深思熟虑，做出了一手抓质量、一手抓产量的决定。

"一方面我们通过积极引导，让村民科学种植百合，提高百合品质；另一方面广泛宣传发动，让村民走出去，租地种百合。今年，村民在外村租地 3100 余亩发展百合产业。"符家学说。

为形成完整的产业链，工作队还为村里构建了百合生产、加工、销售一体化网络，带动整个白羊片区产业经济的发展，附近村庄也竞相投入百合产业。

"要让先富带后富，共同来致富。"2019 年 3 月，扶贫工作队提出成立互助小组的帮扶思路，得到了村里党员、村干部、种植大户的大力支持，并组建了 24 个互助小组。

田录儒是其中一个互助小组的组长，他的百合加工厂每天可加工 3.5 万斤新鲜百合，10 位固定工人每月每人有近 6000 元的收入，四五十位临时工人连续干 3 个月，每人每月可以拿到 4000 元。"主要是掰百合，老人、小孩都可以，而且大部分是 60 至 80 岁的老人，双目失明的村民也有。"田录儒说。

兴平农民种植专业合作社，是州政协机关在蒲家河村推动的产业扶贫项目。目前，该专业合作社有 18 户是贫困户，其中 15 户是残疾人。合作社给参与其中的残疾人每人 0.2 亩作物，由专人负责管理培育，残疾人只需采收销售，受益 10 年。

2019 年，蒲家河村成功摘掉了贫困"帽子"。

为民履职　倾力帮扶显作为

两年多来，州政协驻会主席多次深入蒲家河村调研，到联系户家里走访，详细介绍扶贫政策，鼓励贫困户自强自立，帮助解决实际问题。

龚兴平在 2014 年成为建档立卡贫困户，是州政协主席刘昌刚对口联系的扶贫户。经过帮扶，他通过发展葡萄产业在 2016 年顺利脱贫，如今带动更多村民投身产业发展之中。

"下一步葡萄产业园将扩大生产规模，同时发展养蜂、养鸡及中药材产业，最终实现多种产业同步增收，真正达到兴一方产业，富一方百姓。"龚兴平说。

因病致贫的刘胜录是州政协副主席贾高飞的帮扶联系户，让他感动的是，贾高飞给他家带来了很大的帮助，"他对我们的关心和殷殷期望，让我们心里很温暖"。

州政协副主席宋清宏大力资助贫困户罗金艳发展生猪养殖。2019 年，罗金艳养了 3 头猪，卖了 1 万多元。宋清宏还自掏腰包给罗金艳家平整硬化了院子。

作为州政协副主席向顶天联系的贫困户，康金芝与孩子都有智力残疾。2018 年底，向顶天联系了州荣复医院，给母子俩免费进行康复治疗。

田录跃是州政协副主席石红帮助的贫困户，因其常年在外务工，他的房屋长期无人居住打理，石红便联系人帮他重新整理了院子及房屋，改善了居住条件。

此外，州政协组织机关干部多次赴蒲家河村，对建档立卡户信息逐一进行核实，开展技能培训，宣传扶贫政策，并为建档立卡户送去鸡苗、书籍等物资和慰问金。

精准扶贫
——十八洞的人民情怀

今年年初，为减少人员流动带来的疫情传播风险，工作队配合村支两委逐户上门调查，摸清外出人员底数、掌握务工意向，积极提供就业帮扶指导。

倡导新风　建设乡村美生活

"开个会，村里的人都到不齐。"刚到蒲家河村时，工作队发现村里的基层党组织未充分发挥作用。

2019年6月，蒲家河村村支部原书记离任，工作队推荐了一位29岁、有知识、有能力的年轻人担任新支书。此后，村党组织的凝集力和战斗力明显增强，开展了许多丰富的活动。

为让乡村治理行稳致远，工作队既抓村支两委建设，也充分发挥村规民约作用。

2018年5月，新制订的《蒲家河村民公约》对村民行为准则做出具体规定——提倡社会主义精神文明，移风易俗，反对封建迷信及其他不文明行为，树立良好的社会风尚；不操办违规人情宴请等。

此外，扶贫工作队在村里广泛开展"新农村新生活"培训，通过文明家园、优美家庭创建等活动，引导村民改变生活方式；加强家庭教育力度，引导家长提高素质、以身作则、言传身教，树立良好的家风；在全村范围内全面落实《关于加强农村红白理事会建设进一步促进移风易俗的意见》，建立红白理事会；倡导树立尚德守法、以信笃行、以诚兴业的传统美德和健康向上的乡风民风。

同时，发挥政协汇聚各方力量的优势，扶贫工作队为蒲家河村聘请多位老师开展新市民道德礼仪讲座，培训包括道德修养、邻里关系、文明礼仪、消防安全、交通安全、权益维护、就业创业、卫生常识、身心健康九个板块的内容。接下来，工作队还将陆续开展后期的新市民培训，开展卫生保健、法律法规、就业创业、消防安全等方面的培训。

如今，在扶贫工作队的引导下，村里有了业余文化宣传队、红色文化表演队，专门为村民带来各种节目，村里的业余生活越来越丰富。

03 让产业结果　让百姓长乐
——湘西州政协精准帮扶长乐乡发展扶贫产业

许望桥　向绍文　向官生

"产业帮扶资金到了，请准备好材料过来申领。"近日，花垣县长乐乡黄莲沟村清华山羊养殖合作社负责人吴明华接到了县农业农村局打来的电话，这令他喜出望外："合作社已经做好了修路和通电的规划，帮扶资金一到，马上就可以动工了。有了这笔钱，我们更有信心了。"

2018年5月，吴明华牵头和村民一起成立了山羊养殖合作社，为达到环评要求，养殖基地建在了深山。为此修建的一条简易山路，早已坑洼不平，养殖基地也一直没有通电。

解了燃眉之急的这笔资金，源自湘西州政协组织的一次调研。2019年7月，湘西州政协副主席贾高飞了解到养殖场的工人晚上打着手电摸黑干活时，当即表示将协调争取一笔产业扶贫资金，帮助合作社解决用电和道路硬化问题。如今，这份承诺已成为现实。

近年来，在州政协的大力支持下，长乐乡坚持将产业扶贫作为带动贫困群众脱贫增收的主要途径，不断挖掘得天独厚的自然条件，着力探索并创新扶贫模式，汇聚各方力量，大力发展产业扶贫，加快了贫困群众脱贫致富奔小康的步伐。

释放产业扶贫能量

长乐乡位于花垣县东北部，共辖12个行政村。2018年初，按照州委决策部署，由贾高飞负责联点帮扶长乐乡脱贫攻坚工作。彼时，全乡有9个贫困村，贫困户1291户5595人，各行政村基础设施薄弱，村集体经济几乎为零。

同年3月，贾高飞第一次赴长乐乡调研，在实地考察了跃马卡村、打落坪村、鸭八溪村等地后，主持召开了全体乡镇干部、村干部、驻村扶贫工作队参加的座谈会，围绕怎样打赢脱贫攻坚战广泛听取意见建议。

"脱贫之路千万条，产业发展第一条。"长乐乡党委书记张强回忆，会上大家强烈表达了发展产业的诉求，认为扶贫要见长效，实现可持续发展，必须解决好产业发展问题，才能真正拔掉穷根。

听完大家的发言，贾高飞表示"敢想就要敢做"。他向大家提出了科学制订规划、依靠龙头企业加快发展、加强人才储备等多条建议，并提出了"村村都有产业，村村都有集体经济"的发展目标。

自此，长乐乡农业产业发展大幕全面拉开。乡镇干部、村干部、驻村扶贫工作队，积极寻找农业企业开展招商合作，挨村拜访能人和大户组建合作社，鼓励建档立卡贫困户以土地流转等形式入股。

为推动相关工作，贾高飞每月都会在长乐乡集中协调解决产业发展中遇到的难题。"不管是哪个合作社建起来了，他一定会去现场看看。"张强说，产业发展之初，很多基地的路没有修好，车子进不去需要步行。贾高飞因腰椎问题走不了远路，经常是走一段歇一段，咬着牙坚持。

近年来，全乡每一个自然村、每一个村组、各村的每一个产业，都留下了贾高飞的脚印。乡里开展大大小小的扶贫产品、乡村旅游的推广活动，他每次都过来站台，帮着乡亲们打广告、做推广。

跃马卡村的勤作合作社建在海拔 780 多米的山上，合作社负责人欧道成和妻子带着一群村民在山上种果树，并在林下养了 1000 多只鸡。因资金短缺，养鸡场防护设施简陋，山里的老鹰、黄鼠狼经常来偷鸡吃，损失不小。

贾高飞了解情况后，与县扶贫办、交通局等部门进行了协调，并落实了一笔帮扶资金。如今，合作社修通了上山的毛坯路，接上了自来水，养鸡场也得到了翻修。

截至 2019 年底，长乐乡共发展种养类主导产业 12 种，已建成产业基地 14 个 4035 亩、产业加工厂 2 家、产业合作社 16 个，村均产业基地（合作社）2.6 个。全乡产业的蓬勃发展，带来了经济收入的提升，目前所有行政村集体经济都超过了 5 万元，直接参与产业发展的贫困户年人均增收 2000 元。

截至目前，长乐乡的 9 个贫困村已全部出列，贫困发生率由 2017 年底的37.9% 下降至 0.7%。

推行利益联结机制

"一定要在利益联结机制上下功夫，让扶贫对象在产业发展中获得实惠。"目前，长乐乡建立了3：7的村集体、农户分红利益联结机制，贫困户以自愿的方式加入合作社，通过土地流转入股获得分红，同时具有劳动能力的贫困户进入合作社务工，获取劳务收入。

这样的产业扶贫方式，得益于贾高飞的建议，受到广大群众的支持。然而，在摸索之初，也遇到了不少问题。

从乡里参加产业发展座谈会后，鸭八溪村支部书记石金锋琢磨着在村里发展茶叶产业，但是一无资金，二无经验，三愁销路，有点不敢起步。了解到全乡有5个自然村计划发展茶业产业，村支两委干部不知如何着手时，贾高飞带着石金锋等5名村支书和部分村民代表去了吉首市马颈坳镇隘口村，学习当地茶叶产业发展经验。

看到隘口村产业脱贫的成果后，大家坚定了信心，回来开始复制隘口村的经验。然而，引进的茶业公司资金有限，无力支付村民土地流转的费用。土地尚未流转至村集体，茶叶种植基地、合作社没有建起来，加之难以从银行获得贷款，刚提起来的干劲，被浇了一盆凉水。

石金锋又把难题反映给了贾高飞。当时因为很多村民外出务工，贾高飞建议由村集体牵头把村民抛荒的土地化成股份，说服村民暂时不收取土地流转费用，先将荒地流转至村集体统一发展集体经济。等产业发展起来后，再按股分红。这样就解决了茶业公司一次性投入过大的问题。

随后，贾高飞带着村支两委负责人、驻村扶贫队队员入户走访，上门给村民做思想工作。"把道理说清楚了，老百姓就会接受。"张强说，在周边地区，老百姓不要租金就流转土地的乡镇、村组情况不多，长乐乡能够做成，离不开州政协领导的耐心指导。

2019年，鸭八溪村种植的茶树开始产出，村集体有了收入，入股村民也分到了土地流转分红，在合作社务工的贫困户获得了劳务收入。随着茶树的逐年增长，收入也会逐年增加。贫困户在茶产业发展中获得了实惠，参与的积极性更高了。

现在的长乐乡村村组组通了水泥路，家家户户用上了自来水，所有的行政村进行了电网低压改造，1289户危房得到改造，自愿参加合作社的群众越来越多，脱贫致富有了强大的内生动力。

以实干答好扶贫考卷

"办公室随时可以去，电话随时可以打。"遇到困难和问题找州政协领导，已成为张强等乡镇、村组干部的工作常态。

长乐乡打落坪村五、六组之间，原来隔了一条深沟，村民出行需趟水过河很不方便，架桥修路成为大家的心愿。然而，因为缺少资金，过路桥一直未能修通。为此，贾高向有关部门提出意见建议。2018年夏天，联心桥拉通，原本准备搬出村子的村民纷纷留了下来，村里的种养产业也因为道路的拉通，迅速发展起来。

乡镇干部脱贫攻坚时间紧、任务重，各项考核也多，既要应对上级各项检查，又要让群众满意，工作压力很大。张强有时会将工作中的情绪说给贾高飞听，每次都得到耐心开导。贾高飞勉励他再接再厉把扶贫工作抓得更细更认真一些。

下村调研，入户走访，州政协领导的身先示范，也感染和改变着扶贫干部。全乡扶贫干部工作作风越来越实，履职能力也越来越强。

4月中旬，按照州委脱贫质量"回头看"培训会议精神，贾高飞再次来到长乐乡调研脱贫质量"回头看"工作。

"授人以鱼不如授之以渔。"贾高飞说，长乐乡用实际行动投身脱贫攻坚主战场，不断探索产业发展新路径，借助产业项目激发扶贫户内生动力，实现"输血"与"造血"并举，努力形成可持续脱贫内生动力，带动农户持续稳步增收。在接下来的工作中，要看准问题、检视不足、扬长补短，全面做好"预考"，迎接全国抽查、普查"大考"，确保"六查六看"双过关，当好扶贫"答卷人"。

贾高飞：脱贫攻坚是检验干部的"试金石"

打赢脱贫攻坚战，党委有号召，政协有行动。自从州委做出每一个州级领导联系一个扶贫乡镇的决策后，州政协领导迅速投身到行动中。

接到任务之后，我要求自己认真学习精准扶贫的有关政策，把政策学深学透，深入长乐乡各行政村把情况摸透。在精准施策上，主要抓了扶贫政策落实、产业发展和基础设施建设三个方面的具体工作。经过乡村两级党组织、各驻村扶贫工作队及广大贫困群众的共同努力，解决了不少具体问题。目前，长乐乡的脱贫攻坚效果比较好，乡村振兴的来势较好。

在我看来，州委要求州级干部联点扶贫的目的主要还是传导压力、压实责任，抓住关键环节。州委提出，打赢脱贫攻坚战需要抓住典型，带动全盘。全州115个乡镇，州级干部联点的大都是贫困程度深、脱贫难度大的乡镇。在具体工作中，我们要起到带头示范作用，带动其他乡镇脱贫攻坚工作。湘西是全省脱贫攻坚主战场，作为政协干部参与脱贫攻坚工作，是检验干部政治站位高不高、工作作风实不实、工作效果好不好的试金石。

省政协"三个一"扶贫行动，开展得很及时，也抓出了成效，群众评价它是大事、好事、实事。因为换届原因，我参与了两轮"三个一"扶贫行动，共结对帮扶了5户建档立卡贫困户。我主要从落实扶贫政策、改善贫困户生产生活条件、解决生产资料短缺三个方面着力。结对之后，我坚持每个月都去他们家里看看，建议当地党政部门做好教育、医疗兜底保障，支持他们参加产业合作社。如今，5户村民都达到了"一超过两不愁三保障"标准，通过验收都已脱贫。

04 "土家文化之乡"靛房镇：
从倒数第二到前十
——湘西州政协精准帮扶靛房镇脱贫攻坚纪实

陈　彬　向绍文

"质的变化，跨越式发展！"站在一片绿油油的茶园里，说起镇里这两年多的改变，龙山县靛房镇党委书记张明仁脱口而出。

2018 年年初，在湘西州脱贫攻坚实地核查中，靛房镇在全州 115 个乡镇中排名第 114。随后，在湘西州政协的精准帮扶下，靛房镇坚持"抓牢基础建设，改善生活环境；打牢产业根基，提高群众收入；倾听民心民意，树牢致富思想；发展土家文化，打造地方特色"。如今大山深处的靛房镇正经历前所未有的蝶变，贫困之地焕新颜，在全州排名中，已多次进入前十。

夯实基础，发挥堡垒作用

"从扶贫材料的整理、到基础设施的建设以及产业的发展，宋清宏副主席事无巨细都一一悉心指导。"在张明仁看来，靛房镇变化的背后离不开湘西州政协副主席宋清宏的辛勤付出。

两年前，按照湘西州委的统一安排，宋清宏联系帮扶靛房镇。当时靛房镇有贫困村 17 个，建档立卡贫困户 1588 户 6422 人，在全州脱贫攻坚实地核查中，排名倒数第二。

扶贫攻坚战已进入决战决胜的关键时刻，靛房镇帮扶任务艰巨。接受任务的第二天，宋清宏来到靛房镇走访调研。短短几天时间内，他马不停蹄地跑完了全镇所有村(社区)。每到一个村(社区)，他都仔细查看扶贫资料，检查脱贫相关指标，抽查部分联系人对扶贫户的熟悉情况，详细了解目前存在的困难和问题。

让张明仁印象最深刻的是，2018 年 7 月 12 日，宋清宏冒着大雨来镇里指导扶贫工作。当天吃完晚饭，他又召集乡镇全体干部、驻村工作队的全体队员、村干部开会，一个一个村（社区）讲，一个议题一个议题地深入讨论，从晚上6点到凌晨2点，会议才结束。此后，连续两天，宋清宏又与龙山县有关负责人以及靛房镇精准脱贫攻坚工作后盾单位主要负责人召开会议。

靛房镇脱贫攻坚的问题——展现出来：基础薄弱，自然条件差；联系群众不紧密，政策落实不到位；扶贫工作队力量不强；信访问题突出……

在宋清宏看来，村支部是堡垒，必须发挥坚强引领作用。整顿村支两委班子的工作迅速开展起来，此外，扶贫工作队伍也进行了调整，力量得到加强，队员工作激情得以提高。

张明仁说，正是宋清宏扎实的工作作风和精确的指导，让靛房镇全体干群拧成一股绳，手挽着手、肩并着肩，加速改变着靛房镇。

精准施策，击破突出问题

基础不牢，地动山摇。精准识别是精准扶贫的基础。

宋清宏刚到靛房镇时，就发现有一个村信访问题突出。村民反映某村民自己有房，和弟弟签订协议送给弟弟后，说自己是无房户，就被认定为贫困户。

为此，宋清宏建议成立一个专门工作组，在扶贫队的基础上，又调配了县扶贫办和县公安局的人，共同进驻该村，收集所有的信访问题，并重新识别贫困户。靛房镇也进行了为期多天的回头看，重新识别贫困户。

在宋清宏看来，农村危房改造是脱贫攻坚最直观、最艰巨的一项任务，既是政策活，又是技术活，必须做精做细。扶贫队员就碰到这样的一个问题。一位老人的房子被评定为B级危房，需要重建，但老人不愿意。陷入困境的队员把问题反映给了宋清宏。

重建新房还不愿意？宋清宏很是疑惑。经过与老人沟通后，他了解到，老人现在是一个人，按标准只能建30平方米的房子，她担心房子拆了，两个女儿和外孙回来看她没地方住。

"因为房子的四梁八柱都是好的，其实也可以评定为C级，可以重新修缮。"宋清宏说，听到这个建议后，老人立马就答应了，而且钱花得还少一点。

这件事一解决，宋清宏便思考在靛房镇该建未建的房子到底有多少。他建议镇里立即召开相关会议，进行全面摸查，结果发现有27户建档立卡贫困户要拆除重建但未建。

很快，宋清宏又发现了另一个问题。在一次调研中，他发现有村民进行了危房重建，但没有入住。针对这个问题，宋清宏又要求在全镇进行一次摸查，结

精
准
扶
贫
——
十
八
洞
的
人
民
情
怀

果几百户的危房改造中房子有 76 户没有住人。

在宋清宏看来，房子不是用来看的，而是给人住的，要打造一个基本的住宿条件。为此，靛房镇针对这个问题又进行了一次整改，以达到精准帮扶的目的。

创新机制，实现共同致富

"根据不同的茶叶品种，每亩能够达到 3000 到 20000 元。"站在田间，张明仁指着山上成片成片的白茶告诉湘声报记者，现在全镇有 6 个村种植了 2300 多亩白茶，今年冬天镇里种植白茶要破万亩。但两年前，这里还是一片荒山，村民大多外出务工。镇里也曾想引导村民发展产业，但一想到失败了怎么办，最终放弃了。

"是州政协帮扶团队坚定了大家发展产业的决心。产业发展是脱贫攻坚的重要推手，要立足产业发展，才能打好打赢脱贫攻坚战。"张明仁说，各村开始种茶之后，宋清宏多次到镇里指导村民如何培育、种植、采摘等，推动白茶产业，做好品牌建设，延伸产业链等。

为实现共同脱贫致富，宋清宏提出"合作社+农户"的发展模式，让种植大户带动周边群众，建立利益联结机制。

2019 年，比寨村村民向仕玉通过土地流转入股了白茶合作社，每天在工地务工还可以拿到务工工资，一个月有两三千元的收入。面对一些极其困难、没有劳动能力的贫困户，宋清宏建议把社会赞助和政府帮扶的资金作为资本注入到当地合作社，然后由合作社与贫困户进行利益分成。

宋清宏十分关注靛房镇的文旅产业。靛房镇总人口约 2.2 万人，其中土家族占 95%，全国 80% 使用土家语的人居住在这里，有 2 万余人在日常生活中使用土家语交流。

在宋清宏看来，靛房镇周边有里耶古城、惹巴拉景区、永顺老司城等，可以与这些景区结合发展文旅产业，着力展现土家族文化特色。

为此，靛房镇正在着力打造土家文化之乡。张明仁说，从整体规划到项目设计以及经费筹措，宋清宏都花了大量心思和精力，并十分关注各项扶贫项目施工进度，要求抓紧抓细。

截至 2019 年底，靛房镇 1501 户 6215 人顺利脱贫，17 个贫困村顺利摘帽。

倾情付出，温暖山村百姓

中信村铁索桥坏了，老百姓出行不便，还没有 4G 信号，老百姓通信不便；燎原社区的文化广场建好，但还缺绿化……在宋清宏的协调下，这些问题都已得到解决。

让信地村村民颇为感动的是，过去一个组的路一直破败不堪，多方想办法都没有解决。了解情况后，宋清宏与多个部门协调，投资了100多万元进行扩宽硬化。

"这条路的改善，极大促进了信地村支两委工作的积极性。"张明仁说，去年多次检查，信地村老百姓的满意度都是100%。

扶贫既需扶志，也需扶智。宋清宏通过与群众交流，鼓励他们转变思想，从"要我富"到"我要富"，对于家中有在读孩子的家庭，鼓励孩子多读书，通过知识改变命运。

2018年，万龙村村民彭英龙种羊肚菌失败了，一度想放弃。宋清宏不断鼓励他，并给予帮助。如今，彭英龙和合伙人种植羊肚菌越来越有经验，今年产量将翻一番。

2019年1月，宋清宏来到贫困户杨桂菊家时，了解到其丈夫患病正在长沙治疗。随后，他立马联系相关部门详细咨询州外就医政策及报账程序，并委托驻村工作队、村干部帮助按照相关程序办理手续，确保顺利就医。

在宋清宏看来，脱贫质量关系到每个贫困户能否真正脱贫，必须要把好质量关，不漏一人。

宋清宏："走"进群众心里，"扶"出满意度

湘西是"精准脱贫"首倡地，脱贫质量和标准上要有更高的要求。当知道我联系帮扶的靛房镇在全州脱贫攻坚实地核查的排名中位于倒数第二时，当时我的压力很大。

怎么办？只能争分夺秒，下功夫，真抓实干、埋头苦干，一切工作都要落实到为贫困群众解决实际问题上。

深度贫困地区脱贫攻坚，尤其要加强工作第一线的组织领导。打攻坚战的关键是人，因此首先要把大家的心凝聚起来，做到真正沉下去，扑下身子、迈开步子干起来。要做到这一点，必须从自身做起。

扶贫工作不是唱独角戏，要多进村入户，多和村民交流谈心，了解他们的生活状况、思想动态等。每个地方的情况不同，每个家庭情况不一样，因此，要因地制宜，精准施策。只有"走"进群众心里，才能"扶"出满意度。

仅靠外部帮扶，帮扶再多，老百姓不愿意"飞"，不能从根本上解决问题。"授人以鱼，不如授人以渔。"要切实改变贫困户的"等靠要"意识，在发动社会力量共同参与的同时，切实让他们树立"自身是扶贫的对象、更是扶贫的主体"意

识，从根本上、源头上找准症结，对症下药，切实走出一条"造血"与"输血"并重的扶贫道路。

行百里者半九十，越是到关键时刻，越不能放松、不能懈怠，越要坚定必胜的信念，越要有一鼓作气、攻城拔寨的决心。令人欣喜的是，目前，大家集中力量攻关，万众一心克难。我相信，我们完全有信心、有条件、有能力如期打赢脱贫攻坚战！

05 碗米坡之变： 搬出新生活　转出新天地
——湘西州政协倾力帮扶，碗米坡镇7个贫困村全部出列

许望桥　向绍文　向官生

"脱贫致富前程广，搬出大山天地宽。"保靖县碗米坡镇拔茅村村民汪天荣家门口的这副对联，道出了一家人脱贫后的幸福。

3年前，汪天荣一家住在半山腰"天晴一层灰，下雨一层泥"的危房里，现在住的是青瓦白墙的两层小楼。71岁的汪天荣满心欢喜地说："这辈子都没想过能住上这么好的房子，有了房子，儿子也把媳妇娶进了家门。"

现在，汪天荣和妻子在村里做保洁员，儿子儿媳外出打工，再加上村集体的产业分红、国家经济林补贴，全家一年有5万多元的收入。

"爬坡不爬碗米坡，过河难过驼背河。"碗米坡地处两山峡河险要处，老辈人大多靠拉纤为生，生活艰辛。如今，在湘西州政协的精准帮扶下，昔日的碗米坡变成了一个多产业发展、村集体经济实力不断增强的现代乡镇，越来越多像汪天荣这样的贫困户走向了幸福新生活。

激发内生动力　贫困村全部出列

2018年初，按照湘西州委部署，州政协副主席向顶天负责联点帮扶碗米坡镇精准脱贫工作。拔茅村是镇里7个贫困村之一，拔茅村的发展牵动向顶天的心。

拔茅村位于碗米坡水电站坝上，是省特困移民避险解困集中安置试点之一。2017年底至2018年初，第二批移民陆续搬迁入住该村，全村共有774户村民，其中建档立卡贫困户有120户。

向顶天第一次来到拔茅村，当天傍晚就在村里开了一场座谈会。"安置区没有土地，希望划出一片空地垦荒种菜。""村集体没有产业。""易地搬迁帮扶政策

要落实。"……村民你一言我一语地畅所欲言。集合大家的意见建议，向顶天为全村脱贫提出思路：一是村集体一定要有自己的产业；二是要大力开展劳务输出扶贫。

拔茅村党支部书记贾绍凤说，按照这一思路，县移民局和镇、村两级党委在安置小区的后山开垦了一片荒地，每户分了0.4亩菜地种菜。由村支两委牵头，村里建起了香菇种植合作社，2019年每户获得800元分红。村集体还在村民原住的山上，种植了1150亩油茶林。

"搬过来的村民生活都变好了，生活水平和质量大幅提升。"贾绍凤说，经过验收，2019年拔茅村退出贫困村序列，除了4户6人需要兜底保障外，其余全部脱贫。

碗米坡镇的亚渔村曾是省级贫困村，多个村组位于白云山生态保护区，道路不通，出行不便。为帮助亚渔村脱贫，当地党政部门也采取了易地搬迁的举措。

"因为搬迁安置的经费不足，加上村民故土难离，易地搬迁工作一度陷入停滞。"碗米坡镇党委书记向立介绍，2019年9月，正是全县计划贫困村全部退出、攻坚克难的关键阶段，向顶天多次来到碗米坡镇召开协商会，帮助乡镇制订易地搬迁时间表和任务书，并深入亚渔村挨家挨户走访摸底，给群众做思想工作。同时，他积极与相关部门协调，推动搬迁经费落实到位。

经过一个多月的持续督战，白云山生态保护区的60多户居民全部搬迁至县城集中安置点。2019年底，亚渔村顺利通过了全省脱贫攻坚工作考核。

此外，向顶天多次向镇党委、政府建议向沿海发达地区乡镇学习，搭建劳务服务平台，建立数据库，将在外务工人员的地址、工作岗位、联系方式等信息收录，并及时在平台分享合适的岗位。目前，该服务平台正在积极搭建。

在州政协的大力帮扶下，通过劳务输出及产业发展，再加上医疗、教育、生态补偿等相关政策落实落地，目前全镇7个贫困村全部出列，全镇建档立卡贫困户由2017年底的1174户下降至23户，贫困发生率由39.26%下降至0.25%。

扶持支柱产业　因地制宜转型发展

碗米坡镇位于酉水河畔，过去大部分村民在酉水河里进行网箱养殖，造成河流污染。2018年，按照环保要求，全镇网箱养殖全部退出，渔民全部上岸。

向立回忆，当时面对产业转型的巨大压力，为了让群众转产不减收，州政协以及向顶天副主席先后多次组织州、县移民局、县农业农村局、县茶叶办等部门负责人，在碗米坡镇现场办公，谋划出路。大家一致认为，除了劳务输出经济，本地还要大力发展与贫困户建立利益联结机制的支柱产业。

此时，适逢州委提出"打造百亿茶产业"发展规划，向顶天建议积极响应州委号召，大力发展黄金茶种植产业。同时，依托碗米坡山地多的特点，大力发展油茶产业。根据这一建议，镇党委、政府制订了产业发展规划，并明确了用好现有各项帮扶资金、引进相关企业与村集体联合成立合作社、建立产业与建档立卡贫困户利益联结机制等一系列具体要求。

鼎盛茶叶公司是参与碗米坡镇茶业产业发展的企业之一，在该镇的迎丰村有成功的发展茶叶产业的经验。2019年，镇党委、政府与企业商定，计划在柳树坪村、押马村建立合作社和种植基地。

该公司负责人黄爱介绍，当时一些村民因担心没有种植茶叶的经验、产业扶贫政策不稳定，不愿意流转土地。2019年11月，到了茶树苗种植的关键时期，两个村的土地流转进程依然缓慢。

向顶天得知情况后，连续3次来到柳树坪村、押马村召开座谈会，给驻村扶贫队、村干部和村民做思想工作。期间，还带领大家来到迎丰村的茶叶种植基地，了解公司的帮扶成果，并学习产业发展经验和茶叶培管技术。

"先从弃种的荒地流转着手，把合作社和种植基地建起来，让村民们看到村集体发展产业的决心。"向顶天提出建议，并帮助鼎盛茶叶公司解决了基础设施配套不足、融资贷款困难等问题。同时，协调资金拉通了种植基地与村主干道的道路。

通过努力，按照"统一流转、统一规划、统一管理、统一招商"的模式，村里的部分土地顺利得到流转，村民们也拿到了土地流转资金。种植基地建起来后，村民的种茶积极性高涨，也踊跃到合作社务工。按照协议，公司每年还将基地8%的收益返还村集体。

柳树坪村党支部书记贾祖东介绍，除了黄金茶，村里还发展了油茶、稻花鱼、光伏发电站等，全村的合作社、家庭农场、农家乐、食品厂共有9家，创造工作岗位110个，工资支出达300万元，务工人均收入每年有2.8万元。

2018年2月，一场大雪压垮了柳树坪村二艳蔬菜产销专业合作社种植基地的大棚。这家合作社吸纳了43户建档立卡贫困户，是村民们脱贫致富的希望。

面对突发状况，向顶天立即向州、县两级有关部门建议，加大资金保障力度，助力合作社灾后复产。一个多月后，合作社收到了10万元的重建资金，用于重修基地以及全面改造升级原有设施。此后，向顶天多次来到合作社调研，帮助解决具体问题。目前合作社发展良好。

在村支两委及驻村扶贫工作队牵头下，村集体注册了柳树坪农业开发有限责任公司。根据脱贫攻坚各类政策优惠，村里注资柳树坪农业开发有限责任公司、保靖二艳蔬菜产销专业合作社、保靖县瑞鑫公司，并按5%至8%的比例提取股金，积累原始资本。村集体每年拿出收益的70%，交给106户建档立卡户分红，与全村所有的建档立卡户建立了长效利益联结机制。

"2019年全村集体经济收入12万元，今后随着产业的发展还会逐年增加。"贾祖东说，全村脱贫致富形成了长效机制，村支两委在群众中的威信也树立起来了。

给予精准帮扶　当贫困群众贴心人

首八峒村村民曾庆德的妻子身患疾病多年，两个女儿在上学，还有75岁的母亲需赡养。为了照顾家庭，他只能在家附近打零工，收入微薄。

2018年5月，向顶天在村里走访时，了解到在村支两委、驻村扶贫工作队的帮扶下，曾庆德的妻子纳入大病医疗保险、孩子纳入"湘西教育扶贫雨露计划"，但一家人因收入低迟迟达不到脱贫的标准。

向顶天随即与当地林业部门协调，为曾庆德安排了一份护林员的工作。此外，还帮他找了一份在闲暇之余可做的木工工作。随着村集体黄金茶、油茶产业的发展，曾庆德还加入了村集体合作社。2019年底，曾庆德一家人顺利脱贫。

首八峒村党支部书记田宏书说，向顶天多次通过电话询问曾庆德一家的情况，并嘱咐村干部多去贫困户家走访。

向立记得，2018年10月向顶天走访碰比村，在村中一个不起眼的角落里看到一座主体倾斜、墙壁屋顶破旧的老房子，他二话没说就走进去了解情况。原来户主田茂云的妻子有智力残疾，孩子在镇上读小学无人看护，他本人长年劳作身体也不好，家庭生活困难。

向顶天叮嘱镇村两级干部，尽快做好房屋的维修改造，千方百计保障田茂云一家的基本生活以及孩子的学习。此后，每次来到碗米坡，向顶天都会询问孩子的学习生活情况，并送去文具、书籍。如今，田茂云的房屋改造完成，并加入村集体合作社，生活日渐好转。

"村看村户看户，群众看干部。"向立说，联点以来向顶天多次提出镇村两级干部及驻村扶贫工作队要有带动群众脱贫的精气神，要有干事创业的劲头，真正深入贫困户家里，与他们打成一片，成为他们的贴心人。

作为联点的州领导，向顶天一个月要来碗米坡两三次，还经常是在周末来。每次来，都会到贫困户家里坐坐，拉拉家常，帮忙解决些实际困难。

在向顶天的带动下，碗米坡镇建立了干部联系到户、对贫困户点对点帮扶的工作机制，将扶贫工作会议开到村里，让村民参与决策，充分调动了村民脱贫致富的积极性、主动性。

向顶天：只有教育跟上，才能斩断穷根

近年来，湘西州高度重视精准扶贫，把精准扶贫作为首要工程来抓。在全州脱贫攻坚决胜阶段，省政协发出了开展"三个一"扶贫行动的号召，州委做出州级干部联点乡镇的决策，同时州政协对各级政协组织和广大政协委员参与脱贫攻坚提出了一系列具体要求，为政协人如何更好地参与打赢脱贫攻坚战，指明了方向。

我原来担任过古丈县委书记，对扶贫工作有一定的经验。联点帮扶碗米坡镇后，按照州委"一月一督战"要求，我前期进行了深入摸底调研，分析了致贫原因，并与当地干部群众共同商讨，因村因户制订了脱贫对策。围绕激发脱贫的内生动力，我们抓了一些具体工作，包括发展产业，帮助有能力和有技术的人员外出务工，完善基础设施，解决村民出行、用电、用水及做好教育、医疗保障等。

在参与脱贫攻坚工作中，我也有一些思考。我认为脱贫归根结底还是要解决教育问题。湘西农村地区教育相对落后，软硬件设施相对较差，群众生活环境闭塞，对外界缺乏了解。学校大多集中在乡镇，很多孩子没有上过幼儿园，从小学一年级就开始寄宿，年龄太小无法照顾好自己。很多相关的问题，需要我们在后续工作中努力解决。只有教育跟上，才能斩断穷根。

在参与"三个一"扶贫行动中，我结对了3户建档立卡贫困户，通过每个月定期走访帮助落实政策、发展产业，目前已有两户脱贫。剩下的一户情况特殊，户主去世，他的妻子和儿子有智力残疾，女儿嫁到了很远的地方。针对这种因重病、残疾、精神障碍等原因致贫的家庭，我建议相关部门要进一步研究对策，切实做好兜底保障。

06

双龙镇加速跑：众企助力　产业发力
——湘西州政协引导社会各方力量齐心帮扶

许望桥　向绍文　向官生　杨兴林

夏初，花垣县双龙镇岩锣村巾帼扶贫车间里，穿针、挑线、绣花……近90名绣工每天都在忙碌着。除了在车间工作外，她们还可以把材料带回家慢慢绣。这群绣工中大部分曾是建档立卡贫困户，如今人均月收入达1500元，都已脱贫。

湘西自治州政协副主席、州工商联主席石红介绍，作为"精准扶贫"首倡地，精准扶贫已成为湘西州指导脱贫攻坚的金钥匙。近年来，湘西州大力开展产业扶贫，建立起脱贫致富长效机制，难以外出打工的农村妇女、老人、残障人士实现了挣钱顾家两不误，打工不出村，致富在家门，已成为越来越多湘西老百姓生活的真实写照。

千企联村　实现帮扶全覆盖

2018年初，石红联点帮扶双龙镇，负责指导全镇的脱贫攻坚工作。在此之前，州委统战部、州工商联、州侨联已联点帮扶该镇的补毫村、桃花村、雷公村。

"每次来乡镇至少要走三四个村，有几次饭也顾不上吃，就在村部吃泡面。"双龙镇党委副书记付进民记得，联点双龙镇时，虽然石红对全镇的基本情况已经十分了解，但她还是坚持挨村走访贫困户，一走就是一天。

此时，全镇仍有岩锣村、张刀村、桃花村、补毫村4个贫困村尚未退出，大部分行政村基础设施欠缺，进村公路存在弯多、路窄、会车困难，村中入户道路泥泞不堪。全镇海拔较高，旱季饮水工程经常缺水。生产以种植水稻、烤烟、辣椒为主，主要经济收入靠村民外出务工。留守的大都是老弱病残，缺乏主导产业，增产增收困难，村集体经济没有保障。

通过几个月的走访，石红带领镇党政干部，逐一摸清贫困人口底数和致贫原因，针对农户收入支出状况和劳动力素质进行梳理分析，按照要求，逐村逐户制订了精准帮扶举措。

走访中，石红多次向镇党委、政府建议，要通过发展产业扶贫、完善利益联结机制、实施消费扶贫等多种举措，确保每个贫困村至少有一个以上当家产业，每个贫困户都能获得多元化的生产经营利润、薪金、分红等收益，推动贫困群众持续增收、稳定脱贫。

四年前的 2016 年 3 月，州工商联、州扶贫开发办下发了《民营企业参与精准脱贫"千企联村"行动实施方案》，以民营企业为帮扶方，以建档立卡贫困村、贫困户、贫困人口为帮扶对象，签约结对、村企联建，助力精准脱贫。担任州"千企联村"行动领导小组组长的石红，负责联系省内外的企业和贫困村结对，为参与精准扶贫的企业做好服务。

在湖南达嘉维康药业公司的联村帮扶下，桃花村发展了种植产业，实施了饮用水源改造、产业机耕道建设、同心文化广场建设等工程，农村春晚、教师节庆祝活动、重阳节"敬老尊老"活动等文明建设活动陆续开展。2018 年，桃花村人均纯收入达 5400 元，全村建档立卡户 60 户 213 人顺利脱贫，实现了整村脱贫退出。

同样的企业帮扶故事在双龙镇的多个村上演。湘西苗汉子集团响应"千企联村"号召，与十八洞村全体村民联合成立十八洞村苗汉子果业有限公司，共同建设猕猴桃精品产业园，并在花垣镇、双龙镇、龙潭镇流转 2000 亩土地，复制推广十八洞村帮扶经验，直接带动 57 个村建档立卡贫困户 2772 户 11142 人脱贫致富。

付进民介绍，两年来，民营企业和商会对全镇行政村的帮扶实现了全覆盖。

目前，湘西州已动员近 2000 家民营企业、商协会参与，其中录入"万企帮万村"台账管理系统的近 1000 家企业，结对帮扶 908 个村，实施项目 2016 个，投入资金 7.46 亿元，帮扶贫困人口 11 万多人。"千企联村"精准扶贫行动已成为湘西州社会扶贫的一张响亮名片。

调动多方力量　助力脱贫攻坚

补毫村入村公路的一旁，一块 2 米多高的石头上，"同心工程"的标识分外显眼。这一工程真正让老百姓得了实惠，也得到了老百姓认可。

2017 年 6 月，在石红的带领下，湖南省江西商会组团来到补毫村考察。彼时，这个年人均纯收入为 2850 元的村还是国家级贫困村。

在村里考察完后，考察团在村民家中召开了座谈会。围绕各自的企业优势，企业家们从教育扶贫、劳务输出、农副产品深加工等方面畅谈了各自的帮扶想法，对补毫村基础设施提质改造、培训就业方面给出了具体的帮扶措施。

随后商会迅速募集资金，用于帮助该村基础设施建设。

与此同时，湘西宝庆商会也参与到补毫村的结对帮扶中，向会员企业募集资金，用于全村的救助、产业扶持、基础设施建设。

补毫村第一书记向水生介绍，从2017年开始，两家商会连续三年都募集了资金支持补毫村建设。如今，入村公路得到硬化并装上了路灯，饮用水、洗用水、灌溉用水项目建设齐全，修建了"同心"文化广场和新村部。

事实上，在双龙镇帮扶的社会力量远不止民营企业和商会。2017年，吉首大学师生联合组建的"湘希计划"扶贫团队，在鸡坡岭村建立大学生创新创业实践基地，向四周辐射提供帮扶服务。目前，"湘希计划"已成立湘西实干家食品有限公司、湘西湘灵文化传播有限公司，帮助当地积极发展养殖业、食品加工业。

付进民回忆，在指导全镇脱贫攻坚过程中，石红不但调动多方力量参与脱贫攻坚，还多次建议各村建立脱贫长效机制，激发贫困群众的内生动力，实现长富久安。双龙镇党委、政府顺势而为，结合本土苗绣、竹编等资源，积极引进文化产业公司，在各村建设扶贫车间，为建档立卡贫困人员增加就业岗位。

在省、州、县各级驻村扶贫工作队及企业、商会、高校等社会力量的帮扶下，2019年双龙镇共实施产业发展、基础设施等扶贫项目131个，茶叶、烟业、生猪养殖、药材等产业迅速发展，集体经济年分红360余万元，所有贫困村全部退出。目前，全镇仅有69户126人未脱贫，贫困发生率降至0.4%以下。

真情帮扶　点滴关怀暖人心

2019年是全镇脱贫攻坚的冲刺期，石红再次带着镇干部以"四不两直"的方式进行大走访，认真落实关于开展动态调整和基础数据"三核实"工作部署，对国家扶贫系统、"一户一档"资料、《扶贫手册》信息和贫困户实际情况进行认真比对。不到一年时间，她将双龙镇的27个村走了个遍，有的村一个月走了三次。

付进民说，脱贫攻坚时间紧、任务重，基层干部和驻村扶贫工作队员压力大。每次走访，石红都会和驻村扶贫工作队员、村支两委干部、大学生村干部等交流工作、生活上遇到的困难，给大家加油鼓劲，叮嘱大家要保重身体，注意安全。每年年底，她还会带着物资，对扶贫干部进行慰问。在工作中，对扶贫手册、扶贫档案的填写，各种检查、汇报材料的写作，石红都为大家提供指导。就是这些细微处的关心，让基层扶贫干部、工作队员十分感动，备受鼓舞。

"非常亲和，就像是亲人一样，面面俱到，都帮我想到了。"桃花村的龙英萍对于石红的结对帮扶有着说不完的感激。从帮助落实各项扶贫政策、享受各种保障，到帮算收入账，鼓励其加入村集体合作社发展产业并给予生产资料的支持。一月一次的定期走访，帮助龙英萍一家解决了不少问题和困难，让他们家稳定脱贫。

石红和补毫村村民施光成的结对始于2016年底。施光成和母亲相依为命，当时是村里的建档立卡贫困户。

第一次上门走访时，施光成告诉石红，自己想通过种西瓜、蔬菜脱贫，就是村子离集市太远，担心卖不出去。"不用担心销路，你只管种，我来帮你卖。"石红当场回应，并立即为他协调了启动资金和农用物资。此后，石红平均每个月都要去施光成家看一次。

2017年，施光成通过种西瓜收入6000多元，当年就脱了贫。随着入村交通条件的改善，尝到甜头的施光成扩大了种植规模。2019年，他种植了5亩西瓜，西瓜成熟后又种植蔬菜，纯收入达2万多元。今年他准备继续扩大种植规模。如今，施光成用这两年的积蓄加上政府补助，新建了厨房，完成了厕所改造，安装了电热水器，买了电视机、电冰箱，日子越过越好。

石红：用心用情，写好履职答卷

作为一名政协委员，按照"三个一"扶贫行动要求和州委的统一部署，我主动投入脱贫攻坚战役中。过去的三年，每个月都要到联系的双龙镇和州政协机关扶贫联系点——龙山县民安街道蒲家河村走访和调研。我在蒲家河村结对帮扶了一个贫困户，在双龙镇结对了三户贫困户，结合各自家庭实际，分别通过联系转移就业、生态补偿、鼓励发展产业等方式，让他们实现了持续增收、稳定脱贫。

2016年，湘西州率先在全省启动"千企联村"精准扶贫行动，立足于州工商联主席职能职责，我和州"千企联村"行动领导小组成员们一起，依托"万企帮万村"精准扶贫行动平台，强化联络对接，做好服务保障，汇聚了广大民营企业、商协会助力脱贫攻坚的磅礴力量。

湘西的精准扶贫工作，我是参与者、见证者和亲历者。担任全国政协委员以来，我一直围绕加大对少数民族地区精准脱贫的支持力度建言议政，并在不同场合和平台，不遗余力地推介湘西州的扶贫经验、脱贫成果及少数民族地区的优美风景、风土人情。

我深知，将湘西的扶贫经验推广到更多贫困地区，是自己肩上的一份重要责任。我将牢记习近平总书记的殷切嘱托，充分发挥政协优势和界别力量，持续关注少数民族地区发展问题，不断提高建言献策水平，用心用情书写好政协委员为国履职、为民尽责的时代答卷。

07

做大做强农业产业，酉水两岸美丽蝶变
——保靖"两茶一果"富了百姓

陈尽美　向绍文

古老的酉水河穿城而过，滋养着美丽的保靖县。如今，沿河种柑橘、环山栽茶叶与油茶，成为保靖县一道独特的靓丽风景。

作为国家确定的第一批革命老区县、深度贫困县，2014年开展精准扶贫以来，保靖县上下齐攻坚，坚持"不漏一村不落一人"，实事求是因人、因地发展柑橘、茶叶等扶贫产业，做到全覆盖、有效益。2014年至2019年，保靖县累计有20213户83315人实现脱贫，115个贫困村出列，综合贫困发生率由2014年的31.88%降至现在的0.54%。今年2月，保靖县成功摘掉了贫困县帽子。

面对扶贫成果，湘西州政协副主席、保靖县委书记卢向荣表示，没有农业产业发展，农民的钱袋子就鼓不起来，摆脱贫困后，也很可能重新返贫。要抓住好时机，把保靖县"两茶一果"（黄金茶、油茶、柑橘）产业发展起来，做大做强品牌。保靖县上下要奋力冲刺，打好脱贫攻坚收官战。

严落实，织密脱贫攻坚保障网

用脚步丈量土地，通过走访调查掌握脱贫一线最真实的情况。

从2017年起，3年多来，卢向荣几乎走遍了全县所有的自然村寨。每次走访发现问题后，他都会立即签发《走访发现》，要求相关单位部门对存在的问题限期整改到位。2017至2019年共签发《走访发现》450余期，解决实际问题470余个。

通过对走访发现问题和经验做法进行深入思考与提炼，卢向荣提出了"7+2工作法""驻村教导员""保靖县农村小型基础设施项目建设管理暂行办法"等一系列工作制度，构建了县、乡、村三级齐抓共管的扶贫责任体系，形成了全县上下联动共抓扶贫的格局。

全县37名县级领导和73名驻村教导员包村，严格落实乡镇班子成员住村、乡镇干部包村、驻村工作队驻村宿村、村（社区）干部按时值班值守等制度，全县172支驻村扶贫工作队、566名驻村工作队员、6230名帮扶干部坚守在一线，常态化进村入户开展帮扶工作，进一步压实了县、乡、村扶贫工作责任。

在保靖县脱贫攻坚一线，每个县级领导"承包"四五个村的脱贫出列任务，并有具体的考核措施和指标。

保靖县还活跃着一支特别的帮扶队伍"驻村教导员"。

2015年，迁陵镇龙溪坪村村民彭建华回乡种植黄花菜、烤烟。2018年，他在县城市管理行政执法局副局长宋俊杰教导员的指导下，又种植了400余亩油茶，这一年收入3万多元，日子越过越好。

2018年，保靖县委出台了《关于明确驻村扶贫工作队教导员、副教导员的通知》，选派了一批县直机关单位主要负责人担任驻村扶贫工作队教导员、副教导员，每周驻村三天，进一步加强对脱贫攻坚的领导，强力推进脱贫攻坚工作，使扶贫工作获得实效。

正因如此，保靖县各级干部都在脱贫攻坚的实际工作中积累了丰富经验，成为了扶贫的行家里手。

敢创新，打开集体经济增收大门

"我又拿到分红了，我们年年拿到集体经济的分红，感觉越来越幸福！"近日，在毛沟镇科乐村集体经济分红现场，村民彭清华拿着现金高兴地说。

科乐村猕猴桃产业合作社与全村175户建档立卡户建立利益联结机制，今年上交集体经济6.8万元，其中1.8万元作为全村建档立卡户分红使用，5万元作为集体经济使用。

近年来，保靖县委、县政府对发展壮大村集体经济进行了积极探索，创新了收益模式，巩固了脱贫成效。

2017年，湖南佳和农牧集团公司与湘西长行村镇银行就年出栏30万头生态猪庄项目签约，总投资2亿元，实现宜养贫困村集体经济全覆盖。

"我们通过由政府投资6000多万元建立了四五个养猪场，承包给公司，租期10年，租金为每年总投资的8%。一是解决了全县生猪养殖的问题，二是解决了集体经济收入的问题，三是解决了贫困户劳动用工。"卢向荣介绍，同样的租赁模式也运用在民宿投资、标准厂房建设、茶叶加工厂等领域。

集体经济打开增收大门还有多种路径和方法。县政府投入支持建设村级光伏电站，产权归村集体所有，由村集体确定项目收益分配方式；采取"村集体经济+"的形式，通过购置商业门面、建设标准厂房、建烤烟房、建设乡镇农贸市场等，以租金形式注入村级集体经济，有效盘活村级集体资产资源；通过依法改造、发包租赁、入股联营等方式，盘活闲置或低效使用的办公用房、校舍、厂房、仓库、生产装备设施、集体建设用地等集体财产存量，所得收益充实村级集体经济；每个村成立一家权属归村集体的专业合作社，可涉及种养、农产品加工、乡村旅游、农家乐、电子商务等方面。

据统计，2019 年保靖县 160 个行政村经营性集体经济总收入 800 余万元，全县集体经济收入均在 5 万元以上，其中经营性收入 10 万元以上的村有 4 个。

抓产业，"两茶一果"托起致富梦

今年 1 月，农业农村部公布第五批中国重要农业文化遗产名单，湖南保靖黄金寨古茶园与茶文化系统入选。"一两黄金一两茶"，近年来，保靖黄金茶声名远扬，成为当地农民从脱贫走向致富的黄金茶。

"我主要通过电商销售保靖黄金茶，2019 年我销售了 4000 多斤干茶叶。"水田河镇排大方村村民梁爱平四年前回乡种黄金茶，现在已经是村里的黄金茶种植大户，家里新修了房子，还买了两台车。2019 年，保靖黄金茶有效带动了 2800 多户建档立卡贫困户脱贫。

卢向荣介绍，茶产业在快速发展中也遇到了瓶颈。过去，保靖黄金茶以绿茶为主，最佳采摘时间只有春季短短 40 余天时间。到了夏秋季，茶园不再采茶，工厂不再生产，严重影响了茶园的综合利用率和设备的利用率。近年来，保靖县委 1 号文件都是抓黄金茶产业发展，各方想方设法拉长黄金茶产业链，通过采摘夏秋茶生产红茶和黑茶，农民一亩茶可增收近 1000 元。

农产品产业不断升级、成效明显的，不仅有保靖黄金茶，还有柑橘产业。

过去，保靖县不少农户种有椪柑，但卖不了好价钱。近年来，保靖县一直坚持发展柑橘产业，并邀请了省农科院柑橘研究所帮助抓品改，一年品改柑橘两三万亩。几年前，曾是迁陵镇踏梯村贫困户的贾延江种了 20 亩椪柑，但收益并不好。2017 年，他改种了杂交柑橘春见。2018 年，贾延江销售春见收入近 10 万元，比以前增加了两倍多，成功脱贫。2019 年，他发展电商销售，收入达 14 万元。

在今年县委经济工作会议上，保靖县明确了以茶叶、油茶、柑橘为主的"两茶一果"发展思路，计划投入财政涉农整合资金 9250 万元，确保特色支柱产业富民强县。

目前，保靖县的"两茶一果"规模已经增加至 36 万余亩。其中，保靖黄金茶总面积12万亩,柑橘面积稳定在15.6万亩,油茶8.5万亩。此外,烟叶、猕猴桃、西瓜、小水果、蔬菜为主的特色产业建设也呈现量价双增态势。

"今年虽受疫情影响,经济指标放缓,但我县城乡居民的存款增速、可支配收入等排在全州第一,这与近几年我们狠抓产业发展分不开。通过抓产业,实实在在增加了老百姓的收入。"卢向荣欣慰地说。

付真情,一线担当感动百姓

近年来,卢向荣坚持周末节假日不休息,雨雪无阻,采取"四不两直"方式进村入户,访贫问苦,纾难解困,每年走访贫困户400余户。

看房子情况和环境卫生,问相关产业扶持等政策落实情况,察基础设施建设、干部值班、资料档案,了解劳动力、务工、产业发展等情况,挽起衣袖,帮群众搭手,与群众同劳动生产,这是卢向荣在一个个村寨一遍遍重复的工作。

在卢向荣的精准帮扶下,患有类风湿病多年卧床的贫困户站起来了;患有眼疾、几乎双目失明的贫困户重见光明……

让卢向荣最为感动并自豪的是,为了打赢脱贫攻坚战,保靖县涌现了一批优秀共产党员、优秀基层党组织书记、优秀村第一书记,在扶贫一线,他们勇于冲锋、乐于奉献、甘当表率。

他们当中,有中国农业银行保靖县支行干部、毛沟镇阳坪村驻村第一书记龙俊。龙俊三次主动请缨奋战在脱贫攻坚一线,一干就是5年。2019年7月29日,龙俊在工作回村途中遭遇车祸,因公殉职,生命定格在58岁。

复兴镇副镇长刘霞挺着大肚子奔忙在扶贫第一线,她常加班到深夜。即使在休产假期间,还经常通过电话、微信等安排扶贫工作。

县政府办调研室杨光辉在吕洞山镇夯吉村担任驻村第一书记,引导鼓励群众大力发展黄金茶产业,目前全村有黄金茶园5500多亩。

县委宣传部新闻科科长彭司进担任迁陵镇茶市村驻村第一书记以来,以村为家,与群众建立了深厚的感情,他帮扶的茶市村成为全国明星村,茶市村改厕模式也在全州推广。

卢向荣深有感触地说:"在脱贫攻坚战中,乡镇是前线,村里是火线。一批驻村干部、村支书,他们敢拼敢搏,体现了坚强的党性,乐于奉献、勇于牺牲的伟大精神,值得学习。"

卢向荣：从脱贫攻坚，迈向乡村振兴

保靖县脱贫攻坚战这一仗打下来，我们付出了巨大的代价，也取得了历史性的变化，巩固了党在基层的执政基础，赢得了民心。从 2014 年开始，保靖县前后投入 30 亿元用于扶贫事业，给老百姓带来了实实在在的好处，党在农村的执政能力得到了巩固，老百姓衷心拥护党、热爱党。

同时，通过脱贫攻坚，我们干部的作风得到了锤炼与转变。各级干部都会经常到老百姓家里去，深入群众，村里什么时候什么事都能找到干部。

当看到保靖县农村面貌发生翻天覆地的变化，我作为参与者感到很自豪。脱贫攻坚是历史性的机会，这样的机会不是每个人都有，大家虽然辛苦，但回过头来看很有成就感。

目前，农村基层工作仍有不少困难，如何进一步发挥村支两委的堡垒作用，如何发挥农村党员的先锋模范作用，如何引进与留住乡村人才，这些都是我们需要思考的问题。脱贫攻坚主要政策不能踩急刹车，工作队不能轻易撤退。我们要进一步引导群众、激发群众的内生动力，带领他们从脱贫攻坚迈向乡村振兴之路。

08 特色产业+人气旅游+贴心教育
——打造脱贫攻坚凤凰样板

刘敏婕　向绍文

5月30日，8只大熊猫从四川都江堰跨越千里，来到凤凰县安家落户。适应期结束后，这些"萌宠"将于6月底与游客见面。

新闻一出，吸引了众多关注的目光。这是凤凰县因地制宜推出的又一旅游奇招，这里气候温和，境内有竹林近20万亩，很适宜大熊猫居住。

"以后游客们到凤凰，又多了一个打卡点。"湘西自治州政协副主席、凤凰县委书记颜长文表示，"这里是习总书记曾经过的地方，我们不仅要全面完成脱贫攻坚任务，还要努力打造脱贫攻坚的'凤凰样板'"。

作为少数民族聚居的国家级贫困县，凤凰县有苗族、土家族、回族等28个民族，少数民族占总人口的73%。近年来，凤凰县委、县政府以攻坚拔寨的信心和决心，走出了一条经济、社会、生态效益同步提升的扶贫新路。

因地制宜发展特色产业

凤凰县城往西南约7公里，15分钟车程，便到了一个以土家族为主的少数民族聚居村——廖家桥镇菖蒲塘村。

2013年11月，习近平总书记来到菖蒲塘村，了解村里扶贫开发和特色产业发展情况。颜长文对当时情形记忆犹新，总书记提出的"依靠科技，开拓市场，做大做优水果产业，加快脱贫致富步伐"，为村里指明了方向。

如今，全村漫山遍野种满柚子、猕猴桃、葡萄等，满眼都是收获的盛景。全村总面积12870亩，水果种植面积达6250亩。

2014至2019年，菖蒲塘村共有109户357人通过发展产业实现脱贫，90%的果农年收入3万元以上。菖蒲塘村不仅实现了脱贫，更利用自身优势，带动致富，吹响着乡村振兴的号角。

凤凰县的各个村，都在因地制宜发展各种特色产业：木江坪镇长车村采用"套种"模式，在油茶林地套种了835亩迷迭香；千工坪镇岩板井社区新扩700余亩黄金茶……

"我们这里以前真的穷，吃饭都有问题，现在什么都有了。我家里种了3.5亩猕猴桃，平时还去生产车间上班，生活好很多了。"千工坪镇胜花村村民吴大姐告诉记者。

凤凰县正在规划打造"5个十万亩"——十万亩油茶，十万亩茶叶，十万亩猕猴桃，十万担烟叶，十万亩迷迭香、生姜等经济作物。

"产业发展起来了，我们对脱贫攻坚成果的可持续发展就有底气了。"颜长文充满信心地说，"当我们能做到农村人均1.5亩产业的时候，群众怎么会不脱贫呢？"

助推农旅一体化发展

一栋栋米黄色外墙、青瓦屋顶的民居，坐落在风景秀丽的半山腰上，清澈的长潭岗河从山谷中流过，光看画面就令人心驰神往。

这是距凤凰古城30公里的麻冲乡竹山村，也是凤凰县"易地扶贫搬迁+旅游"的一个成功样板。在易地扶贫搬迁安置区中，许多民居被打造成了精品民宿。

今年五一假期，1.23万省内外游客来竹山休闲度假，民宿房间几乎天天爆满，有的要提前一两个月预订。

两年前，竹山还是一个非常闭塞贫困的山村，全村建档立卡贫困户66户277人。但这里东南北三面环水，西面峻山叠嶂，是湘西苗族建筑和风土人情保存较完整的堡寨。

2018年3月，省文化和旅游厅扶贫工作队进驻竹山村，2019年7月，引进凤凰旅投开发建设有限公司投资开发竹山景区，通过扶贫+旅游，很快竹山村就成为乡村旅游网红打卡地。

如今竹山村入选了"中国少数民族特色村寨"，家家户户吃起了旅游饭。在景区担任演艺人员的村民吴建蓉说："自从搞旅游了，我们不用出去打工，在家就能领到工资。"

"由于竹山村地理位置偏僻，村民思想非常封闭，为了动员村民易地搬迁，花了几年时间。以前我们去现场开会，村民都不愿意参加，搞什么都反对。"颜长文感慨，旅游扶贫后村民的精神面貌焕然一新，最典型的就是"变得爱开会了，因为他们知道开会是讨论村里发展，和每个人利益相关"。

近年来，凤凰县紧扣旅游发展命脉，坚持以农旅一体化发展为主线，对接凤凰古城、凤凰之窗、中青宝、飞水谷旅游线路，建设集研学、观光、采摘、休闲、娱乐为一体的城郊农旅综合体，推进生态宜居、乡村治理，着力打造国家级乡村振兴先行先试示范点。

"我们鼓励企业参与旅游开发，同时要求他们带动贫困户脱贫。"颜长文介绍，旅游企业通过设置公益性岗位、景区就业、文艺表演、项目用工、接待服务等，直接间接解决了13万人就近就业问题。

狠抓教育斩断穷根

"听到家乡读书免费的好消息，我们决定把小孩送回来。"在浙江打工的千工坪镇的苗家汉子龙云松，两年前把孩子送回凤凰就学。

2017年秋季，凤凰县在全面贯彻执行国家资助全覆盖政策的基础上，县财政每年再拿出1700万元，免除全县所有农村户籍学生及城镇低保户子女、残疾儿童、孤儿等在读学生的教辅资料费、作业本费。

此外，在凤凰县一中、二中、高级中学、思源实验学校中，农村学生不花一分钱就能进城读书。而思源学校主要招收全县精准扶贫户和进城务工子女，学校免费提供中晚餐、床上用品、校服，并给予农村学生平均每人每年200元的交通补贴。

大山贫困家庭走出来的颜长文，深知教育是斩断穷根的唯一途径。近年来凤凰县投资25亿元，扩建多所中小学和幼儿园，新建了思源学校、南华中学等4所现代化学校，新增城区学位1.2万个，2万多名农村学子进入县城学校就读，实现"应读尽读，一个不少"。

令颜长文欣慰的是，凤凰县教育质量不断提升，2019年高考总分600分以上43人，二本以上录取509人，本科上线率33.44%，全州排名居于前三。

2019年底，凤凰县186个贫困村全部出列，建档立卡贫困户24369户98499人中已脱贫23132户95674人，全县贫困发生率由2014年的26.59%下降至2019年的0.76%，绝对贫困问题基本解决。

"事非经过不知难。"这场波澜壮阔的脱贫攻坚战令颜长文感慨万千。被问到这些年脱贫攻坚中最困难的是什么，颜长文坦言："当时每件事都很难，但是现在走过来了，就不觉得难了。"

凤凰县是省委书记杜家毫的脱贫联系县。颜长文记得，2013年刚到湖南履新不久的杜家毫来凤凰县考察时，一些村里的贫穷落后令他震惊，看到有的村里几十个光棍，他为此深感担忧。几年来，杜家毫每年多次到湘西、到凤凰县考察，对这里城乡的巨大变化有深刻体会，多次点赞。

"有人说我们这届扶贫干部承受了最大的压力，但也收获了最大的成就感。"颜长文说，如今看到旧貌换新颜的凤凰村村寨寨，经历过的"千难万难、千辛万苦"都消融在村民们真挚的笑脸和真诚的感谢中。

"时代是出卷人，我们是答卷人，人民是阅卷人。"颜长文坦言，以前一些贫困村民对未来充满迷茫，现在不管去凤凰县哪一个村寨，可以感受到老百姓满满的幸福感，眼中充满希望，群众发自内心的满意，就是脱贫攻坚工作最重要的收获。

09 真情走进群众心里

陈　彬

如今，蒲家河村村民吴金翠遇到湘西州政协机关干部麻萌萌，会热情地打招呼，还会喊上一句："到家里吃饭去！"

但两年前，吴金翠对州政协驻村扶贫工作队颇有微词，甚至还阻过工。

变化源自工作队的不懈努力，他们用实干聚民心，用真情走进了群众心里，也带来了村民对工作队态度的转变。

从不信任到点赞

"有人阻工！" 2018 年夏天的一个早晨，州政协驻村扶贫工作队队长、民族宗教法制群团委员会副主任符家学接到了施工队的电话。

当符家学和队员赶到现场时，被眼前的景象惊到了。吴金翠坐在自家田地里，一手拿着石头，一手拿着镰刀，双手挥舞着，情绪激动。

符家学对扶贫队员麻萌萌说："你是女同志，和她交流方便些。"

麻萌萌虽是 90 后，倒也不怯场。她心生疑问："吴金翠丈夫和婆婆不是已经答应让出自家田地修路，怎么吴金翠还会出来阻工？"

麻萌萌走到吴金翠身旁，也坐在了地上，一边安慰她，一边说出了心中的疑惑。吴金翠见麻萌萌一脸真诚，用衣服抹去眼泪，吐露心结：几次修路，她家都占了一点地，可路是大家走的，为什么只占她家的地？这次修路占地，丈夫和婆婆没有告诉她。

吴金翠的委屈，麻萌萌看在眼里，也有意识地让她把不愉快都说出来。

两人你一言我一语坐在地里说着知心话，渐渐地太阳出来了，阳光晃得人睁不开眼。最终，在麻萌萌的劝说下，吴金翠先回了家。

此时，符家学已开车前往另外一个乡镇，去接吴金翠姐姐，想让她帮忙做工作。一去一回，需要近两个小时。但吴金翠姐姐第一次劝说，无功而返。第二天晚上，符家学再次接来姐姐，却仍没让吴金翠松口。终于，在第三天，吴金翠同意了。

事实上，刚开始不太支持修路的村民不止吴金翠一人，工作队陷入思考："修路本是一件好事，为什么还会有人不支持？"

后来，大家分析，这背后有一个重要原因——村民对工作队不太信任，认为工作队的到来只会给贫困户带来好处，却不会给村里带来发展。

面对这样的状况，工作队下定决心：一定要高标准、严要求把基础设施搞好，让村民真正感受到实惠；修了多少路，花了多少钱，要清清楚楚告诉村民，让他们知道工作队是来做事的。

村里的路一条条修好了，面貌也在一点点发生改变，村民们对扶贫工作队的认识也悄然改变着。

"没修路之前，村民挖的百合每斤才两三元，还没人来收，如今老板出钱请人挖百合，收购价每斤提高到了三块多钱。"村民们收入增加了，也真切感受到工作队的实干与真心，对扶贫工作也越来越支持。

"他们脱贫，我们也幸福"

2018年年底，在广州务工的田录平发生车祸，双腿落下残疾。这让田录平的妻子陷入绝境，她不知道在广州这个偌大的城市，怎样寻求帮助。

"一定要想办法给予帮助。"很快得知此事的扶贫工作队商量后，委托村主任田录儒前往广州，帮助田录平协调处理相关事宜。在多方努力下，田录平终于拿到了20多万元的保险赔款。

此后，田录平前往长沙动手术，先后花去10多万元。他的儿子刚大专毕业，收入不高，女儿则在读小学，妻子要照顾他，家里一下子失去了经济来源。

"有什么办法还可以帮助他？"工作队仔细了解相关政策，并帮田录平申请了二次医疗报销，最终报销了8万元。

村里有一户比较特殊的贫困户，家中的爷爷奶奶都已60多岁，今年10岁的孙女田雅雯（化名）读四年级。作为帮扶人，麻萌萌时常与田雅雯聊天，鼓励她好好学习，情同姐妹。

2019年，当麻萌萌了解到，从今年1月1日开始，全国所有事实孤儿将全面纳入保障范围，很快便整理了田雅雯的相关资料，向乡镇进行了申报。"目前申请已经获批了。"麻萌萌欣慰地说，从今年起到田雅雯大学毕业，每月可领取800

元的生活保障补贴。

为了增加田雅雯一家的收入，工作队又通过协调，为她的爷爷安排了一个公益岗位，每月有600元的收入。

"要想尽一切办法，帮助村民走上脱贫道路。他们脱贫，我们也幸福。"符家学说。

10 保靖中心村： 黄金茶铺就致富路
——民盟湘西州委发挥优势助力脱贫攻坚

程琴怡　向绍文

仲夏时分，天刚蒙蒙亮，保靖县水田河镇中心村苗寨的上空就升起了炊烟，茶农们开始了一天的劳作。

"村里的黄金茶种植面积近2000亩，今年合作社5万多元的订单有三个，最大的订单10万元。"中心村村主任张明贤高兴地说，这些年，老百姓有了产业，村里变了大样。

曾几何时，和许多村镇一样，位于大山深处的中心村，交通不便，自然资源匮乏，良田肥土少，没有支柱产业，村民过着看天吃饭、打工糊口的生活。

中心村的变化，开始于民盟湘西州委驻村扶贫……

三份规划
筑牢脱贫根基

作为湘西州唯一的民主党派地方组织，民盟州委积极响应中共湘西州委、州人民政府号召，投身脱贫攻坚主战场。2015年年初，民盟州委主动牵头承担了中心村驻点扶贫任务。

然而，作为一个当时仅有三个编制的单位，要牵头驻村扶贫，并按期完成精准扶贫刚性任务，可能吗？这是许多人心里存着的问号。

省政协委员、州人大常委会副主任、民盟州委主委刘小刚带头挑起了重担，自己担任起驻村扶贫工作队队长。逐门逐户走访识别、全村调研摸清家底、山内山外了解产业……在驻村后的一个月时间里，工作队完成基础性工作，制订了扶贫工作当年计划、3年中期规划和6年长期规划。

"做好扶贫开发顶层设计，因地制宜、因企制宜，选择合理帮扶路径。"刘小刚认为，要激活沉淀在农村的经济资源，对农村产业进行系统性改造，才能为贫困地区赢得长足发展。

工作队把改善基础设施、整治生活环境作为重点工作，投入大资金，使出大力气。慢慢地，硬化道路、提质水网、改善通讯、建设村部大楼、修建中心小学塑胶跑道，以及4G宽带网全覆盖……6年来，全村的基础设施建设、民生工程总投入超千万元。

产业为本
稳定持续增收

今年4月，在2020保靖黄金茶斗茶会上，中心村树香黄金茶合作社的张有杰一举夺冠，获封"茶王"，同时获得了该年度保靖黄金红茶质量评比大赛银奖。

黄金茶是保靖县主打特色产业，已颇具声名，中心村则是近几年栽种黄金茶的后起之秀。2019年，保靖黄金茶斗茶大赛桂冠同样花落中心村，由龙颈坳黄金茶合作社的梁兴妹所获。一村两"茶王"，他们的茶厂相隔不到200米。

工作队刚进村时，村里的主体经济模式是传统农业，除了自给自足的传统养殖业外，仅种植了400亩黄金茶，再无其他产业基础，处于一个有生产、无产业，有物产、难收益的状态。刘小刚说，根据高寒山区的实际，工作队选择了茶叶、山羊、黄牛、土鸡等产业，通过引导成立养殖合作社、提供种苗资金、开展技术培训等，发动村民参与进来。

工作队满满的热情与信心，也带动了贫困户，产生了脱贫内生动力。贫困户罗秀军成立了湘之岩黄牛养殖专业合作社、徐湘珍成立了老苗茶叶产销专业合作社……全村农业专业合作社从一家发展到七家，按照5∶3∶2的比例分成方式对贫困户进行帮扶，其中养殖户占利益的50%、村集体经济占30%、另外20%用来帮扶贫困户，真正实现了"造血式"的产业扶贫。

在此基础上，工作队带领村民构建了产销一体化平台，种养规模逐年扩大，专业化水平不断提升；采取机构包销或委托销售，改变单打独斗、坐等上门收购等传统做法，以化解市场风险。尤其是针对主打的黄金茶产业，工作队邀请湘西职院茶叶专家进行现场培训茶叶种植及加工技术；带领村里党员干部、村民代表到古丈县学习茶叶栽培技术；与湖南商务职业技术学院联合开办"潇湘·茶叶同心班"，为本地培养茶叶销售和茶艺表演专业人才。

如今，中心村已成为镇里最大的黄金茶主产区，共投资500多万元，茶园面积2000亩，再加上黄牛、山羊等产业，2019年全村特色产业收入超过千万元，那个看天吃饭的中心村一去不返。

多向发力
发挥党派优势

几年下来，当年许多人心中的问号，收到了实实在在的答案——中心村人均收入从2014年的2100元增长到2019年的8900元，贫困发生率降至0.2%，100%的家庭参与了至少一项产业扶贫项目，100%的村民参加了至少一项脱贫知识技能培训，中心村也被评为湖南省"同心乡村"示范村、湘西州"全州脱贫攻坚先进村"。

在驻村扶贫过程中，民盟州委形成了一套独特的扶贫办法，扶贫工作队连续四年被评为"全州优秀扶贫工作队"。

作为民主党派，民盟州委"三项职能"齐头并进，充分发挥盟员专家智力扶贫的专业性、谋划发展的科学性、乡村建设的前瞻性作用，先后组织盟员就湘西州茶叶产业、创业富民、基础教育、农村环境卫生等问题进行调研，提交专项建议提案220余份；连续五年与民盟湖南省委、州委统战部联合，围绕扶贫政策落实、产业扶贫、农旅文一体化等脱贫攻坚工作进行脱贫攻坚民主监督；送教、送技术、送法律、送医送药，民盟州委各基层支部根据自身特点和优势，分期、分批到扶贫村开展多形式的帮扶活动。

民盟吉首大学委员会组织专家教授，为中心村苗族"挑葱会"非遗项目申报工作出谋划策；民盟湘西书画院组织盟员书画艺术家到中心村进行采风，为扶贫村发展乡村旅游宣传出力；民盟经开区支部组织盟员企业家和社会爱心人士为中心村精准扶贫项目进行捐赠，对贫困学生进行资助。

授人以鱼不如授人以渔，民盟州委将增强农民科技素质，提高劳动技能，作为贫困地区贫困人口稳定脱贫的治本之策，为村民们多次组织岗位技能培训、择业知识培训、职业教育激励计划。2018年，盟员结对帮扶中心村贫困学生张新宇取得2018年高考湘西州文科第一名的优秀成绩，被北京大学法律系录取。大山里走出的榜样，带动了中心村求学奋进的好氛围。

民盟湘西州委正用实际行动谱写一曲民主党派用心、用情、担当，全方位、全覆盖参与精准扶贫的铿锵旋律。

千企联村　携手连心
——湘西州工商联助力脱贫攻坚纪实

程琴怡　向绍文

"2000 家民营企业参与、结对帮扶 908 个村、实施项目 2016 个、投入资金 7.46 亿元、帮扶贫困人口 11 万多人。"近日，在湖南省市州工商联主席党组书记会议上，湘西州工商联以"千企联村"行动的一组数据汇报了扶贫成果。

2016 年 3 月 16 日，在湘西州民营企业参与精准脱贫"千企联村"行动动员大会上，16 家民营企业分别与 16 个贫困村现场签订产业、就业助学、公益事业建设、困难救助等各类帮扶协议，吹响了湘西州民营企业参与脱贫攻坚的号角。随后，湘西苗汉子、新田农业、湘西浙江(温州)商会、吉首个私协会等一批民营企业、商协会纷纷响应号召，加入"千企联村"扶贫行动。

如今，"千企联村"行动已成为湘西州社会扶贫的一张响亮名片。

政企同心　共迎历史大考

时间回到 2016 年初，湘西州还有 7 个国家扶贫开发重点县、1200 个贫困村、50 万贫困人口。毫无疑问，相比其他地方，打赢脱贫攻坚战，对湘西州来说，工程更浩大，任务更艰巨。这一场硬仗，既需要举全党政部门之力，更离不开社会各界的参与。

于是，州委统战部、州工商联、州扶贫办三家单位联合召开启动会，率先在全省启动"千企联村"精准扶贫行动，以民营企业为帮扶方，以贫困村、贫困户、贫困人口为帮扶对象，以签约结对、村企联建为行动载体，加快湘西州脱贫攻坚进程。

"作为民营企业家，主责主业是企业发展壮大，但助力脱贫攻坚也应有责、有情、有为。在湘西的精准扶贫中，民营企业应作为其中的补充力量，发挥独特作用。""千企联村"行动的策划者、州工商联主席石红介绍，2016年3月，"千企联村"正式启动，在动员大会上，14家企业(商会)现场捐赠402万元，提供就业岗位1550个，15家企业(商会)与结对村进行了现场签约。

"作为改革开放的受益者，积极参与脱贫攻坚是每一名非公经济人士应尽的社会责任。"湘西州丰达合金公司董事长刘汉勇在动员大会上动情地说。

企业家有担当，党委政府更要大力支持。在动员大会上，州委书记叶红专表示将为企业在精准扶贫中开启"绿色通道"。

2017至2020年，"千企联村"受到高度重视，连续四年写入了州委经济工作报告和州委《关于全力打好脱贫攻坚决胜战的实施意见》。同时，州委、州政府先后制定了《关于建立货币信贷"1+N"工作机制推动金融精准扶贫的实施意见》《关于进一步做好就业扶贫工作的实施意见》等一系列优惠政策，形成了支持民营企业参与精准脱贫的政策洼地。

为给民营企业参与帮扶提供服务，湘西州工商联组建了工作专班。针对民营企业关注的融资难、融资贵等焦点问题，州工商联组织开展"百名行长联千企"、与多家银行签署战略合作协议等举措，为参与精准扶贫的企业优先提供金融服务。

村企牵手　探索双赢新路径

十八洞村梨子寨山脚下的河谷平地上，一座现代化山泉水厂房拔地而起，生产线正高速运转，工人来来往往忙碌着，为这个大山里的村寨，带来了热闹与生机。

凤凰县过去无任何经济价值的柚子皮，加工成蜂蜜柚子茶后大受欢迎，周生堂公司以蜂蜜柚子茶、猕猴桃深加工等为主，实现果农、公司、建档立卡户共赢。

湖南湘泉药业与花垣、龙山、永顺三县五镇九个贫困村的50多户建档立卡户结成精准帮扶对子，种植中药材，带动种植户均创收3.46万元……

产业扶贫是实现长远、稳定脱贫的根本之策。从2016年开始，州工商联引导农户把产业扶贫资金等通过股份合作、委托帮扶等形式，加入龙头企业进行产业建设，形成了"资金跟着穷人走、穷人跟着能人走、能人跟着产业走、产业跟着市场走""四跟四走"的产业扶贫新模式。

苗汉子集团、湘泉药业、英妹子茶业等民营企业，采取"公司+基地+合作社+贫困户"模式，发展中药材、茶叶、猕猴桃、湘西黄牛等特色产业，带动贫困村产业园建设39.47万亩，建成示范园980个。

吉首市鑫土地果木专业合作社以"党员+贫困户+项目"的方式，社里的八名共产党员开展一对一帮扶，使户户有产业，人人有收入，脱贫率达100%。

湖南太丰矿业公司、湖南三立集团、吉首市个私协等20余家民营企业、商协会派出高管人员当起"名誉村主任"驻村帮扶，形成了"聘请一人、引领一村、带富一方"的效应。

民营企业家们想方设法，与村民同甘共苦，利用自己的产业、车间、基地，为贫困群众提供了有利的产业利益联接机制，走出了一条条可复制可借鉴的村企共赢脱贫致富路。

村企携手共谋发展中，湘西州的凤凰古城、里耶古城、老司城等地成了旅游金字招牌，龙山百合、泸溪椪柑、保靖黄金茶、古丈毛尖茶、凤凰红心猕猴桃等特色产业也声名在外。

在"农民转为市民""资金转为股金"的同时，过去部分处于"生存边缘"的矿企通过参与"千企联村"行动也找到新机遇，实现转型发展。如花垣县五龙公司、兴盛公司等31家曾经的矿企，如今建成猕猴桃、花卉、中药材等基地6万余亩，带动近2万农民就近就业，成为花垣县精准脱贫的强大引擎。

汇聚合力　多措并举稳脱贫

从一个村到一个村，从一座山到另一座山，民营企业产业扶贫的脚步几乎遍布湘西州的每一个角落。他们的积极响应，改变了脱贫攻坚靠政府的单一模式，拓宽了扶贫资金投入渠道和领域，为脱贫攻坚事业注入鲜活力量。

与此同时，他们也关心着贫困群众的生活，围绕就业扶贫、教育扶贫、公益扶贫持续发力。

"给岗位、给技术、给信心、给温暖"，龙山县惹巴妹手工织品公司在全州八县市设立15个"苗家妹"手工编织扶贫车间，帮助了2000余名贫困群众在家门口就业。

据统计，2019年，湘西州256家企业为324个贫困村的建档立卡户8342人提供就业；湘西州548家异地商协会、民营企业，如广东省湖南湘西商会、湖南省江西商会、湘西州浙江（温州）等，通过捐资捐物、助老助残、助学助医等形式，帮扶贫困群众4.22万人。

依托"千企联村"精准扶贫行动平台，湘西州工商联强化联络对接，汇聚起广大民营企业、商协会助力脱贫攻坚的磅礴力量。州工商联积极对接省工商联"聚力脱贫攻坚——党组织在行动""光彩事业古丈行"等多项主题活动，引进200余家民营企业参与，实施省、州示范项目30余个，帮扶资金1.5亿元。

"千企联村"在湘西州各县市也全面开花。全州八县市工商联结合本地实际，开展了"结对认亲·同心帮扶""百企联村""千商扶千户"等动员活动，州内广大民营企业、商协会及民营企业家踊跃参与。

如今，湘西州掀起了既有民营企业、商会整体帮村，又有小微企业、商会会员结对帮扶的参与热潮。"千企联村"行动工作经验先后在全国、全省统战部长会议上作典型推介，荣获全省统战实践创新奖。

"2019年底，湘西7个深度贫困县相继摘帽，解决了上千年的绝对贫困问题。"石红说，解决相对贫困的问题，湘西还有很长的路要走，还需要各方继续携手同行。

在"千企联村"行动的四年多时间里，大批民营企业积极参与脱贫攻坚，涌现了许多典型企业和个人，以及可复制的帮扶模式。这其中，一批政协委员在带头践行和发挥着企业扶贫示范带头作用。

湘西苗汉子集团探索"飞地经济"扶贫
"飞"出十八洞的猕猴桃

2019年底，十八洞村一年一度的猕猴桃产业收益金发放仪式上，936位村民总计收到分红118万元，人均1600元。为十八洞村带来可喜收益的猕猴桃产业，却并不在十八洞村，而是位于湘西国家农业科技园花垣核心区内的花垣县花垣镇兴农园社区内。

花垣县十八洞村群山环绕，地势险峻，人均耕地不到0.83亩，不适宜大规模成片开发及机械化种植。没有产业，如何脱贫？这是摆在所有人面前的现实难题。

习近平总书记到访十八洞村，首次提出"精准扶贫"后，省政协委员、州总商会副会长、湘西苗汉子集团董事长石志刚作为土生土长的花垣人，主动承担起带动十八洞村农户脱贫致富的一份责任，带领团队到十八洞村调研，寻求破解方法。

在充分征求村民意见和论证的基础上，石志刚决定和十八洞村一起，采取"飞地经济"的模式，在土地平坦肥沃的花垣镇共同发展猕猴桃产业，率先探索出"跳出十八洞村发展十八洞产业"异地产业帮扶脱贫道路。

2014年，采取"贫困户+企业+产业项目"的股份合作模式，十八洞村全体村民、十八洞村委会、花垣县苗汉子野生蔬菜开发专业合作社，合股成立了"十八洞村苗汉子果业有限责任公司"，在兴农园社区流转1000亩土地，建设了猕猴桃产业园。

经过三年挂果期，2018年，猕猴桃开始盛果，为解决农产品销售问题，石志刚带领十八洞苗汉子果业公司大力开拓市场，成功与多个商家签署销售合作协议，通过线上线下销售相结合，实现了港澳直通。当年，十八洞猕猴桃实现销售额800万元，建档立卡户每人收益1200元。成果初显后，该产业园周边复制这种飞地模式种猕猴桃的面积已达3000亩。

石志刚把企业的利益与贫困农户的利益紧紧地联系在一起，致力于实现家乡的脱贫致富，带动花垣县3个乡镇61个村的建档立卡贫困户2911户11142人脱贫致富。湘西苗汉子集团公司获全国"万企帮万村"精准扶贫行动先进民营企业表彰。

鑫土地果木专业合作社"授人以渔"
让身边村民成为种植能手

初夏季节，鑫土地果木专业合作社的花园式基地——林木山农业生态观光园，应季的桃子、枇杷、李子挂满枝头，红的绿的各种园林苗木花卉竞相生长。在湘、鄂、渝、黔，说起鑫土地果木专业合作社，可是声名远播。

合作社先后创建了15个生产示范基地，接待参观学习数千余人次，年均推广果木繁殖、栽培、管理等新技术四项，年均开展技术培训24期，示范带动周边700多农户发展现代农业。2019年，合作社的120余户苗木种植户平均年收入6万元以上。

10余年间，合作社从一个名不见经传的小合作社成长为国家级示范社。州政协委员、州工商联执委、吉首市鑫土地果木专业合作社理事长梁通尧坦言，合作社果木产业的大发展得益于学科技、引项目。

"当年，虽有果木种植作为当地特色产业，却常遭遇技术缺乏、市场消息不灵通等难题，村民脱贫致富难实现。"梁通尧说，合作社组建后，采取"合作社+基地+成员"的方式，主要经营有园林花卉、果品苗木、农业生产资料、果木包装、技术服务等。

梁通尧特别注重通过培训，提升全州果树园艺技术人员的水平及农村现代化成产力。通过与中国农业科学院、北京农林科学院、湖南农业大学以及浙江农业大学等科研院所合作，大力提升研发、制种、培育的效率。梁通尧不仅自己掌握育苗、食用菌、果树栽培等多项技术，还获得了"袁隆平科技奖"。

近年来，合作社为土家族、苗族群众加强培训教育、传授技术，提高劳动技能，先后培训出6820名能独立从业农民技术骨干和2330名育苗技术能手；同时，组建了一支专业的技术服务队为385户育苗大户进行了3500多次的技术指导和咨询，及时帮助育苗户及果农解决了诸多难题，促进和加快了产业发展。

梁通尧说："我们组社的目的就在于将以往的'一人作战'变成'团队作战'，利用社里的技术优势、营销网络和经济实力帮助土家族、苗族等同胞致富。"

12 上佬村清零：跑出致富加速度
——吉首市政协5年倾力帮扶，
让城郊山村华丽变身

李 飞 向绍文

走进吉首市上佬村村民张贵菊的家，映入眼帘的是满堂新——新房子、新电器、新家具。

"从破旧的老木屋，住进敞亮的新楼房，我家的生活越来越好，感谢'政协亲戚'对我的帮助。"曾因病致贫的张贵菊说，家里和村里的变化都得益于吉首市政协的大力帮扶。

上佬村是吉首市74个贫困村之一，过去山绕路窄，贫困率发生率为12%。自2015年吉首市政协扶贫工作队驻村帮扶以来，上佬村于2017年实现整村脱贫出列，2019年贫困户全部脱贫，贫困率降至零。

如今，上佬村有了整洁宽敞的水泥路，光伏发电基地、仓储库房收益喜人，蔬菜大棚规模不断扩大，旅游产业正在形成……这个吉首市的后花园焕发出勃勃生机。

环村路，致富路

上佬村位于吉首市峒河街道北部，离吉首中心城区4公里，总面积5.3平方公里，全村下辖7个村民小组203户868人，共有建档立卡贫困户29户108人。2015年夏天，吉首市政协委员学习联络委主任周开龙成为上佬村支部第一书记、市政协驻村扶贫工作队队长。

要想富先修路。过去，一条蜿蜒小道串起整个上佬村，越往村里走道路越窄。为此，扶贫工作队相继协调资金350多万元，完成了全村道路硬化，并对所有串户窄路进行加宽。现在，上佬村已修通了环村公路，村民进村、出村不需要走回头路。村民种植的瓜果蔬菜，可以很快捷地运往吉首市区。

"村民们都感慨这条环村路是产业路,还是脱贫致富路。"周开龙说。

近年来,在扶贫工作队的帮助下,上佬村有了太阳能路灯,修建了民族文化亭、篮球场,体育健身设施也相继建成投入使用,还新建了村级活动中心、村卫生室、生活污水处理项目……

蓝天白云下,稻禾迎风起浪,童叟妇孺欢声笑语,过去贫穷封闭的城郊山村正被一幅幅美丽乡村新画卷所替代。每逢周末,经常会有城区市民来村里游玩,采摘新鲜蔬果,休闲垂钓放松心情。上佬村正成为吉首市城区的一个后花园。

户帮户,亲帮亲

今年年初,吉首市政协召开2020年上佬村脱贫攻坚工作专题部署会,研究制定上佬村脱贫攻坚工作计划及审定结对帮扶干部因户施策帮扶措施,主要领导及分管领导每月都会到村开展调研,指导疫情防控、党建、脱贫攻坚等工作。

从小家庭脱贫到大村庄致富,过去的五年里,上佬村的每个角落都留下了吉首市政协人帮扶的坚实足迹。

"沉下心,俯下身,以认真的态度和踏实的作风,充分发挥政协优势,为打赢脱贫攻坚战贡献政协智慧和力量。"上佬村成为市政协的联点帮扶村以来,吉首市政协主席陈刚每年都会多次深入贫困户家中拉家常、问情况、解难题,并多次围绕村里帮扶项目召开现场办公会,及时协调解决出现的问题和困难。对结对的建档立卡贫困户吴爱国、吴祖红,陈刚悉心帮扶。

吴祖红一家五口,自己和妻子都患有疾病,还有两个上中学的孩子。在陈刚的帮扶下,吴爱国经营着一个蔬菜大棚,培育了6亩蔬果,他的妻子在城区一家企业打工,家里的生活越来越好。吴爱国得到陈刚的帮助后,种植有机蔬菜,家庭收入稳定,日子也红火起来了。

建档立卡贫困户张贵菊曾因病无法从事重体力劳动,生活一度陷入困境。自市政协秘书长肖苗兵与其结对"认亲"后,一起想办法谋出路,在2019年顺利脱贫。

5月底,吉首市政协志愿服务队来到上佬村,同扶贫工作队一起开展"户帮户亲帮亲,互助脱贫奔小康"主题活动,在送去爱心物资的同时,鼓励贫困户树立信心,振奋精神,把脱贫成果巩固好,把日子过得更精彩。该活动是近年来吉首市政协坚持开展的一项助力脱贫攻坚的亮点履职活动。

产业兴,村民富

产业是脱贫致富、乡村振兴的关键。市政协驻村扶贫队在改善上佬村基础设施条件的同时，积极推动各类脱贫产业项目实施，先后投入资金748万元，累积新建了40余个蔬菜大棚、46亩蔬菜基地、培管茶园17亩，带动29户贫困户108人脱贫。

此外，扶贫队还在村里新建了一个面积达1000平方米的仓储库房，通过租赁每年可为村里增加15万元收入，其中6万元用于给建档立卡贫困户分红。今年是上佬村光伏发电项目建成的第三年，每年可为村里增收2万多元。

上佬村土质特殊，种植的蔬果因富硒含量更高，深受人们喜爱。当下，分布在全村各处的蔬菜基地上，各类蔬菜瓜果长势喜人。如今，种植蔬菜成为全村主要的经济收入来源。29户脱贫贫困户大多都是因种植蔬菜甩掉了穷帽子。

在四面环山的上佬水库内，一群群白鸭正浮在水面。贫困户石茂才在负责管理水库之余，养殖了一百多只土鸭，一年下来可增收1万多元。

今年春耕时节，扶贫工作队及结对帮扶干部走进帮扶户家中及田间地头，指导春耕生产，并落实建档立卡户2020年上半年产业奖补政策。

尽管上佬村已脱贫摘帽，但吉首市政协的帮扶并未止步，切实将脱贫不脱责任、不脱政策、不脱帮扶、不脱监管落实落细。

目前，围绕上佬村丰富的水库、天然石林、滴水洞等自然旅游资源，市政协正着手制订开发规划，带领全村脱贫致富，实现乡村振兴。

13

发挥政协力量　助力脱贫攻坚
——凤凰县政协精准帮扶两个山村纪实

刘敏婕　向绍文　杨思怡

"贫困群众你莫慌，中央派人来相帮。咱村水土有特色，瓦坪大米传四方。一垅金黄稻谷香，几十一斤笑哈哈。本是旧时皇贡米，现今脱贫就靠它。"一首《瓦坪村产业之歌》，生动地唱出了凤凰县瓦坪村通过种植优质大米带动村民脱贫的故事。

自 2015 年起，凤凰县政协在茶田镇瓦坪村和砂罗村驻村扶贫，曾经全县闻名的落后村旧貌换新颜，两个村子已于 2017 年整村出列，但工作队一直坚持驻村帮扶。如今，老百姓日子过得舒心了，歌儿也唱得更欢快了。

"近年来，全县政协人充分发挥政协联系面广、智力密集的优势，在凤凰县脱贫攻坚的征程中，贡献了政协智慧和力量。"凤凰县政协主席田茂君表示。

选好砂罗脱贫带头人

茶田镇砂罗村是一个地道的土家村寨，建档立卡贫困户 57 户 220 人。村子依山傍水环境优美，曾经却是一个出了名的"涣散村、落后村、上访村"。

"干群关系不融洽，群众不团结，是砂罗村迟迟发展不起来的最大原因。"县政协驻砂罗村帮扶工作队队长黄显鑫坦言，过去由于村支两委班子年龄偏大、管理涣散，群众基础差、工作难推动、上访逐年增多，群众打架斗殴时有发生，一条村组道路因占用群众田土做不通工作，加宽硬化几年无法完成。

"协商是政协特色，请县政协来化解矛盾。"2015 年，凤凰县把砂罗村脱贫攻坚这块"难啃的骨头"交给了县政协。通过挨家挨户走访，工作队深深感到：砂罗村必须选出一个能服众、有干劲的带头人。

2017 年 4 月，正值砂罗村村支两委换届选举。扶贫工作队将在浙江办企业的田仁稳请回村里参加竞选，他顺利当选村党支部书记。有了好的带头人，在县政协的支持下，砂罗村基础设施和产业建设稳步推进：完成了三条村组道路扩宽、硬化及其他各项建设，发展了辣椒、稻花鱼、雪茶、红香椿、猕猴桃等产业。三年来，砂罗村未发生一起打架斗殴、上访案件，2018 年被县里评为先进基层党组织。

砂罗村脱贫村民田平燕，前几年修房子欠了外债，家里生活陷入困顿，工作队建议他种植凤凰雪茶，并带着技术人员上门手把手地教。去年他承包了 70 多亩地种植雪茶，还种了五六十亩猕猴桃，雇了十来个村民打理，把之前的借款都还清了。

村民田宏令承包了 80 亩农田种植猕猴桃，目前已经挂果，"等到 8 月份成熟，外地老板就会过来收货，基本上不愁价钱和销路"。

打响瓦坪生态大米品牌

瓦坪村位于茶田镇东北部，有建档立卡户 58 户 223 人，有耕地面积 1537亩。独特的气候水土等条件为水稻种植提供了天然优势，瓦坪大米的优良口感早已远近闻名，但以往村民各自为政，没有形成品牌合力。

"瓦坪大米口感非常好，以前 2 块多一斤，现在能卖到 8 块一斤。"县政协驻瓦坪村帮扶工作队队长田宗平介绍，在工作队与村支两委的共同努力下，瓦坪村成立佳富种养专业合作社，瓦坪大米形成规模化、规范化种植，逐步走出了一条致富路。

"除了大米，工作队还带着我们种植蚕桑叶和药材黄精，只要是适合我们脱贫的产业，他们都带着我们试着做。"瓦坪村村民刘青霞说，村里的基础建设也大变样：公路修好了，建设水利设施、村卫生室和学习活动室建设，完成村广播和电灯亮化工程建设……乡里变得跟城里一样便利。

目前，瓦坪村建起了优质稻米生产基地，种植了 500 多亩稻米，亩产在 500公斤左右。田宗平介绍，目前瓦坪大米已经注册了商标，逐渐打响了"原生态优质大米"的品牌。

充分发挥政协特点和优势

"凤凰县政协不仅是'助力'脱贫攻坚，政协领导们都有丰富的基层工作经验，扎扎实实地在脱贫攻坚一线冲锋陷阵。"湘西州政协副主席、凤凰县委书记颜长文如此评价。

按照凤凰县委统一安排部署，精准扶贫工作实行县级领导包乡负责制，县政协领导班子成员全部参与其中：县政协主席田茂君负责阿拉片，包乡茶田镇；全县 17 个乡镇 186 个贫困村，政协领导成员参与负责的有 8 个乡镇 83 个村（社区）。

"田茂君主席和各位县政协领导经常到砂罗村和瓦坪村来考察、指导，并帮助村里解决问题。"田宗平说，县政协领导要求他们不能满足于现状，要有行动有实效，遇到困难大家一起解决，在脱贫攻坚决战决胜的日子里，一定要坚定信心，圆满完成任务。

瓦坪村村民姚本仁家境贫寒，女儿考取大学后交不起学费，愁得直掉眼泪。县政协驻村工作队在"湘西为民"微信群里发布了消息，短短几天就收到善款 1 万多元，解了燃眉之急。

据不完全统计，凤凰县政协以委员小组、界别、个人等形式每年开展种养殖产业知识培训活动 6 次以上，培训对象 2000 余人次，捐赠资金及各类生产资料、生活用品折合均为 10 万余元。

省州县三级委员 211 人共联系帮扶建档立卡户 632 户，帮扶项目 24 项，联系协调投入资金 2560 多万元，支助贫困学生读书 203 人，扶持建档立卡户就业 270 人。

"政协所具有的人才荟萃、联系广泛、渠道畅通的特点和优势，几年来在我们聚焦精准扶贫建言资政和开展'三个一'扶贫行动中有了充分体现。"田茂君说。

14

沙坪新风貌: 村民生活节节高
——花垣县政协高质量开展精准帮扶纪实

许望桥　向绍文

"公路修到家门口，产业帮扶到屋头，房前屋后绿幽幽，精准扶贫有奔头……"花垣县麻栗场镇沙坪村村民传唱的这支山歌，表达着脱贫后的喜悦心情。

2015 年，花垣县政协联点帮扶沙坪村以来，通过一系列精细化的扶贫举措，让昔日的贫困村华丽变身：崭新的村部、宽敞的文化广场、平整的水泥路和入户的自来水；茶田、烟田、辣椒田里，随处可见村民忙碌的身影，村民们的日子越来越有奔头……

联点帮扶有力度

"全村 1020 人，现在只有 2 户 2 人因病因残致贫户没有脱贫，但我们种了540 多亩茶叶、400 多亩烟叶，预计每亩可以收入 2000 至 3000 元，还种了西瓜、辣椒，养了山羊。通过扶贫政策，加上村集体分红，这两人今年脱贫完全没问题。"说起村里的脱贫情况，沙坪村村支书龙云娥充满信心。

自县政协联点帮扶以来，花垣县政协主席杨清泉多次到村里现场办公，与当地干部群众研究脱贫规划、项目，帮助协调解决资金短缺、项目建设等难题，并指导驻村帮扶工作队开展工作。杨清泉还走进贫困户家中，详细了解脱贫情况，并就增加收入、产业发展提供思路和建议。

为更好地推动沙坪村经济社会发展，县政协与镇、村建立了三级联系机制，通过深入走访调研、发放民意调查表等形式了解村情民意，并按年度分步实施产业发展规划。2015 至 2017 年，县政协为沙坪村衔接落实扶贫项目 15 个，整村推进路灯亮化工程、危房清零等工作，并帮助村党支部建立健全了基层党建责任制度，积极开展"户帮户、亲帮亲、互助脱贫奔小康"等活动。

2017年，沙坪村贫困发生率由13.08%下降到0.39%，摘掉了贫困帽子，进入脱贫成果巩固提升期。

"全村虽然退出了贫困村序列，但县政协的帮扶没有结束，驻村扶贫工作队也没有离开。"龙云娥说，在县政协帮扶下，沙坪村制订了2018至2020年脱贫攻坚方案，明确了特色产业、教育培训、集体经济发展等重点任务，通过落实交通补贴、技术培训等措施，鼓励、引导本村青壮年劳动力外出打工，并按照"八看三促两紧盯"工作方法，扎实开展建档立卡贫困户"清零行动"。

"三个一"行动有温度

每年沙坪村的西瓜、辣椒等果蔬成熟后，县政协领导、驻村扶贫工作队、村支两委干部都会全体出动，帮助贫困群众联系销路，解决农产品销售问题。

沙坪村村民陈金贵是杨清泉的结对帮扶户，家里有8口人，人多地少，孙媳妇还患有精神疾病，家境贫困。杨清泉鼓励陈金贵通过种植辣椒、西瓜，让儿子、孙子外出务工，增加家庭收入，家里状况得以改善。

2019年4月，一场突降的暴雨侵袭了陈金贵种植的辣椒苗，受损面积达3.5亩，让刚脱贫的家庭面临减收，陷入困境。得知陈金贵家受灾后，杨清泉立即上门察看情况，并叮嘱陈金贵树立信心，掌握好技术，重头再来，并给予生产资料帮扶。面对鼓励，陈金贵重拾信心，再次购置新苗培植，去年收获2万多元。今年，他种植了4亩多辣椒。

沙坪村建档立卡贫困户龙金元，妻子和小儿子都患有智力残疾。2015年，驻村扶贫工作队来到村里时，龙金元大儿子正读高中，一家人住的是四面透风、屋顶漏雨的危房，是全村最困难的家庭之一。

得知情况后，杨清泉主动结对帮扶龙金元，一方面协调危房改造资金，对房屋主体进行修缮；另一方面鼓励龙金元通过劳务和发展产业脱贫，并协调医疗、教育等扶贫保障政策落实。

如今，龙金元成为村里的西瓜种植大户，一家人的居住环境得到极大改善。2018年，他的大儿子考上大学，放假期间通过打工挣取生活费，还给家里添置了洗衣机、冰箱等电器。

"龙金元的精神面貌也变了，以前不太愿意和村里人打交道，现在很关心村集体工作，村里搞建设，他主动来帮忙。陈金贵炒得一手好菜，村里有集体活动，他经常主动来帮厨。"龙云娥感慨，每个政协帮扶干部都有故事，他们真正做到了贫困户缺什么，政协就帮什么。

近年来，县政协领导班子成员和机关干部积极开展"三个一"扶贫行动，县政协创新建立健全了"三个一"扶贫行动参与情况、参与程度的管理、考核机制，将参与情况作为委员考核的重要内容，定期集中通报、表彰。

议政建言有高度

在全县全面决胜脱贫攻坚战的关键阶段，县政协高强度、多频次深入联系乡镇村开展帮扶，县政协三位领导分别担任县交通扶贫、健康扶贫、人饮安全三个指挥部的指挥长。主席会议成员带队，每月开展为期10天的精准扶贫"空城行动"，对所有农户进行全覆盖走访，努力实现"三清零"，确保不错一个、不漏一人，提高群众满意度。

与此同时，花垣县政协围绕打赢脱贫攻坚战相关课题，积极议政建言。

2018年，县政协组织专委会、政协委员和相关部门、企业负责人，开展"推进全县农业产业扶贫"专题调研，委员们提出的延长产业链，提高附加值；增强市场意识，培育特色品牌等意见、建议，得到县委、县政府及相关部门的积极采纳。

2019年，县政协围绕"探索扶贫利益联结机制，促进脱贫攻坚"课题开展专题调研，提出了进一步完善创新扶贫利益联结机制，提升组织化水平等建议，为县委、县政府决策提供了有力参考。

此外，县政协还对农村人饮安全、教育扶贫等三项工作涉及的县直部门开展民主监督，对特色种植业发展情况、健康扶贫落实情况、人饮安全实施情况、乡村道路提质改造等六项工作，开展专项视察，进一步促进相关部门落实政策、转变作风。

15

齐心拔穷根　同心谋发展

——政协力量助推古丈县脱贫摘帽

陈尽美　向绍文　王素文

山势高峻，沟深谷窄，这是位于武陵山脉中心腹地古丈县的真实写照。

古丈县人均耕地不足一亩，曾是国家扶贫开发工作重点县和国家级深度贫困县。近年来，通过脱贫攻坚战，古丈县发生了巨大变化，2019年实现整县脱贫摘帽，退出贫困县行列。

"我们充分发挥了政协组织、政协委员的担当，全程参与全县脱贫攻坚，在助力脱贫摘帽中贡献了政协智慧与力量。"古丈县政协主席向加茂表示，下一步，县政协将按照全省政协系统助力决战脱贫攻坚座谈会的要求，组织政协委员、机关干部深入贫困户、农户家中，逐步走访，扎实完成"回头看"，为迎接国家脱贫攻坚普查工作的开展，打下坚实基础。

结对精准帮扶　拉近群众距离

"三个一"扶贫行动和"助力巩固脱贫成果帮扶活动"开展以来，古丈县政协高度重视，制定了切实可行的实施方案，成立了专门的领导小组，同时，把落实县委"三联"帮扶机制和联系贫困村工作作为围绕中心、服务大局、参政议政、推动发展的有力抓手和有效途径，切实加强指导。

每个月翻山越岭去结对帮扶贫困户家中少则一次，多则三四次；每一次走访帮忙搞卫生、干农活，同时共商脱贫计划，落实帮扶措施……精准扶贫工作开展以来，古丈县政协机关倾情帮扶坪坝镇板栗村和溪口村，23名干部职工与86户贫困户结成了帮扶对子，共绘脱贫攻坚奋进图。

向加茂负责联系坪坝镇，主抓教育扶贫和健康扶贫，联系三个扶贫村。副主席梁福荣、向午平、粟继红、沈仁春、舒长茂均协管不同工作，并分别联系三至四个贫困村，每月至少到联系点督导扶贫工作一次以上，走访贫困户10户以上，推进和落实各项扶贫政策，协调督促各村做好扶贫资料，研究解决各村在脱贫攻坚中遇到的困难。

几年来，县政协机关共协调资金3800余万元，用于机关帮扶贫困村公共服务建设、基础设施建设和美丽乡村建设，机关干部职工累计送上慰问金30余万元帮扶困难群众。目前，板栗村、溪口村均已整村脱贫。

"通过精准扶贫，政协干部深入基层，真正与贫困户结亲戚。这个过程很辛苦，但我们与基层群众的距离拉得更近了。"向加茂感慨。

委员广泛参与　彰显政协力量

"全县政协委员广泛参与扶贫帮扶，委员们每个月至少到贫困户家中走访一次，通过多种方式推动精准扶贫，彰显了政协力量。"向加茂介绍，帮扶行动开展以来，古丈县政协充分发挥政协委员的优势和作用，组织政协委员进一步深入基层、了解民情，从实际出发找准帮扶切入点，在临时救助、教育助学、产业开发、技能培训等方面进行了帮扶。目前，全县政协委员结对帮扶实现了全覆盖。

工商联界委员认真落实"万企帮万村""千企联村"精准扶贫行动和精准扶贫"十项工程"等工作要求，积极参与结对帮扶行动。据统计，全县30家委员企业实施79个项目，帮扶59个贫困村，累计投入资金3.5亿元，帮扶贫困人口5771人。

胡维霞委员致力发展茶叶产业，在坪坝镇开发茶叶3500余亩，与896户贫困户结对共同发展；龙飞委员发展墨戎苗寨乡村旅游，安排47名贫困人口就业，与村民一起分享发展民族文化旅游带来的成果……各界别政协委员发挥各自所长，各尽所能，积极参与"三个一"扶贫行动，深入贫困地区开展爱心捐赠、送医下乡、就业辅导、产业开发等各具特色的帮扶活动，并影响带动所在单位和身边人员参与结对帮扶。

近年来，县政协聚焦精准扶贫工作，组织政协委员围绕全县脱贫攻坚工作进行大会协商发言，先后围绕"油茶产业发展""茶叶加工销售企业运行情况""发展生产脱贫"等调研协商的重点课题，制订详细的协商监督和视察调研方案，形成了一批调研协商成果，供县委、县政府决策参考。

助力产业发展　巩固脱贫成果

在溪口村，为助力当地发展茶产业，县政协因地制宜，依托古阳河茶业，巩固已开发茶园1192亩的栽培管理，村内共有200余人在茶厂务工；新开油茶

2000 亩，预计受益群众达 386 人。

在板栗村，县政协助力当地集中连片开发茶叶种植面积 120 余亩，并与古阳河茶厂签订协议，保证农户后期产品销路。同时，邀请县农业局专业技术人员入村开展实用技术和技能培训，使农村富余劳动力掌握了一技之长，劳务收入明显增加。

茶产业蓬勃发展，扶贫成效明显，离不开完善的基础设施。

硬化八个组的村间主干道，新修大桥两座，人行桥一座；新建篮球场一个，卫生室两个，文化戏台两个，图书室一个，停车场一个；危房改造 81 户，安装太阳能路灯 533 盏……这是近年来溪口村完善基础设施、夯实发展基础的一组数据。

板栗村建设了村级公共文化活动中心等民生项目，实现一个自然寨一个凉亭全覆盖，方便百姓日常歇息；化解通讯弱的难题，实现了网络全覆盖；解决了饮水难问题。

"精准扶贫使古丈县农村面貌发生了翻天覆地的变化。"向加茂表示，下一步，县政协将按照省政协、州政协和县委的要求，抓好脱贫攻坚与乡村振兴的有序衔接，通过社情民意信息、提案、调研，对党委、政府提出有前瞻性、有操作性的建议，进一步巩固古丈县脱贫攻坚的成果。

16 吉铁村之变：产业从零到遍地开花
——强基础、扶产业、促增收，保靖县政协精准扶贫三部曲

许望桥　向绍文

"即将出栏的猪仔已被预订一空，现在黑猪养殖每年能为村集体带来4万多元收入。"近日，说起村里的产业发展，保靖县水田河镇吉铁村支书梁华成喜上眉梢。

近年来，在保靖县政协的倾力帮扶下，村里不仅发展了黑猪养殖产业，还建立了花椒、油茶、中药材合作社，村民集体入股分红，家家户户都有稳定收入。村容村貌变了模样，全村道路得到硬化，自来水接进了家，屋内屋外亮堂堂。然而，6年前的吉铁村，还是一个道路坑坑洼洼、房子破破烂烂、村集体没有产业的贫困村。

"保靖县是国家确定的第一批革命老区县、深度贫困县。"保靖县政协主席梁远新说，在县委、县政府的领导下，近年来县政协认真落实精准扶贫各项工作决策部署，全力投身脱贫攻坚工作，为2019年全县脱贫摘帽贡献了政协智慧和力量。

驻村帮扶　真抓实干出成效

2014年4月，吉铁村被定为保靖县政协的扶贫联系村。县政协领导多次入村现场办公，入户与村民交谈，并确定了"加强基础设施建设、因地制宜发展当家产业"的脱贫思路。

在此基础上，县政协迅速组织机关干部进村入户开展"结对认亲"帮扶活动。每名机关干部联系三至五户建档立卡贫困户，通过摸底调查，全面了解贫困户生产生活情况及致贫原因，并提出具体帮扶措施。

当时的吉铁村交通闭塞，一条入村的毛坯路坑洼不平，遇上下雨下雪天，村

民出行困难，物资的运输全靠肩扛背挑。为加快吉铁村公路硬化工程建设进度，县政协多次组织开展协商监督活动，推动相关问题解决。2015 年底，公路硬化工程完工，主干道安装了太阳能路灯，赢得村民一致好评。

过去村里两个小组 600 多人的安全饮水一直是大难题，为此县政协驻村扶贫工作队与村支两委干部一起翻山越岭找到了水源，但因取水管铺设要占用村民的田地，项目进展缓慢。县政协又组织帮扶干部上门上户，做通了村民的思想工作。2017 年，村里投资 66 万元的自来水项目顺利完工，家家户户都用上了自来水。

在扶贫队的帮扶下，全村人居环境得到极大改善。2017 年村里实施庭院改造，为村民维修和新建厕所 126 个，村级服务中心、电网改造升级、危房改造等项目同步推进。

2017 底，按照"合作社+村集体经济+土地流转+基地"的发展模式，县政协驻村扶贫工作队与村干部引进当地龙头企业，陆续建成油茶产业合作社、花椒种植合作社、黑猪繁殖养殖合作社。目前，三个合作社每年支付劳务报酬 25 万元，与全村相对贫困人员利益联结率达 100%。

通过三年多的努力，吉铁村在 2017 年实现整村脱贫。

聚焦脱贫　积极建言献良策

"县政协各项重点工作，都是围绕脱贫攻坚实施重点来安排。"梁远新介绍，近年来，县政协积极围绕涉及脱贫攻坚工作的发展规划、政策及重大项目安排，积极主动地开展调研协商，适时组织专题调研和重点视察，形成切实中肯的意见和建议，为县委、县政府决策提供参考。

2018 年，围绕"实现贫困人口住房安全有保障"课题，县政协开展了农村人居环境整治情况专项视察，并形成调研报告。2019 年，围绕医疗救助帮扶、教育发展脱贫、农村土地经营权流转、农村危旧房改造和易地搬迁、精准扶贫精准脱贫政策措施落实等重大问题和群众普遍关心关注的民生问题，共组织开展调研视察 10 余次，形成调研视察报告 10 余份，提出意见建议 60 多条。县委、县政府高度重视调研视察成果转化，大部分意见建议得到吸收采纳。

同时，县政协组织和引导广大政协委员深入调查研究，密切与贫困群众的联系。每年的县政协全会上，委员围绕脱贫攻坚，就教育脱贫、产业脱贫、危旧房改造等方面作协商发言，很多意见建议得到县委、县政府及有关部门的采纳。

为确保精准扶贫工作顺利推进，县政协共选派 40 余名委员担任行风评议员，组织 70 余名委员参与了对部分党政部门班子建设、执法执纪、工作作风等进行行风评议, 有力地推动了职能部门作风的转变。

用心用情　扶贫济困暖民心

县政协委员龙献英依托黄金茶产业, 在葫芦镇带领467户贫困户稳定脱贫; 县政协委员彭媛成立的猕猴桃合作社, 每年为66户贫困户分红4.8万元, 支付用工薪酬27万元; 县政协委员向顺国每年筹资1万元资助5名贫困学生……

近年来, 省政协倡导的"三个一"扶贫行动在保靖县全面展开, 扶贫产业遍地开花, 帮扶故事广为流传。在县政协的影响下, 全县各界爱心人士也积极投身脱贫攻坚, 帮助建卡贫困户增收致富。

县政协主席会议成员联系了26个村, 每人帮扶4户贫困户。全县政协委员共结对帮扶600余户贫困户, 坚持定期走访, 同吃"连心饭", 帮助解决具体问题。委员们的真情帮扶, 赢得了群众的称赞。

在帮扶过程中, 委员们及时掌握贫困群众的思想动态, 发现问题及时跟进, 并运用政协云、政协工作动态等平台, 宣传脱贫攻坚政策、推介典型经验和工作成效等, 积极营造全社会参与脱贫攻坚、服务脱贫攻坚的浓厚氛围。

17

高山村寨美　脱贫产业兴
——永顺县政协用心用情用智帮扶

陈尽美　向绍文

"县政协扶贫工作队不仅帮我们把村里水电路灯修好了，还帮我们推进产业发展。""以前去一趟县城要 4 个小时，现在 1 小时就可以到。""过去村里电费是 2 元多 1 度，现在 0.58 元 1 度。"……6 月 12 日，《湘声报》记者走进群山环绕的永顺县万坪镇万福村，听到了村民们发自肺腑的感叹。

万福村的变化，体现着永顺县政协深入推进精准扶贫的成效。近年来，永顺县政协用心用情用智帮扶万福村和朗溪乡云盘村，推动高山特色村寨走向乡村振兴。2019 年，这两个村实现整体脱贫。

深入参与真情帮扶

2016 年 11 月，永顺县政协换届后，县政协主席曾维秀与县政协机关人员、相关单位负责人来到云盘村和万福村，实地走访调研。

"我们认真听取村支两委成员、党员、群众对扶贫工作的意见建议，结合实际和政策，制订了扶贫规划。"县政协副主席胡廷民介绍，自精准脱贫攻坚工作开展以来，县政协领导、干部全程、全方位深度参与到扶贫工作中。

走村寨访农户，为群众和村支两委解决疑难问题；在田间地头举办养猪、养蜂、种茶、种黄桃等培训班；开展"心连心"送温暖、"健康义诊"等活动……成为永顺县政协开展扶贫工作的一个个剪影。

省政协发出开展"三个一"扶贫行动的号召后，永顺县政协积极响应，用心用情用智创新落细落实行动。目前，全县 215 名县政协委员、29 名住县州政协委员、1 名住县省政协委员共与 962 户 3315 人完成结对，为联系的贫困户实现增收 1000多万元，资助 653 名贫困学生完成学业，帮助贫困家庭 1357 人解决了就业。

委员们充分发挥自身优势，用真心真情帮扶贫困家庭。昌远平委员帮助贫困户繁育时鲜水果，不仅让贫困户有了稳定收入，还带动一批贫困户通过种植走上致富路。企业家委员优先考虑为贫困劳动力设好岗就好业。贫困户丁文福有三个孩子在上学，熊中华委员主动结对帮扶，对其进行技术培训，并安排他在自己的公司从事机修工作，平均每月工资5500元，解决了家庭困难。

"真扶贫、扶真贫、真脱贫"的例子，在委员中比比皆是。

因地制宜发展产业

走进群山之中的万福村，一座座村寨坐落在连绵起伏的青山间。梯田水稻绿意盎然，蜿蜒山路上茶树郁郁葱葱，山腰的黄桃园已迎来了丰收季。

万福村平均海拔630米，最高海拔1100米，属于高海拔地区。陡峭的山峦、偏远的位置，让它一度陷入贫困。如今，在永顺县政协的帮扶下，依靠绿水青山的环境、资源优势，大步迈向乡村振兴。

近年来，永顺县政协先后争取各类资金2000多万元，为万福村和云盘村分别实施了农网改造、人畜饮水、机耕道、亮化、美化等扶贫工程，切实改变了村容村貌和生产生活条件，让群众切实得到了实惠。

脱贫致富发展产业是关键。县政协针对万福村和云盘村的实际情况，加大产业扶贫力度。在特色养殖上下功夫，发动湘西黑猪、特色山鸡和稻花鱼养殖，年均可创收25万余元；发展特色种植，云盘村发展香菇产业5万棒（50个大棚），以能人带动、建档立卡户参股分红的形式，实现全村41户建档立卡户受益。

为因地制宜发展产业，县政协多次组织责任单位和工作队请专家论证，在万福开发茶叶300亩、种植黄桃300亩，成立黄桃产业和茶叶产业合作社两个，并通过分红模式与村里签订了利益连结机制，实现了贫困群众户户有当家产业，村里有稳定的集体经济收入。

如今，万福村基础设施不断完善、产业发展初具规模，吸引投资商前来打造乡村旅游产业。"规划建设中的S256公路通车后，万福村离永顺县城仅15分钟车程，独具打造县城后花园的优势。当地高山梯田观光和特色民居，将为万福村旅游产业发展带来重大机遇。"县政协驻万福村扶贫工作队第一书记兼队长彭继伟说。

立足优势建言献策

永顺县是国家扶贫开发工作重点县，也是武陵山片区区域发展与扶贫攻坚试点县。近年来，县政协充分发挥职能作用，倾力助推武陵山片区脱贫攻坚。

县政协常委会紧紧围绕全县扶贫攻坚的重点难点问题，把精准扶贫、精准脱贫作为履职重点，广泛开展调研视察。先后深入 7 个乡镇了解油茶、莓茶、绿茶、猕猴桃、大米、白皮柚等产业发展情况，召开座谈会 15 场次，形成《首万片区更好推进产业扶贫调研报告》《松柏镇产业扶贫调研报告》等调研成果。

此外，开展"助推永顺县承接产业转移示范区建设"和"大力发展产业，推进乡村振兴"专题调研，先后赴福建省莆田市、新化县、长沙县考察学习，召开座谈会 12 场次，形成《大力发展产业、推进乡村振兴》等调研成果，为县委、县政府推进扶贫攻坚工作发挥重要参谋作用。

县政协各专委会广泛开展对口协商和调研视察活动，先后围绕农村安全饮水、文化旅游等课题开展协商、调研活动，形成 6 篇高质量调研报告，所提建议得到有关部门的采纳落实，并转化为推动工作的切实举措。

同时，认真做好牵线搭桥、联络服务工作，把政协委员的影响力和感召力作为团结各方、汇聚资源的独特优势，广泛动员社会各界人士通过招商引资、投资兴业、创办实体等多种形式推动扶贫开发，共同凝聚起推进精准扶贫的攻坚决心、行动共识、强大合力。

18

雷音新气象：治穷貌，更治穷根
——龙山县政协倾力帮扶

陈 彬 向绍文 曾凡勇

群山环绕之中，龙山县兴隆街道雷音社区正以天然氧吧的独特魅力，吸引着越来越多的人前来游玩。

谁能想到，这个距离县城仅 5 公里的社区，曾经饮水困难、交通阻隔、产业乏力、居民矛盾较突出……一度是个令人头痛的地方。

改变发生在 2016 年。龙山县政协驻村扶贫工作队进驻雷音社区后，在县政协的支持下，通过不懈努力、真情付出、创新帮扶，让雷音社区改变了模样，村容村貌变美了，村集体经济发展了，村民之间也变得和睦了。

拉通致富路

地势相对较高、植被茂密的雷音社区，有 5 个居民小组 288 户 1068 人，其中建档立卡贫困户 31 户 121 人。

"要以实际行动诠释人民政协为人民的情怀，要实实在在、真情实意帮扶，使贫困群众切切实实得到实惠。"县政协联点帮扶之初，县政协主席吴少叶提出这样的要求。

2016 年初，龙山县政协提案委主任贾阳升成为雷音社区党支部第一书记、县政协驻村扶贫工作队队长。到社区后，他用 4 天时间进门入户，倾听民声，了解民意。

贾阳升发现，雷音社区断头路多，且 5 个自然组互不通路。他提出帮扶工作的第一步——以拉通断头路作为突破口，打通雷音社区的致富路。

"你想修通这条路，除非从我身上碾过去！""我们不同意！"……修路这个原本对大家都有好处的事，却因部分组之间的矛盾，遭到一些居民的强烈反对。

"路不通，如何脱贫致富？"贾阳升暗下决心，再难也要把路修通。为此，他带领扶贫队员广泛听取意见，隔三差五召开动员大会，逐家逐户做工作，最终化解了矛盾，啃下了这块"硬骨头"。

在县政协以及扶贫工作队的协调下，雷音社区修通了10多条路，近10公里的入组道路硬化实现全覆盖，总计投入1000多万元。与此同时，社区办公楼、饮水工程等相关工程也快速推进。

"路拓宽硬化了，走路骑车都方便了，来这里健步的人也多了。""我们的农产品可以拉出去卖了。"……路通了，生产生活悄然改变，居民们纷纷为扶贫队点赞。

助推产业兴

初夏，雷音社区的茶园里，居民们正在给茶树除草，空气里弥漫着新翻土地的香气。

"目前，雷音社区已种植400亩黄金茶、100万株茶树。今年准备扩大到1000亩，到时可能有近百万元的收益。"贾阳升告诉《湘声报》记者。"人均种植一亩茶，敢把贫困拉下马"，这是雷音社区的产业帮扶目标。

刘培松是雷音社区的种茶大户。2019年，他种了100亩黄金茶，茶苗由政府提供，请了10个工人，其中有6人是建档立卡贫困户。"每人每天有100元的工钱，这也是一笔不错的收入。"刘培松说。

5年来，雷音社区采取以土地入股或租赁流转土地1000亩，共培养出9名种茶致富带头人、26名种养能人，极大地推动了社区经济社会发展。

此外，在县政协驻村扶贫工作队的推动下，一些项目正走进雷音社区：已争取4万元食用菌基地建设项目；已争取100箱6万元中蜂项目；正协调600亩黄金茶叶基地建设项目和高标准良田建设项目；正在争取100万元的茶叶加工项目……

因为这些项目，许多居民开启了新的人生。居民易忠伟为治疗和照顾患病的父母，花费了不少钱。

"贾书记经常来家里嘘寒问暖，给我打气。"易忠伟说，在贾阳升的帮助下，他学习了种植食用菌技术，贾阳升还协调了场地、贷款等事项，并多次派他到外地考察学习。

2018年，易忠伟通过种植食用菌获利8万多元，一举摆脱了贫困。如今，他已成为当地小有名气的致富带头人，还新修了3层楼房。"饮水当思源，我希望能够帮助更多的居民共同致富。"易忠伟说。

入户帮扶忙

几年前,50多岁的王树发患病,没法做重体力活,平时还需要吃药保养,对生活缺乏信心。在结对帮扶王树发后,吴少叶多次上门交流,不仅为王树发明确了产业脱贫的路子,还请来农业专家指导他饲养生猪、肉牛和土鸡。

目前,王树发年收入3万余元,家庭经济条件发生了很大变化。如今的王树发,信心满满:"搭帮党的好政策,感谢扶贫队的帮助和关心,我的日子有了盼头!"

吴少叶与王树发的故事,是雷音社区每天发生的帮扶故事的一个缩影。在县政协以及扶贫工作队的努力下,2018年雷音社区顺利退出贫困行列,贫困户除了5户10个社会兜底对象外,其他26户111人全部顺利脱贫。

目前,县政协工商委员组的16名县政协委员和5位住县的省、州政协委员,正在雷音社区展开结对帮扶,下一步将更有力地推动贫困户脱贫致富。截至目前,雷音社区31户建档立卡贫困户得到社会各界14.08万元帮扶资金。

此外,扶贫工作队还利用中国社会扶贫网、电商淘宝网、芒果扶贫网等平台,帮助解决了31户家庭生活生产方面的困难;用好用足国家小额信贷政策,帮助15户贫困户争取到75万元的小额信贷支持,一批建档立卡贫困户脱了贫、致了富、脱了单。

第四章

县市精准扶贫典型

01 绿水青山好舞台

田应明　欧阳仕君　周胜军

弥足珍贵的生态文化资源，正在回馈湘西大地。

4月14日，湘西黄金茶第四届品茶节在吉首举行。国务院参事忽培元、中央电视台著名主持人董浩、著名作家王跃文、享受国务院特殊津贴的茶叶产业专家包小村等名家闻着茶香而来，他们说，"有这么好的土壤、水质、空气，就一定会有这么好的黄金茶"。

同一天，在凤凰，"跨文化视野中的意大利当代艺术展"举行，"中国艺术家平行展"揭幕。中意艺术家作品荟萃，展示了两国当代艺术家的成就，双方艺术家还就艺术经验一起进行了交流和探讨。凤凰人在微信朋友圈里留下了这样的话：以前我们凤凰的黄永玉到意大利去，现在意大利的艺术家集体到凤凰来。

因绿色而获得发展，因文化而获得尊重，湘西对生态文化不遗余力地呵护，最终赢得回报。可以预见，绿水青山将为美丽、开放、幸福新湘西搭建更为广阔的舞台。

探索"越是民族的，越是世界的"的湘西实践

"自然生态和原生态文化是湘西州最大的优势和最宝贵的财富。"湘西州委书记叶红专指出。

"湘西州始终坚持绿色发展方向，注重经济发展和环境保护的协调一致。"湘西州委副书记、州长龙晓华表示。

2010年中国武陵山区（湘西）土家族苗族文化生态保护实验区挂牌成立，湘西州适时提出了"打造国内外知名生态文化公园"的战略构想与发展蓝图——把州域15000平方公里的土地，作为一个全域生态、全域文化、全域旅游、全域康

养的大公园，进行整体规划、建设和管理。

在"保护第一、开发第二"的方针指引下，湘西州各种弥足珍贵的文物和遗产得到了很好的保护、传承和弘扬。目前全州拥有 26 项国家级非物质文化遗产，100 多个"国字号"生态文化旅游品牌。

2012 年，凤凰区域性防御体系入选了《中国世界文化遗产预备名单》。

2015 年，永顺县老司城遗址申报世界文化遗产成功。拨开 800 年的历史迷雾，老司城——这个中国湘西北地区的政治、经济、文化、军事中心向世人展示了高超的建筑技艺、坚固的军事防御设施、多元的精神文化生活，更向世人展示了古代湘西人高超的政治智慧。

2018 年，泸溪下湾遗址入围 2017 年度"全国十大考古新发现"终评。下湾贝丘遗址是我国南方现存为数不多的古文化遗存地之一，完整保留了史前及历史以来的古文化发展脉络，也是对氏族社会以来人们生产生活宗教信仰的记叙。

"越是民族的，越是世界的。"传承保护湘西原生态文化，并与时俱进地进行丰富和发展，逐渐成为湘西民间的共识。

"钢火烧龙"，是流传于湘西地区，以吉首市马颈坳镇为代表的独具特色的元宵节民间狂欢活动，距今已有 300 多年历史。近几年，在"钢火烧龙"面临失传时，在商业上小有斩获的马颈坳人张孝铭不惜投入巨资抢救保护这一民俗文化。因为他的坚持，"钢火烧龙"的名头更响了，热爱这一民俗的年轻人更多了。

张春海，一位 85 后苗族大男孩，打小热爱苗族挑花。为了传承和发扬这一艺术，他潜下心来，与丝布为伴，飞针走线，专注苗族挑花 17 年，现在成了苗族挑花传承人，多幅苗族挑花作品被国内外艺术馆收藏。

吴廷翠，一个普通农家女孩，从小就听苗歌长大，与苗歌结下了深深的感情。在同龄人普遍外出务工的时候，她却像着了魔一样传播传承苗族文化，遍访武陵山区有名的苗歌师，向他们学习。今年，她带着湘西苗歌走上了《星光大道》……

铸就"诗与远方"的湘西名片

文化是旅游的灵魂，旅游是文化的载体。

依托凤凰古城、永顺老司城、吉首矮寨大桥奇观等金字招牌，依托浦市、里耶、边城（茶峒）、芙蓉镇（王村）四大古镇，依托土家族、苗族两条生态文化乡村游精品线，依托绿水青山，湘西，已然成为国内外游客心中的"诗与远方"。

开拓"诗与远方"，湘西人从来不缺胆气与灵气。

2014 年，吉首人林杰跨行创建了"山谷居民"品牌，矢志用湘西元素打造一批走向世界的民族品牌。一头扎进来后，他首先建成湘西苗族刺绣技艺传习所，并会同相关职能部门一起进行了苗绣行业标准制定工作。到目前为止，"山谷居民"已涉足苗绣、土家织锦、蜡染、文创等多个领域，其产品受到游客的追捧。现在，林杰已拥有 15 家直营和加盟店，经销商及合作伙伴分布在新加坡、北京、上海、浙江、湖南、广西等地。

周明霞，沅水岸边浦市古镇的奇女子，毅然放弃公职，在古镇内的古宅里开办湘西最具特色的客栈——青莲世第，现在已成为湘西文旅的一张名片。李菁，周明霞的学生，毅然放弃大学教师职位，回到浦市开了一家品位不俗的民宿——遇见美宿，在互联网上颇受关注。

成就"诗与远方"的湘西名片，最大的功臣莫过于湘西的绿水青山。

目前，湘西州已拥有三个国家级自然保护区——高望界、小溪、白云山，四个国家森林公园——南华山、坐龙峡、矮寨、不二门，三个国家级地质公园——红石林、凤凰、乌龙山，五个国家湿地公园——峒河、武水、古苗河、酉水、猛洞河，四个国家级风景名胜区——猛洞河、德夯、凤凰、里耶—乌龙山，以及 16 个"国字号"生态品牌。

根植绿水青山，湘西涌现了各具特色的旅游节会，吉首的梨花节、泸溪的葡萄节、凤凰的跳花节、古丈的茶旅节、花垣的桃花节、保靖的农耕节、永顺的油菜花节、龙山的桐花节……节节诗意浓，节节大不同。

从 2018 年起，湘西州还将着力打造"常年有绿、四季有花"的森林景观。同时进行的还有美丽乡村建设三年行动计划、特色民居与传统风貌保护整治四年行动计划。自然的造化与人的努力，必将铸就更加绚烂的"诗与远方"的湘西名片。

一幅山水田园的美丽画卷正徐徐展开，"人在画中游，诗意心中生"的旅游景象就在路上。

打造"绿水青山就是金山银山"的湘西样本

好山好水出好茶，一两黄金一两茶！今年清明前后，湘西茶叶均价每公斤超过 1000 元。

吉首市隘口村，因为种黄金茶，成为著名的没有耕牛的乡村，全村人均 5 亩茶，不仅农民的腰包鼓了，而且旅游前景也被看好。2016 年，隘口苗疆茶谷被评为"全国首批十条茶乡特色旅游线路"。

优质的生态环境，不仅成就了湘西茶叶，也成就了富硒椪柑，成就各类绿色有机蔬菜。仗着得天独厚的生态优势，吉首农民陈平用四年时间，从零开始，发展了 1000 亩黑木耳产业。陈平说，湘西的农产品品牌响，一入市场就供不应求。

如今，全州茶叶种植面积达 31.77 万亩，已成为我州农业特色支柱产业。呈现后发赶超之势的吉首市已发展茶园面积 6.37 万亩，可采茶园 4.19 万亩，带动全市约 2.05 万名建档立卡户脱贫致富。古丈县起步较早，是全国重点产茶县、中国有机茶之乡、中国名茶之乡，全县人均一亩茶，茶产业已成为古丈县最具发展潜力的特色产业，成为农民脱贫致富奔小康的重要支柱产业。保靖黄金茶被誉为湖南省唯一可以喝的"文物"，从吕洞山区到白云山区，种植规模已达 8 万亩的保靖黄金茶正为保靖土家苗寨百姓铺就了一条脱贫的"黄金路"。

优质的生态环境成就了优质的产品，"保靖黄金茶""古丈毛尖""古丈红茶"成为国家地理标志保护产品。

蓬勃的发展态势催人奋进。州委书记叶红专发出号召："力争到 2020 年建成茶叶产业基地 60 万亩、实现产值 50 亿元左右，5 年建成百万亩茶园，未来综合产值达 100 亿~200 亿元，把湘西州打造成国内外有影响力的绿色生态茶产地。"

生态美、环境美、人文美，在围绕打造国内外知名生态文化公园的实践中，湘西州放大了绿色生态和原生态文化优势，彰显了湘西特有的底色底蕴之美。

青山常在，绿水长流；美丽湘西，魅力永恒！

02 乡愁与美丽同行

吴正凯

青山巍峨，绿树掩映，栋栋农舍不时从枝叶间或雾幔中羞涩地露出一角，成片的梯土、蜿蜒的道路，青青的菜园……这是远观十八洞村出现的画面，有如田园诗人王维诗中常呈现的意境。

炒砂通村公路，青石板铺就的户间道、游步道，简约古朴的垃圾桶，青瓦黄墙的特色民居，以及小巷里飘出的酒香和一张张朝你绽开的笑脸……这是走进十八洞村看到的实景。

其实，走进湘西许多村落，都有令你眼前一亮，古朴或精致的民居，灿烂的文化墙，美观的竹木栅栏，布局有序的电网，各具特色的产业……真是美不胜收。

这一切的美，源于五年前习近平总书记在我州花垣县十八洞村提出的"精准扶贫"重要论述的指引。

这一切的美，因于湘西州在脱贫攻坚中，把基础设施建设作为重要民生工程来抓的民本情怀。

这一切的美，来自湘西州致力于留住美丽乡愁和广大人民群众建设美丽家园的决心。

因村施策，建设各具特色的美丽乡村

湘西州是少数民族聚居地，土家文化和苗族文化源远流长，村寨建筑各有特点，在脱贫攻坚、加大实施基础设施建设方面，尽量保留了各自原有特色。

正如湘西州建设美丽湘西办公室主任杨清英所说："要因地制宜、因村施策、规划引领，打造各具特色的村寨。"

凤凰县扭仁村历史悠久，数百年来静静地繁衍生息，独居一方山水，承载着苗族文化精髓。其民居基本保存着隋唐时期古苗寨建筑风格，是湘西苗族保存最为完整的苗寨之一。根据这一特点，该村围绕人居环境美化、特色民居保护等实施了六大工程。依照原有的小青瓦、土石墙、吊脚楼、花门窗的土木结构建筑，当添加青瓦的加青瓦，对一部分剥落的土石墙进行修整，对破损的楼宇和花格子门窗进行修补。并用青石板铺就户间道4公里，整修竹篱近2公里，修建了古色古香的村部广场、景观台，对村内古井实施了修整保护等。

"原本苗族传统文化底蕴深，古寨独特，经过这两年的美化打造，扭仁村神秘的面纱已逐渐向世人展现出来了。"驻村干部黄菊花高兴地说，"《爸爸去哪儿》第五季第四站就在我们村拍摄的。"

永顺县则坚持因地制宜，牢牢把握地域特征和民族特色，依据"宜游则游、宜业则业、宜文则文"原则，对该县60个乡村旅游精品示范点实施基础设施完善。

西那司，一个具有数百年历史的古村落，至今保留很多古民居和古堡遗址。建筑群大多是土家族木质建筑，为五柱六挂和三柱四挂不等，针对这一情况，永顺县对西那司村以打造"土家探源、宜游乡村"为目标，实施基础设施完善、环境质量提升、特色民居改造三大工程。对部分危房按照原有风格配上东西厢房或吊脚楼，户间道改为青石板路面，扩建村主道1500米、新修漫游道1700米。

西那司在土家语中是开满鲜花的地方，结合这一特征，村里又扩建了原有的荷花塘，并开垦村头一块30亩荒地，种上象征朝气蓬勃的太阳花。

2016年底，村民彭明清放弃在城市里的生意，回到家乡建起了民宿："现今村寨美了，游客增多，为了满足游客需求，计划到2020年底，完成15栋具有土家族风格的民宿。"

通过一系列基础设施提质改造，湘西州100个精品村、300个示范村等一大批具有湘西特色的美丽乡村靓丽呈现，各个村庄焕发出了各具特色的无限春光。

一批批精品村在全国、全省脱颖而出：永顺县场坪村因"多彩"产业而入选第二批中国美丽乡村百佳范例；保靖县陇木峒村按照"农村要美、农民要富"的社会主义新农村建设的格调，获评湖南省美丽乡村示范村；花垣县清水塘村以新城镇化建设为基调逐渐成为该县的"后花园"；古丈县坐龙峡村以提升旅游业为抓手，2018年入村游客比三年前翻了一番……

有天蓝地净、山清水秀的"美丽颜值"，有垃圾少、空气好的"健康体质"，有宜居宜业、宜游宜养的"幸福感觉"。脱贫攻坚与美丽乡村建设同步推进、共同发力的湘西农村，真美！

纵深推进，打造国内外知名生态文化公园

留得住乡愁的美丽乡村，才让老百姓有获得感、幸福感。乡愁在哪里，不只在青山绿水里，也在实用、方便又满意和与原生态文化、自然山水和谐共存的各种生活设施中。

保靖县因地制宜、因户施策、分户计价，选择适合的改厕模式，分类推进农村改厕工作。茶市村按照一户一卫生厕的标准，推行五种模式抓改厕，创造了全州改厕的"茶市模式"。目前为止，全村456户村民已改厕396户。驻茶市村第一支书彭司进说："每隔几天，就会有人来参观这里的厕改。"

泸溪县都岐村对村庄庭院和小河两旁进行了全面绿化，全村按标准安装了82盏太阳能路灯，沿河修建了4座具有土家族特色的风雨桥和20座便民桥。这些桥便民惠民，美观大方。村民向明忠每天都要到风雨桥上拉几下二胡。

永顺县司城村系中国历史文化名村和传统村落，基础设施建设方面不断提质，与原老司城原有基础设施、建筑尽量相匹配。村旁灵溪河盛产鹅卵石，就地取材，对村内道路全用鹅卵石铺就，大大降低了成本。对电力、电视、通信、饮水等工程的管线实施入地改造，实现同网同价、公共服务、饮水安全保障。

花垣县将十八洞人居环境综合整治作为精准脱贫后农村人居环境综合整治示范点，在继续完善水、电、路灯、村庄公共服务等基础设施建设的同时，充分配备了分类生活垃圾桶、道路垃圾桶、勾臂箱、勾臂车、自卸式垃圾分类收集车、资源回收房等环卫一体化系统。"以前，交通不便，稍微下点雨出门就满身泥。"村民龙德成老人开心地说，"感谢党的好政策，现在好了，村子变美了，每天有好多的游客来"。

......

围绕把湘西州打造成国内外知名生态文化公园这一总愿景、总目标，纵深推进基础设施建设，全州城乡面貌整洁亮丽，人民群众有了更多的获得感、幸福感。

截至2018年底，湘西州美丽乡村示范创建共完成通村通组公路硬化355公里，入户道路硬化1980公里；安全饮水工程362处；村庄亮化9055盏；停车场修建152个；特色民居改造10020户；完成村庄公共区域及道路两旁的绿化美化13万余平方米；发动农户参与庭院绿化美化5451户；全州完成农村户厕建设94727户。

2019 年，湘西州按照《美丽乡村示范创建三年行动计划》和"三四五"美丽湘西建设工作构架，对标全域旅游，抓美丽乡村提升，坚持绿水青山就是金山银山，为打造国内外知名生态文化公园、建设美丽开放幸福新湘西，进一步发力向"小康社会和美丽乡村"冲刺，让生活时时充满着美，让美丽乡愁永驻。

03 乌龙山精准扶贫群像

龙山县乌龙山地区，这不是一片被孤立和遗忘的土地，这里有贫穷，也有为了消除贫穷迎难而上的英雄。这里很落后，也有为了寻找出路逆风而行的勇士。这是一个人热血澎湃、奋勇自救的故事；也是一群人不等不靠、众志成城的历史。

此时此刻，全民扶贫如火如荼，脱贫攻坚激战正酣，乡村振兴战略的号角已经吹响。一群人将这片特困地区作为战场，奔赴此地，参与其中，用青春磨砺出剑锋，刻下了人民反贫困历史的新篇章；用热血铸造出灯塔，亮起了人民奔小康路上的希望之光。

打造蜘蛛网式的扶贫生产线

十几年前，年仅十六岁的谭艳林因家贫辍学，忍痛远离故土南下打工。异地他乡，生存不易。她几经转辗，四处飘泊，从当建筑小工做起，慢慢进入外企公司做文员，随后努力学习平面设计，拿到设计师资格证书，并回企业担任部门经理。这个从大山里走出的女孩，一路攻坚克难，凭着韧劲和倔强，在城市里稳稳站住了脚跟，迈入了都市白领行列。

人们都想着，谭艳林这只金凤凰一旦飞出了穷山窝，就再也不会飞回来了。然而谁也没有料到，这只已飞出去八载的金凤凰，不但又飞了回来，还形成了一股溯源而回、改变山窝贫穷面貌的力量。

24 岁那年，谭艳林辞掉城里的高薪工作，回到家乡照顾因伤致残的姑姑。这期间，她从善于手工编织的姑姑那里发现了一个重要商机。在湘西大山里，会手工编织的人很多，受蔽塞的地域和狭窄的思想影响，乡亲们从未想过把这些手工制品拿到市场上售卖，使其转换成经济效益。

湘西地处武陵山腹地，历来以偏僻贫穷而闻名。这里的年轻人为了寻找出路，大多奔赴外乡打工谋生，留下来的大多是老弱病残。他们留守在山区，对生活同样充满了想象和期盼，却因为各种原因，只能守着大山过着贫穷日子。谭艳林自己就曾是留守儿童，由于父母长年外出打工，从小跟着爷爷奶奶长大，再加上姑姑的遭遇，天性善良的她深深思索，想着如何帮助这些饱受贫穷困扰的乡亲们。

具有商业眼光的谭艳林，决定建立一个平台，把家乡古老的编织技艺充分挖掘出来，让这些民族传统手工编织品变成商品，产生效益，帮助乡亲们自食其力，走出困境。尤其是让像姑姑这样的老弱病残既能照顾家庭，又能实现自身的价值，在家门口就能挣钱。谭艳林先是设计出几种图案，让姑姑用毛线编织成工艺品。她拿着样品走村串寨，挨家挨户寻找会手工编织的残疾人和留守妇女，四处了解哪里有闲置的劳动力。2011 年，谭艳林成立了惹巴妹手工编织有限公司，姑姑成为公司的第一个员工。公司召开培训会的第一天，很多人过来报名，谭艳林几乎来者不拒，当天就招聘了 89 名员工，其中包括 23 名残疾人。在她尽心尽力的帮扶下，公司 326 员工中，有 53 名残疾人和 115 名建档立卡贫困户，月收入为 1500～2000 元。

谭艳林的公司以市场为导向，以精准扶贫、转移就业为前提，大力实施精准扶贫技能培训，在湘西周边县市 5 个生产部及龙山 21 个乡镇（街道）不定期举行培训班，打造蜘蛛网式的生产线。培训对象主要是当地农村妇女，利用农闲时间对她们进行"订单式"技能培训，然后学员们当场领取制作材料，独自在家完成编织，再由公司统一收购，支付报酬。熟练工月收入可达两千元，让因要照顾家庭不能外出务工的农村留守妇女不要一分钱成本，不用走出家门就能获得收入，依靠技术和双手实现脱贫。

谭艳林的公司成长迅速，经过短短七年发展，从婴儿衣、鞋、帽、袜到小摆件、家居饰品，无所不有。如今，公司 80% 产品出口，销往欧美、中东及东亚、南亚等地，并且与多家贸易公司签有长期供货协议，同时和国内多家知名母婴店签约代理分销，向全国各大景区实行分销铺货。公司还大力打造网络销售平台，与阿里电商批发店、淘宝零售店、苏宁易购、国际速卖通分销网、亚马逊等达成了供货意向。公司年销售额达 3000 万元。公司产品先后荣获"创青春"湖南省创新创业大赛二等奖、创新创业全国大赛三等奖、湖南省科技厅举办的创新创业大赛全省优秀大赛二等奖。

进入谭艳林公司的制作车间，要不是四周高高堆积的棉毛材料，你会以为走进的是老百姓的客厅。工人们三三两两围坐在一起，一边聊天打趣，一边忙着编织产品。工作气氛十分轻松愉快，一点不像是在上班，就像一群女人在拉家常做女红。右手残疾的杨阿姨是公司里的老员工之一，从小喜欢编织的她在谭艳林创业之初就一直跟着干到现在。因右手残疾导致生活困顿的她做梦也没想到，手工编织竟然给自己的生活带来转机。她对这份工作十分满意，做自己喜欢做的事情，每月还有一份稳定的收入，既自力更生又能补贴家用，这是她以前想都不敢想的好事。

员工雷阿姨并不缺钱，她到公司做事纯粹是图开心，能打发时间。以前，每日闲得发慌的她靠打麻将消磨时间，现在不一样了。"我一个老人家，一边接送孙儿上下学，还能一边顺带赚钱，这日子真是有滋有味。"雷阿姨呵呵笑着，一朵红艳娇媚的玫瑰花正在她手中绽放，栩栩如生。"这个工作好，既简单又不费力气，还可以一边做事一边带孩子。"旁边的黄阿姨连连附和。七十八岁高龄的曾冬蓉老人也对此乐此不疲，她不拿工资，坚持每天都来公司指导新人。老人说，能够通过传授自己的编织技能帮助乡亲们实现脱贫，她感到晚年非常充实快乐。

手工编织产业是一项投资小、增收快、形式灵活、可复制性强的朝阳产业，谭艳林的惹巴妹手工编织公司把服务社会、自主创新、产业扶贫融为了一体，打造了一种"企业+加工点+电商(微商)+闲置劳动力、弱势群体"多赢的新型创业模式，帮助广大农村贫困妇女提升技能，引导她们充分发挥特色优势，把脱贫"短板"变为扶贫"主力"，撑起精准扶贫"半边天"。同时，公司借助精准扶贫政策东风，通过"手工小产品、致富大产业、就业大舞台"的产业示范效应，不断做大做强，吸纳更多的残疾人和贫困劳动力实现就业，为精准脱贫、转移就业提供了一种典型的成功模式。

建设脱贫致富的新型家庭农场

彭吉武夫妇是龙山县红岩溪镇卜纳洞村人，两口子都是残疾人，他们在苦难命运面前，不肯屈服低头，在悲叹和绝望中燃起斗志，向贫穷发起挑战，历尽艰难困苦，在荒山上建设起了脱贫致富的新型家庭农场，走出了一条可复制的脱贫攻坚特色道路，打造了精准扶贫先进典范。

每天清晨，当黎明的曙光刚刚升起，彭吉武夫妇就扛着柴刀、锄头，前往深山里垦荒。无论晴雨寒暑，两口子一如既往，这样坚持了十八年。夏天三十多度的高温下，他们汗如雨下；冬天零下四五度，他们破冰除雪。夫妻两人互相打气，在黑暗中摸爬滚打，无论多苦多累，从来没有屈服过，从困境中一次次突围，终于在荒山中撞开一条生路，不仅改变了自身命运，更带动乡亲们一起脱贫致富。

二十年前，一场车祸导致彭吉武左腿粉碎性骨折，丧失了劳动能力。不幸的是，妻子周亚容也因意外事故导致手部残疾。龙山经济发展落后，人们生活比较贫困，残疾人家庭更加艰难。连做一顿简简单单的饭菜，都需要两个人合作才能完成。妻子搬柴、煮饭，他砍柴、切菜。生活的重担压得这个家庭风雨飘摇，夫妻俩治疗身上的伤病已经花光了家里所有的钱，面对家中四个嗷嗷待哺的年幼孩子，彭吉武夫妇一时陷入绝境。关键时刻，当地政府和龙山县相关部门主动站出来，给予两口子各种政策扶持。夫妻俩从此一头扎入荒山中，一个用手，一个用脚，不屈不挠、不怕苦累、咬紧牙关、迎难而上，用了十八年时间，流转土地千余亩，成立了家庭农场，大力发展种养业，硬是在荆棘丛生的荒山上碰撞出一条致富路，解决了家庭生计问题，成功实现了小康。

烧山、挖土、种树，十八年来，夫妻俩扮演着现代版的"愚公移山"。没钱请挖掘机，就靠人力一点一点挖，一点一点运。十余载的披星戴月，硬是把杂树丛生的荒山野岭，变为花果飘香的百果园。为了管理好农场，夫妻俩把家从村子里搬到了大山深处。那里不通公路，夫妻俩决定自己修路。消息传出，遭到很多人的冷嘲热讽："两个残疾人能养活自己就不错了，还想着修路建农场，简直是做梦。"但夫妻俩却偏偏要做梦。彭吉武靠锄头当拐杖，挖得一点，又往前走一点。妻子只能左手握锄头，挖的时候用右手抬着锄把，再顺势将锄头甩出去。因为手上力气不足，刚开始的时候锄头经常东倒西歪。在众人无法想象的情况下，夫妻俩硬是一锄一锄地挖出了一条7里多的"天路"。

为了在两座山之间打开通道，彭吉武急中生智，想到可以修建一条滑索。先在这边山头打桩固定一根铁索，再手拉铁索走到对面山岭进行连接。这样直线下山，再直线上山，需要在荆棘中和壁坎上开辟道路。他一手拿着柴刀，一手拉着铁索，挂烂了好几件衣服，身上刮出了许多伤痕，硬是把铁索成功拉接到对面山头。通过滑索吊装，种植在山上的百合轻松运到家中，节省了大量人力物力。头一两年，百合卖价好，夫妻俩大规模种植，后来价格骤降，几乎导致血本无归。

上帝关闭了所有的门，但一定会留下一扇窗来。幸运的是，这时候，彭吉武夫妇种植的杨梅开始有了收获。于是，彭吉武开始酿制杨梅酒，并成立金龙湾杨梅种植农民专业合作社。只要来到家里的客人，他都用杨梅酒热情招待，使家庭农场得到了很好的宣传。四百多亩的杨梅林，变成了一棵棵摇钱树。

2013年，靠种植杨梅和烤烟让农场有了起色后，彭吉武没有满足于眼前的微小成效，他又瞄准机会，投资从外地引进高山刺葡萄，在农场里建起了刺葡萄种植园。没有运输机器，请不起工人，全靠夫妻俩把水泥桩子一根一根地搬到山上。

2015 年，真正富起来的夫妻俩积极主动响应党和国家的精准扶贫号召，扩大农场建设规模，成立了龙山县吉武高山刺葡萄种植专业合作社，充分发挥自身资源优势，带动乡亲们一起脱贫致富。彭吉武种植有刺葡萄共 80 多亩，在他的带动下，全县共有 100 多户农民种植刺葡萄，其中有 60 多户是贫困残疾家庭。彭吉武以合作社为平台，组织发动大家发展蜜蜂养殖，第一时间就带动建档立卡贫困户 32 户、残疾人家庭 75 户，养殖蜜蜂 230 多桶。为充分调动村民的积极性，让大家安心养殖，彭吉武不但义务提供技术培训、亲自上门指导，还承诺保底收购，第一年就为这些家庭创收 23 万元。同时，合作社还为周边农民提供每年 1500 个工时的务工岗位，发放工资 20 多万元，增加当地农民和贫困户的收入，让他们实现家门口就业。在夫妻俩的帮助和带动下，一些没有劳动力的老人和残疾人也养起了蜜蜂，生活有了基本保障。

如今，彭吉武已成为龙山县远近闻名的养殖大户和脱贫致富带头人，周边地区许多农民纷纷慕名前来聘请他为技术指导员，负责苗木把关和技能培训。彭吉武总是随叫随到，跋山涉水，风来雨去，毫无怨言。

"要逮大家一起逮，不仅要脱贫还要一起富。"先富起来的彭吉武没有忘记身边的乡亲们，主动把自己的种植、养殖技术以及网络销售等经验倾囊传授给大家，帮助更多残疾人摘掉贫困户的帽子。彭吉武身残志坚，以一个普通奋斗者身份为龙山县的精准扶贫事业做出了榜样，在湘西州脱贫致富的道路上树立了一道醒目标杆。

培育一批扇动脱贫风暴的"蝴蝶"

有个名词叫"蝴蝶效应"，泛指某个微小的行为或事件，会引起关联的系统产生相应的变化，由此引发一个连锁反应，最终导致其他系统的极大变化。在龙山县脱贫攻坚战场上，有许许多多这样的"蝴蝶"，他们在各自岗位上发挥自己的微薄之力，汇聚成为改变龙山贫穷面貌的磅礴力量。

贾阳升是龙山县兴隆街道雷音社区的第一村支书。作为一名组织任命的扶贫干部，贾阳升深深明白身上肩负的责任和使命。走马上任的第一天，他就找准了自己的定位，那就是做一根结实的木桩，精准而牢实地楔进党和人民留给他的位置里，在推进精准扶贫重要进程中起到加固和连接的作用。

被社会和人民群众需要，是人生的意义所在。这位曾经担任过乡镇党委书记、县农业局长的第一村支书，又一次站在了群众最需要自己的地方。

在雷音社区，人人都叫贾阳升为"黑哥"。他担任第一村支书以来，坚持与社区老百姓同吃同住同劳动，天长日久，皮肤晒得黝黑，"黑哥"这个绰号真正是名符其实。黑哥在村里帮老百姓办了很多大事实事好事，通水通网络、修路修沟渠、危房改造、发展产业。用社区老百姓的话来说"该搞的都全部搞到位，我们没有想到的也都帮忙搞到位"。老百姓信任他，哪个屋里有困难，都去找他帮忙；各相关部门也信任他，遇到难事首先想到的是请他去协调。黑哥从来没让大家失望过。他在村里做的让大家赞不绝口的一件事，就是把村支两委多年来一直无法解决的，历史遗留的五条断头路都给修通了。

兴隆街道雷音社区距龙山县城仅五公里，森林植被茂密，旅游资源丰富，本应尽享城郊优势和交通之利，得到迅速发展。然而却因为村民之间的小矛盾，与周边各村之间的连接道路受阻，拖了十多年都没能修通，社区的产业发展受到严重影响。要致富先修路，2016 年，贾阳升带领扶贫工作队驻村开展联点扶贫后，制订的第一个扶贫计划就是先打通社区的断头路。

这是一块十分难啃的硬骨头。贾阳升挨家挨户上门给村民做思想工作，多次召开村民大会对修路情况进行说明，同时请乡贤出面多方协调，靠着一股不达目的不罢休的韧劲，老百姓最终被他的决心和热情打动，拉通断头路工程得到了大家的理解和支持。在村民们的全力配合下，不到两年，贾阳升带领驻村扶贫工作队和村支两委修通了 14 公里的通组、通寨、通户的道路。新近投入了141 万元的 3.685 公里主干道加宽工程正在加紧实施。

要久富多种树。这句俗话一针见血指出了在农村，必须充分利用好土地，通过大力发展种植、养殖产业，才能真正实现精准脱贫、达到长富久富的目的。贾阳升经过深入实地调研，根据雷音社区地处城郊、山林茂盛、风景秀美等特点，将社区的发展规划科学定位为城市绿地、休闲胜地、产业福地。在他的努力争取和支持下，社区先后成立了大荒沟乡村旅游专业合作社、秀银家禽养殖农民专业合作社、雷英家畜养殖农民专业合作社，创建了秀银土鸡产业示范园、大旺沟家庭农场等一批创新创业平台。同时，驻村扶贫工作队将全社区居民和建档立卡户进行有序组织，实施"一户一特色、一户一产业"脱贫工程，大力发展土鸡、食用菌、乡村旅游等优势产业。并成功组织城区 16名工商界的政协委员与建档立卡贫困户结为"一对一"帮扶对象，积极引入社会资源助力社区精准脱贫。

三年驻村扶贫，贾阳升凭着初心、真心和耐心，实实在在赢得了老百姓的欢心，雷音社区的扶贫工作也取得了不俗的成果，在 2018 年顺利实现整体脱贫摘帽。

一只蝴蝶轻微地扇动翅膀，会在未来的某个地方引发一场巨大风暴。在龙山县脱贫攻坚的伟大事业中，有许许多多这样的"蝴蝶"，他们孜孜不倦、奋斗不息，给这块热土带来勃勃生机。涓涓细流积沙成塔，日雕月琢水滴石穿。这些新时代最可爱的人，用自己的努力付出和无私奉献，凝聚起了一股终结贫穷的巨大能量。

（供稿：龙山县人民政府）

黄沙坪村的脱贫梦

胡国金

"我有一个蟠桃梦，就是在村里举办一场蟠桃盛会，使大家受益，都能过上幸福的生活。我们今年要再栽种秋桃 300 亩以上，满足更多客户需求。"1 月 7 日，凤凰县千工坪镇黄沙坪村村主任、州级产业带头人吴合先肩扛着锄头边走边和村民谈论他的产业规划梦想，大家正利用冬闲时间开山整地修建桃园，目前 300 亩桃园工程项目已完成 90%，春节前全部完工，只等待春天桃树苗栽培入园。

黄沙坪村是一个纯苗族聚居村，由于村容村貌保存完好，2016 年入选第四批中国传统村落名录。全村 5 个村民小组 245 户 1193 人。其中建档立卡户 82 户 348 人。2018 年 5 月，凤凰县职业中专学校驻黄沙坪村帮扶，工作队围绕精准脱贫目标，认真贯彻落实党和国家的精准扶贫精神，坚持因地制宜、分类指导、精准扶贫，精准施策，精准帮扶，驻村干部用真力、用真心、用真情突出抓好落实工作，赢得了老百姓的信任和上级领导的肯定。

党建引领精准扶贫

工作队加强党建工作，认真落实"三会一课""主题党日"等制度；开展每周例会工作制；开展党员村组干部联系群众实行每月一走访制度和节假日走访慰问活动等帮扶方式，深入开展学习习近平总书记精准扶贫重要论述，让每位党员干部熟悉了解党和国家的精准扶贫精神。

目前，已发展一名预备党员和一名入党积极分子，储备了两名年轻的后备干部。村支两委队伍不断壮大、年轻化，工作能力大大提升。

产业帮扶助推脱贫致富

黄沙坪村发展以传统种植和传统养殖业相结合的产业模式。该村的种植业以州科技致富能人吴合先开发培育的"合先桃"品种为龙头，以出售桃树和李树等果树苗木的方式，带动贫困户与非贫困户发展产业。为了把产业做大做强，成立了福香新水果专业合作社，负责村民的种植技术指导与培训，无偿为村民提供果树苗木，开展农产品统一销售等惠民业务。

同时进行水稻、稻花鱼、蔬菜(生姜、香葱、豆角)等全方位、多元化的产业发展。据不完全统计，已发展果树栽培 500 余亩，各种苗木 20 余亩 3 万余株，李树 200 余亩，香葱 30 余亩，生姜 50 余亩；养牛 20 多头、养羊 40 多头、养猪 100 多头，养鸡鸭 1000 多羽。村里邀请省、州和县专家进村，手把手传授村民相关技术，解决了村民生产生活中的难题。

工作队还积极搭建就业信息平台，拓宽就业增收渠道，先后组织村干部、贫困户、产业带头人外出学习培训 15 次，不仅让大家学会了技能，还开阔了视野。通过互帮互助信息平台，成功就业 60 多人次。2018 年 11 月，工作队又选派 6 名建档立卡户到山东蓝翔技术学院参加挖掘机技术培训，实现培训一人，就业一人，脱贫一户的目标。2018 年，黄沙坪村外出就业 100 多人次，因技术过硬，深受用工单位喜欢，年创收 300 多万元，成为脱贫攻坚的主力军。

健康扶贫教育助学保民生

"感谢凤凰职中工作队的老师手把手教我们怎样报销农村合作医疗，不然我们都不知道怎么办啊!"该村 1 组贫困户龙香英感激地说，她的外孙女出生就患有先天性心脏病，一年医药费用 20 多万元，国家报销 16 万多元，她说这不但是党的政策好，还多亏了工作队帮自己操作，解决了家里的大困难。工作队除了积极提供政策服务外，还积极动员村民参加农村合作医疗，2018 年，建档立卡户参保率达 100%、非建档立卡户达 95% 以上，使村民"病有所医"，健康方面得到了有力保障。

工作队十分关心该村的教育事业。2018 年秋学期，工作队通过实地走访、打电话、聊微信等方式，联系在校就读的本科、大专、高职、中职学生，主动为他们办理教育助学业务。在工作队的努力下，该村适龄儿童入学率实现 100%，教育助学率实现 100%。工作队还利用单位优势，利用寒暑假组织学生顶岗实习，学生不但巩固了所学的专业知识，还有近 3000 元的收入，既减轻了家庭经济负担，又保证学生完成学业，为他们就业增加了砝码。

工作队还派车护送残疾人到千工坪镇政府统一办理残疾证；邀请专家到村里，采集两口饮用水井样本，送到省农科院检测，为村民饮水安全提供保障。

住房保障使贫困户安居乐业

2018年9月，黄沙坪村4组村民欧成贵在精准扶贫惠民政策下，搭乘危房改造好时机，建好了一栋三间的砖房。不仅建好了房子，扶贫建房补助款也到手了，还找到了女朋友，他心里乐开了花，一再感谢国家好政策。

像他一样的建档立卡户，工作队开展住房情况逐一摸底造册，实地勘测，邀请县住建局和镇政府干部进行科学评估，实行分类处理，或维修或重建或易地搬迁。2018年，工作队根据贫困户个人的意愿，对15户危房进行重建或维修；6户危房进行易地搬迁，使每一户建档立卡户都有舒适的住房条件。

工作队加大黄沙坪村基础设施建设，入村以来，硬化了从黄沙坪村到千工坪镇4公里道路以及加装防护栏，让村民出行有了安全保障。同时，为产业发展提供便利，黄沙坪村1组3.9公里的机耕道正在修建之中，另有3条机耕道共计7公里的项目正在申报中。为确保人畜饮水安全，村里正在积极申报饮水工程项目。

工作队表示，将不忘初心，继续以更加饱满精神砥砺前行，进一步抓实抓细精准扶贫工作，带领村民脱贫致富，使黄沙坪村早日实现乡村振兴。

05 龙献文，能人扶贫模式的典范

符元龙

"我宣布，从今天起，牛角山全村脱贫！"2016 年 12 月 12 日，牛角山村村民大会上，村党总支书记龙献文声音洪亮、语气铿锵，赢得全场热烈掌声。

省道 S229 线蜿蜒逶迤，到湖南省古丈县南部一处最险要地方一拐，便是默戎镇牛角山村（原毛坪村）了。这里坡高路陡，因山形酷似两只巨大的牛角而得名。

牛角山村本身并不出名，只因为一位"牛人"，这里成为一个传奇。这个人就是苗家汉子龙献文，全国人大代表、全国农业劳模、牛角山村党总支部书记，湖南省委党校法律本科文凭，在家排行老三，人称"龙三哥"，外地人则称"湘西龙三哥"。

牛角山村是一个"老、少、边、穷"的纯苗族聚居村，全村 1306 人，313 户，8 个村民小组，5 个自然寨，位于古丈县南部山区，自然条件恶劣，山高坡陡，穷山恶水，全村人平耕地不足 1 亩，大多以种植水稻、黄豆和外出务工为生。2008 年人平收入不足 800 元，穷得连媳妇都讨不起，"十男九光根"，是当年毛坪村的真实写照，以贫穷远近闻名，一直列为古丈县特贫村。

早年在外闯荡的龙献文，当过厂长摆过摊，跑过运输包过工，赚了不少钱。因为勤劳肯干，善于经营，拥有默戎工程队、龙鼻加油站、丰源公司 3 家私营企业，总资产过 1700 万元。富起来的龙献文心里始终放不下乡亲们，他经常说："大家没有富起来，我一个人富感到内疚！"1994 年，他不顾家人的反对，回到村里担任村主任。1998 年，他高票当选村支部书记。牛角山村从此出现拐点，开始弯道超车。

创新"党建引领+"精准扶贫模式

绿水青山，就是金山银山。靠山吃山，一村一品，龙献文那双鹰眼，看见了牛角山的过去、现在和未来。乡村振兴的宏图在他的脑海里擘画开来。

说干就干。龙献文带着大家，"拼"上了。2008年11月，湘西自治州牛角山生态农业科技开发有限公司挂牌。2009年6月，古丈县牛角山茶叶专业合作社成立。"龙三哥"有股"牛脾气"，只要是他认定的事，一定要做出个样子来。从牛角山生态农业科技开发有限公司到牛角山茶叶专业合作社，再到牛角山茶厂，可说是步步惊心、步步为营。

牛角山茶叶专业合作社就是个典型例子。由龙献文通过实践创新设计出来的"村支两委+公司+合作社+基地+农户"发展模式以全新的运作模式、宏大的经营规模、独特的管理方法，让人耳目一新。

2014年"十八洞"精准扶贫号角吹响，牛角山响亮回声，龙献文带领村支两委认真总结过来经验，把"党建引领+"模式进行深入延伸，改为"党建引领+公司+专业合作社+科研院校+基地+农户+贫困户"，并结合实际，为村办专业合作社制定了"五统一""八标准"等规章制度，让村民以土地、茶园、劳动力、资金等形式入股，通过土地租金、务工工资、盈余分配、二次返利、分红等方式获取收益。

经过不断改进完善，牛角山村"党建引领+"精准扶贫脱贫共同发展模式实现了六个方面的增收。

一是农户土地流转租金收入。牛角山公司流转村民土地开发建成5000亩核心茶园，荒山租金200元/亩·年，流转30年，户均15亩实现年收入3000元。

二是农户劳务收入。现常年在村企固定就业村民187人，人平年工资3万元。建筑、杂工、茶叶培管生产日常零工200人左右，人平日工资100元左右、年工日200天以上、年工资收入2万元以上。春季采茶村民月收入达5000多元。1个70多岁的老婆婆光采茶的收入就有6000多元。目前劳务收入占村民收入的50%以上。

三是订单茶叶收入。除牛角山公司5000亩核心茶叶基地，村民5800亩零星茶园纳入村企订单茶园，签订订单合同，农户按照公司有机茶标准生产，公司每年无偿提供有机肥，按市场价加1~2元包回收鲜叶，农户茶园每年能达到亩产值5000元、净利润2000元以上。现农户户均订单茶园18亩以上，户均订单茶园收入达到3.6万元。

四是合作社分红收入。全村313户都加入了村办牛角山茶叶专业合作社，农户以资金和茶园出资，其中荒山租金200元亩/年，3年租金共600元，稻田改茶租金900元亩/年，3年租金共2700元，租金作为入社入股资金。实行分红提前支付即租金照付，股金不变。3年后取消固定分红，按效益分红。农户入、退社自由。留在社里，入股取消固定分红，按经营效益分红。退股退资，农户仍可保留社员身份，享受合作社产前、产中、产后无偿服务等成员待遇。此项为农户户均增收9000多元。

五是盈余分配收入。按照合作社法，可盈余分配全部分给社员农户，该项每年为农户增收30多万元，人均增收229元。

六是各种精准帮扶增收。主要针对建档立卡贫困户，根据牛角山村实际，无缝对接精准扶贫大政策，实施生产扶贫、发展教育扶贫、社会保障兜底扶贫"规定动作"扶贫工程，创造性开展一对一帮扶、急难救助、大学新生奖助、老年慰问、金融扶贫，即分贷统还包底分红720元/户·年，连扶3年等一系列"自选动作"。累计帮扶物资200多万元。

"这种模式，让资金跟着贫困户转，贫困户跟着能人转，能人跟着项目转，项目跟着市场转，能真正让建档立卡户精准脱贫，能真正让贫困地区乡村振兴！"龙献文对此很自豪。

打造一村一品特色品牌

"县长搞不成的事，你献文能搞得成？" 2008年12月，龙献文要开发牛角山茶园，毛坪村插花地夯娄村热达组农户异口同声这样问。

20世纪70年代，古丈县长挂点搞过一次牛角山千亩茶园开发，由于历史原因失败了，又变成了荒山。龙献文28次上夯娄村热达组做农户工作，承诺农户土地流转，开发种好茶叶，培管3年后，农户可自管自收亦可继续流转或入股。

目前，合作社成员到达512户，茶叶基地面积达到10800亩，茶叶主要品种为黄金1号、2号，先后获得无公害、绿色产品、有机茶产地认证和国家出口农产品原产地保护、农产品安全质量示范区认证，是国家农产品绿色防控示范区。

基础设施完善了。5.5米宽草砂水泥产业路贯穿茶园，积水地、工作道、机耕道配齐，茶叶培管和采摘，就像工厂里一样方便、有序。

新茶厂建成了。3000平米厂房，年产1000吨黑茶、红、绿茶共3条自动化清洁生产线，108个单品，高、中、低、条、盒、袋，爱哈有啥，卖到了意大利，卖到了澳大利亚，外国人直夸"OK"。

茶旅设施有了，800米海拔的牛角山茶园，2000平米自驾游停车场，牛角展飞的茶园大门，龙献文亲自设计。7个帐蓬民宿，客厅是茶园，青山做窗帘，星点床头灯，高卧云端眠。2 个观景台，360 度一览众山小，两公里的茶园樱花大道，人面挑花相映红，每天都有几十人人露营，和着每立方 6 万个负氧离子，天天都是放下城市喧嚣、没心没肺的桃花源中人。

茶园进入初采期，年出园产值 4000 多万元。公司注册了黛勾黛丫、牛角山等商标，有绿、红、黑茶 3 大系列 108 单品，多次荣获国内外评比大奖，畅销全国，年茶叶等综合产值过亿元。现在大家都知道，"黛勾黛丫"是牛角山村茶叶的品牌名称。龙献文介绍说，"黛勾黛丫"是苗语，翻译成汉语是"兄弟姐妹"的意思，寓有"手足情深、家庭和睦、五十六个民族一家亲、同心共圆中国梦"的美好祈愿。这是他 2012 年创意注册的商标，现在是湖南省著名商标。把传统地名、民族文化及苗语注册成为企业商标，龙献文是第一人。

"听龙献文讲黛勾黛丫品牌故事，简直是一种享受"，来的客商和领导异口同声。"黛勾黛丫"演绎出的故事，发挥了品牌营销作用，龙献文有了牛角山茶叶"第一推销员"的美称。

2012 年，龙献文第一个试做湘西红茶、黑茶，并成功实现产业化生产，2013 年引进并建成了湘西州第一条黑紧压茶生产线，年产能 200 吨，并达到自动化水平。从此开创了古丈茶业由绿茶向红茶、黑茶三驾齐驱的新时代，对古丈茶业结构调优升级提质产生重大影响，在古丈茶史上具有开创性、里程碑的意义，实现了良好经济社会效益。

2014 年，古丈县牛角山茶叶专业合作社被评为国家农民专业合作示范社。2015 年，牛角山茶叶专业合作社实现产值 8123 万元，惠及牛角山村及周边 5 个行政村近万群众，人平增收 800 多元。其中牛角山村人平收入 7200 元。如今，牛角山村田地全部种上了茶叶，茶叶占当地产业的比重达到 95% 以上，对当地农户增收贡献率达到 70% 以上。

2014 年，龙献文随习近平总书记出访澳大利亚 G20 国峰会中华文化节，带的就是牛角山生产的"黛勾黛丫"，中央电视台都报道了。2018 年全国两会期间，全国人大代表龙献文背着茶叶上北京，成为全国媒体争相报道的爆点。这让牛角山人至今仍然自豪。

发展乡村旅游，助推乡村振兴

除了做茶叶，龙献文还带领村民们搞旅游，搞养殖，一座曾经贫瘠的牛角山，被他重新安排，上上下下扮得漂漂亮亮。

山上种茶，山腰养殖，山脚旅游，周边农家乐。"龙三哥"的心里，装着一个梦，一个乡村振兴的梦。

"几堆牛屎、几个茅棚棚，能搞成旅游?"当他把这个梦想在村民代表会议上提出来时，大家一齐撇嘴嗤鼻地说。龙献文没有争辩，只是微微一笑，内心里却更加坚定自己的想法。凭着多年来走南闯北的见识，他十分清楚当时还叫毛坪村的这些苗族民居、苗族文化的内在价值。2010 年，龙献文在牛角山村成立古丈县夯吾苗寨旅游有限公司，利用苗族民居、苗族文化等独特丰富资源开发乡村旅游。"龙献文把无的变成了有的。"2010 年 8 月 5 日，古丈县第一个发展乡村旅游的特色村寨——毛坪村夯吾苗寨开业时，县主要领导在致辞时这样评价说。

在龙献文的规划主导下，牛角山村先后投资 5600 多万元，建成 2 平方公里苗寨特色旅游景区，修缮特色民居 290 栋，修建 4000 平米 200 台大巴车位旅游停车场、12 米宽进寨旅游公路、20000 平米大型综合停车场(跳歌场)、2000 米游步石板路、公厕等基础设施；建成 3 个寨门、中国第一大苗鼓、3 座风雨桥、玻璃栈道、滚水景观坝、文化墙等景观设施；7 栋 3 层半高的民族特色旅游接待服务中心、苗文化表演苗家堂、800 平米银器卖场、苗文化展示馆，11 栋农民茶屋，500 人座的苗家长桌宴厅等接待、苗族文化表演、经营设施。现在牛角山村夯吾苗寨乡村旅游每年接待游客 30 多万人次、营业收入 3000 多万元。

龙献文还在山腰上搞起了生态养殖，建成湘西黑跑猪、芭茅鸡和土山羊 3 个生态养殖场，设施面积 5000 平方米，放养面积 500 多亩，采取本地特种、粗粮补饲、全天放养，产品优良，被消费者誉为"牛角山黑跑猪——家猪中的野猪""牛角山芭茅鸡——土鸡中的战斗鸡""牛角山山羊——山羊中的狼羊"，供不应求。但"肥水不落外人田"，只供村里的农家乐，于是，农家乐的招牌菜有了，品牌响了，养殖销路也有了，一举多赢。

2012 年 10 月，龙献文又在湘西黄金旅游线 S229 省道张家界至凤凰的中点，一个叫小花园的地方，建成大型牛角山村农家乐，经营设施 2000 平米，可 1000 人同时餐座。2016 年员工 72 人，实现接待游客 17 万人次。实现年产值 1200 多万元。

茶园、苗寨、生态养殖场建成了。旅游大巴进村了，山歌对唱嘹亮了。

"青青茶园天边挂，群群畜禽山中叫。队队游客苗寨乐，桌桌佳肴客人笑。"一个集游、购、玩、吃、住、行一体化经营的综合旅游区已然呈现。

牛角山人的奋发有为，得到了领导们的充分肯定。在 2016 年的全国一村一品示范村表彰会上，龙献文做了典型发言，受到了农业部副部长陈晓华的肯定。2017 年 5 月 18 日，在杭州首届中国国际茶博会上，龙献文的女儿龙玲芝向农业部部长韩长赋报告全村脱贫消息时，之前到过牛角山村的韩长赋对此翘起了大拇指。

2016 年 12 月 1 日，湖南省委书记杜家毫来到牛角山村，为当地基层党员讲了一堂生动的党课。

"充分发挥基层党组织的战斗堡垒作用和党员的先锋模范作用，一心想着老百姓、一切为了老百姓，团结带领广大人民群众脱贫致富奔小康。"杜家毫的话语重心长。

牛角山名气大了，党和国家领导人温家宝、贾庆林先后来到这里。更让牛角山人自豪的是，他们的领头人龙献文曾经和七个正国级领导握过手。

发挥能人优势引进新产业

2018 年 4 月，浙江省安吉县黄杜村党总支在开展"不忘初心，感恩奋进"活动中，20 名党员自发给习近平总书记写信，在汇报种茶致富的同时，表示愿意拿出 1500 万株最好的白茶苗"白叶一号"捐赠给西部适合种茶的贫困地区，帮助贫困群众脱贫致富，为党分忧，先富帮后富。5 月 18 日，习近平总书记对来信中提出捐赠白茶苗一事做出重要指示强调，"吃水不忘挖井人，致富不忘党的恩"，这句话讲得很好。增强饮水思源、不忘党恩的意识，弘扬为党分忧、先富帮后富的精神，对于打赢脱贫攻坚战很有意义。全国政协主席汪洋、主管农业副总理胡春华、国务院扶贫办主任刘永富等领导也先后作出批示。

时刻关注政治大局和中央新闻的龙献文，敏锐感觉到这一事件背后隐藏的巨大正能量，当即紧急行动起来。5 月 19 日至 26 日，龙献文充分发挥全国人大代表身份优势，多方联系，积极向国务院扶贫办争取，请求把"白叶一号"捐赠项目一部分落户古丈。国务院扶贫办会同有关方面经过实地走访踏勘，最终决定向古丈县赠送 500 亩种植规模的 150 万株"白叶一号"茶苗。

7 月 15 日，浙江省安吉县黄杜村捐赠白茶苗签约仪式在古丈县举行。在龙献文努力、协调下，古丈县成立"白叶一号"项目工作领导小组，确定将白茶基地设在默戎镇夯娄、翁草、新窝 3 个深度贫困村，并成立了湖南省古丈格戎茶业专业合作社负责具体实施。通过茶苗到户贫困户、贫困村折价入股分红、土地流转租金、劳务增收等方式，确保建档立卡贫困户 116 户 430 人精准脱贫，稳定致富。

8 月 13 日，格戎白茶扶贫专业合作社完成工商注册。古丈格戎白茶扶贫专业合作社办公场所在翁草村建成，一栋古色古香的 3 层苗族吊脚楼拔地而起，投入使用。作为"总导演"和"男一号"，龙献文的工作才刚刚开始。接下来，500亩土地流转完成后的开工，砍青、产业路动工等一大堆繁冗正在等着他。52 岁的龙献文好像不知疲倦，谈起工作来劲头十足："项目争取来了，村里上了点年纪的人有事做，就有收入，加上土地流转租金，以后的务工、茶苗入股分红等，脱贫不成问题。我们计划用 3 年时间，发展白茶 6000～8000 亩，再建一个大茶厂，让翁草村等也像牛角山村一样快速实现脱贫致富。"龙献文语气坚定，洪亮的声音传得很远："我是一名共产党员，是一名人大代表，我一定倾尽全力把'白叶一号'天字号项目做好，让党和习总书记的关怀在苗岭生根、开花、结果！让不忘党恩、为党分忧、先富帮后富的正能量燎原大地，代代相传！"

在龙献文及合作社的带领帮扶下，2016 年，牛角山村人平年收入达到 9700 元；2017 年，全村人平年收入达到 13618 元。全村建档立卡贫困户 149 户 525 人全部脱贫，吸引了近 300 人回乡就业创业，并带动惠及周边农户 5000 户 2 万多人脱贫。每年本村考上大学的学子，龙献文个人都给每人捐助 2000～5000 元的助学金。每逢传统佳节，他都要为村里 70 岁以上老人们送去 500 元慰问金。湘西牛角山公司被评定为"湖南省农业产业化龙头企业"，牛角山茶叶专业合作社被评定为国家级示范社。牛角山村先后获得全国小康建设示范村、全国一村一品示范村、湖南省社会主义新农村示范村、全省扶贫攻坚示范村、"中国茗村"百佳榜等荣誉。

龙献文心里装着村民，党和人民没有忘记龙献文。他先后被评为"湖南省茶业十大创新新锐人物""湖南省劳动模范""湖南省最美扶贫人物""全国敬亲孝老之星""全国民族团结进步模范个人""全国农业劳动模范"，并当选为第十三届全国人大代表。"世代感恩党，始终听党话，永远跟党走！"这是龙献文在脱贫攻坚全面小康道路上刻下的铮铮誓言。

06

泸溪:"创"出一片新天地

向晓玲　张言文

连日来,泸溪县解放岩乡圩场热热闹闹,几张方桌上放满了海报,前来赶集的民众聚在方桌前,听着县人社局干部的招聘信息介绍,群众时不时问"工资高吗?""有什么福利?"宣传人员一一为他们讲解。

为带动群众创业就业,泸溪县采取了多项措施,推动创业就业工作深入开展,拓宽了群众脱贫致富路子。2018 年,全县有 9.2 万人走出大山,劳务经济收入达 44.2 亿元,被评为全国返乡农民工创业示范县。

创优环境,打造创新创业"就业热土"

"泸溪的营商环境很好,县里出台了系列好政策、好措施,为我们公司发展提供了好环境、好服务,近年来公司也得到快速发展。"说到泸溪的营商环境,湖南众鑫新材料科技有限公司董事长张春雨连忙竖起大拇指。

近年来,泸溪县出台了系列招商引进优惠政策,积极引进国内外知名公司、企业落户泸溪,助推泸溪发展,带动群众就近就业。对吸纳建档立卡贫困劳动力就业的企业,按照每名贫困群众每年 1500 元的标准,对企业进行岗位补贴,并按企业为贫困劳动力实际缴纳的基本养老保险费、基本医疗保险费,对企业予以连续补贴三年。对稳定吸纳当地劳动力且建档立卡贫困劳动力占比达 15%以上的企业,从投产之年起,连续三年按企业所缴主体税种和土地使用税依法予以奖补。

泸溪县加快园区建设,倾力构建创业就业"平台",今年春节刚过,泸溪县高新区的标准厂房建设就如火如荼地进行了。"今年,高新区将紧扣湘南湘西承接产业转移示范区建设,加快推进高性能复合材料特色产业园建设,不断完善水、电、路等配套基础设施，加大承接产业转移力度，年内将新引进10个项目，完成园区投资20亿元。"泸溪高新区负责人田熙学高兴地说。近年来，该县围绕劳动力就近转移就业，狠抓泸溪省级高新区建设，大力发展以铝粉、铝型材、钒氮合金为主的新材料产业，同时狠抓园区建设，建成标准厂房15万平方米，园区调规扩区1.44平方公里、贮备土地1.1万亩，园区被评为省级高新技术产业开发区、省级高性能复合材料特色产业园、省级双创示范基地。2018年，园区带动了贫困群众转移就业1055人。

提升技能，培育创新创业"就业能人"

浦市镇岩门溪村二组村民谢成刚家里种了几亩椪柑，由于年前遭受冰冻天气，导致椪柑一时无法销售，愁坏了谢成刚。

"幸好有县里来的技术员帮忙指导，椪柑才销售出去，不然一年白忙活了。"谢成刚告诉记者。今春以来，泸溪县人社局、农业局、自然资源局、扶贫办等部门及时组织技术人员，深入浦市镇、潭溪镇等乡镇，对群众开展果树、油菜、大棚蔬菜、生态扶贫等技术培训，指导村民开展椪柑春季培管、销售与森林防火等，既让贫困群众滞销的椪柑得到了及时销售，又让他们掌握一至两门实用的致富新技术。

"县里整合了'新型职业农民培育计划''农村劳动力转移培训'等项目资金，开展有针对性、订单式的专项培训，精准到人、精准到工种、精准到岗位，做到培训一人、就业一人、脱贫一户。"泸溪县人力资源和社会保障局局长张明永介绍说。

去年以来，泸溪全县完成贫困劳动力免费培训4597人；在京津冀、长江经济带等地建成劳务合作基地4个，组织了一批大型招聘会，全县新增农村贫困劳动力转移就业1335人，人均月工资达4000元以上。

"扶贫车间"，家门口就业摘穷帽

泸溪县按照就业创业脱贫信息系统劳动者需求信息，了解贫困劳动者就业意愿、技能水平、培训需求、岗位需求等基本情况。同时，结合全县基层基本公共服务功能建设，人社部门进一步建立完善基层乡村两级就业创业服务窗口，提供免费政策咨询、求职登记、职业指导、岗位推荐和推荐培训等"一站式"就业援助服务。仅2018年，基层就业服务窗口累计接待求职咨询3000多人次，为园区30多家企业推荐面试1800人次，近1000人成功应聘就业。

泸溪县推进了扶持3个创业示范园(村、社区)、10个合作社、100名创业能人，带动 1300 名建档立卡户劳动力转移就业的"三十百千工程"。浦市镇外出务工成功人士石泽林，在浦市镇马王溪村创办了鑫隆紫砂陶瓷厂，年产值达 6000万元，带动了 270 名贫困人口脱贫摘帽，厂里每年拿出 10 万元作为村级集体经济收入，用于贫困人口解困济贫。目前，泸溪县创业孵化基地已入驻企业 31 户；全县新增创业担保贷款发放 1565 万元，就新增创业主体 699 人，带动城乡就业人数 1468 人。目前，全县共有 8 个创业主体被评为省州示范典型，获得上级奖补资金 195 万元。

泸溪县动员社会力量，促进城乡贫困劳动力在家门口就业脱贫。截至目前，全县完成 10 家"扶贫车间"建设，吸纳 2265 名建档立卡贫困人口就近就地就业脱贫，间接带动就业 1200 余人。

同时，泸溪县与济南市章丘区企业合作建成 5 家"扶贫车间"，与黑塘生态农业开发有限公司建立巨峰葡萄扶贫协作项目，"章丘区泸溪东西部劳务协作就业扶贫车间"提供扶持资金 20 万元建设就业扶贫车间。该县整合资金，支持 5家本县企业设立"扶贫车间"，吸纳建档立卡贫困劳动力稳定就业，助力县域脱贫攻坚。潭溪镇兴隆寨村三组建档立卡贫困户向明才，上有 70 多岁老母亲、下有小孩上学，2018 年易地扶贫搬迁到武溪镇上堡集中安置区，现在"扶贫车间"就业，月薪 3000 多元，顺利实现脱贫摘帽。

07

马颈坳镇：
创新驱动发展　创业助力脱贫

近年来，在"大众创业，万众创新"和精准脱贫的大背景下，吉首市马颈坳镇以创建创业示范乡镇为契机，以开展"十、百、千"工程为抓手，着力推进产业整体布局，突出"一乡一业，一村一品"特色，率领全镇3万余名父老乡亲在精准脱贫、创新创业的道路上砥砺前行，谱写了一曲又一曲筑梦小康的赞歌。

向天顺："金牌"茶叶成就百姓小康梦想

在马颈坳镇，向天顺是一个无人不知、无人不晓的"人物"，其隘口茶叶专业合作社更是一块响当当的金质招牌。

2009年5月，向天顺注册成立了隘口茶叶专业合作社。用他的话说，要带领乡亲们一同致富，一起奔小康。

创业的过程是艰辛的，而创业的结果却是甜蜜的。2015年，在向天顺的带领下，合作社得到了空前发展，年收入达1400多万元，户均收入3万多元，带动1400多名乡亲率先迈入小康生活。2016年，合作社继续发挥自身优势，在精准脱贫上持续发力，先后使200多名贫困劳动力摆脱贫困，同时带动周边5个乡镇20个行政村种植茶叶4万余亩。2012年至2014年，合作社先后荣获得市级、州级、国家级示范合作社称号，多次参加茶博会并获得金奖；推行的"红色股份"工作成为湖南省在全国的创新试点工作，开启了农村集体经济发展新模式。

目前，隘口茶叶专业合作社有成员16户，带动农户就业363人，其中建档立卡贫困劳动力125人；有种植面积8300亩，加工车间2000多平方米，生产线3条，年加工能力200吨以上；拥有自主品牌"苗疆"，生产绿茶、红茶和黑茶等产品；先后在吉首、怀化、长沙、重庆、北京、上海、广州等地建立了直销店面和推广中心，产品畅销全国各大中城市。

不忘初心，方得始终。对于现状，向天顺并不满足，他要在做大做强做优企业的同时，继续发挥好企业的社会责任与担当，让更多的贫困劳动力走上同步小康的道路。

张治军：特色产业点亮百姓幸福生活

在今年马颈坳镇榔木村首届蓝莓采摘节上，场面异常火爆，吸引了上千名游客和周边村民前来采摘。据了解，该村蓝莓种植面积已有200多亩，挂果150亩，成为远近闻名的农旅结合特色产业村。

其实，这仅仅是吉首惠农果品苗木专业合作社的一部分。

说起吉首惠农果品苗木专业合作社，不得不提及张治军这个人。作为一名返乡农民工，在外出打工的那段日子里，他从未放弃过返乡创业的念想。2009年6月，张治军邀约了25名志同道合的农民采取入股方式成立了吉首惠农果品苗木专业合作社。在发展过程中，合作社因地制宜，以"合作社+基地+成员"的模式吸纳农户自主发展特色产业。

现在，合作社有榔木村及司马村两个基地，有社员66户，带动就业126人，其中建档立卡户31人；有果品基地1000亩，形成了以猕猴桃、蓝莓、脐橙为主的果品产业和以生产绿色果品为宗旨企业文化。与此同时，合作社每年还帮助其他农户直接销售果品6000余吨，果苗100多万株，实现人均年增收1200元。

张治军说，靠山吃山，靠水吃水。只有遵循这一特定的自然规律，抱团走特色产业创新发展的道路，才能带领广大父老乡亲走向美好的明天。

张治军是这样说的，也是这样做的。为了这个朴素的理想，他把合作社的特色产业变成开启乡亲们幸福生活的金钥匙，成为实现幸福生活的不竭源泉。

陈永宏：生态养殖助力百姓精准脱贫

只有找准市场定位，才能赢得美好未来。在崇尚自然、追求绿色环保饮食的当下，生态养殖无疑具有广阔的发展前景。

2016年，陈永宏积极响应创新创业的号召，毅然辞去二手车交易工作，在村支两委的大力支持下，返乡成立了吉首市永宏生态种养专业合作社，并带头承包了40多亩土地发展元宝鸡、本地鸡鸭苗孵化养殖。他先后投入50余万元的养殖孵化场，成功孵化出3批共5000余只鸡苗。

为进一步发展壮大合作社，陈永宏积极创新思路，采取"借鸡下蛋"方式，免费将种苗发放给村民养殖并免费提供养殖技术，在种苗长大后再回收统一销售。

这样，该村 26 户 89 名贫困劳动力一下子摆脱了贫困，人均年收入 2 万余元。其中，村里 6 名建档立卡贫困劳动力被吸纳到孵化场工作，每人月工资 2000 元以上。

在陈永宏的示范引领下，永宏生态种养专业合作社由小到大，逐渐获得了村民们一致认可。他的养殖业事业也越来越红火，合作社现有社员 9 户 15 人，带动就业 325 人，其中建档立卡 53 户 229 人。此外，合作社还瞄准了观赏鱼的广阔市场，通过学习引进金鱼的养殖技术，现金鱼养殖已初具规模。在 2017 年吉首市的花鸟鱼市上，永宏合作社养殖的金鱼已成为重要的一部分。

给我一缕阳光，还你一个太阳。在生态养殖的道路上，陈永宏有自己的远景规划，在他的心里早已有一张清晰的蓝图：乡亲们在生态园里进行着生态养殖，大家丰衣足食，和谐相处，美满幸福。

当前，马颈坳镇有合作社和民营企业数 121 家，其中国家级示范合作社 3 家，省级示范合作社 4 家，州市示范合作社 22 家；带动就业 5300 人，其中建档立卡贫困劳动力 2000 人。全镇的创新创业方兴未艾，像向天顺、张治军、陈永宏这样的创业先进典型如雨后春笋，虽然他们创业的路径不同，但他们的愿望却是相同的，希望在镇政府的带领下，所有的贫困乡亲们早日脱贫致富，幸福生活。

（供稿：吉首市政协）

周楚怡

2019 年春节前的永顺县茅坝乡东山村。在村部前，河坝溪莓茶专业合作社正在为村民们发放 2018 年第四季度工资。拿到工资后，村民王腊梅笑得合不拢嘴，她说："我今年已经 67 岁，儿子又患有白血病，村里安排我到合作社干一些轻活，去年拿到 17000 多元呢！"

王腊梅口中的合作社，是东山村凝心聚力脱贫攻坚的一个缩影。永顺县妇幼保健计划生育服务中心驻村第一书记向小兵介绍说，2016 年驻村以来，工作队与村支两委一起发挥党员先锋模范作用，心往一处想，劲往一处使，仅仅两年时间，全村人均年收入就从 2000 元增加到 8000 元。

抓党建　强基础

东山村以"一个支部，一座堡垒；一名党员，一面旗帜"为宗旨，加强党的组织建设，切实发挥基层党组织战斗堡垒和党员干部先锋模范作用。

针对组织生活开展不严肃问题，村支两委严格落实各项学习教育制度，以"三会一课"、组织生活会、民主生活会、党员大会为契机，谈问题、摆不足，深刻剖析问题，群策群力研究对策方针。充分发扬基层民主，坚持"四议两公开"，重大建设、重大工程均提前在各村民小组召开村民大会，提高村民参与度和获得感。

针对村支两委成员老龄化严重问题，坚持把解决实际问题作为第一要务，改变工作模式，同时建立后备干部台账，早谋划、早安排，引导后备干部参与村支两委事务，为后续发展增强动能、提供人才支援。大学生赵敏原是贵州人，2005 年嫁到东山村后，东山村吸纳其加入村支两委，并积极培训，增加她对农村工作的了解，使其更好地在村集体建设中发挥出作用。

抓党建　促发展

2016年驻村后，为了加强基层党建工作与脱贫攻坚工作融合，工作队与村支两委一起谋思路、出实招，积极发展产业，带领贫困群众创业致富。

过去东山村主要收入是靠劳务输出，年轻人大多外出务工，村里只剩下老人和小孩，不仅缺乏发展活力，还留下了很多社会问题。针对当地没有支柱产业这一现实，东山村积极发展莓茶产业，共种植莓茶430余亩，实现了建档立卡户全覆盖，每亩受益达5000余元，为贫困群众提供了一条长效、稳定的致富之路。

大力推进"党建+产业扶贫"精准扶贫模式。东山村采取大户带动扶贫模式，建立利益大户与贫困户的联结机制，引导贫困户以土地流转、补助资金注入等多种形式与专业大户股份合作，对于没有劳动能力的弱势群众，严格按政策落实社会保障和社会救助。

党支书田大胜表示："为了巩固脱贫成果，实现脱贫不返贫，全村将进一步发展特色产业和集体经济，覆盖全体村民，实现老百姓长富久富。"

抓党建　惠民生

东山村加强党建工作和民生工作的有机结合，坚持县、乡、村三级干部结对帮扶到贫困户，坚持做到贫困户不脱贫、帮扶干部不脱钩、扶贫工作队不撤岗。充分发挥党员干部先锋模范作用，组织党员开展排查调研，上门入户与群众沟通交流、征求意见，根据群众反馈与扶贫工作一起细化帮扶措施，梳理民意、解决民困，建立完善走访和解决问题制度。

村民张家贵，长年患病，且有两个小孩在上学，2014年被评为贫困户。而如今的张家贵不仅脱了贫，还住进了新修的小洋房。他表示："相信在党和政府的帮助下，自己努力加油干，日子一定会越过越好。"

村民胡鹏，2014年因车祸重伤致贫，上有老下有小，生活举步维艰。村里结合他的身体情况，积极争取项目资金，引导他发展蜜蜂养殖。目前胡鹏已顺利脱贫，他告诉记者："2018年养了100多桶蜜蜂，收获400多斤蜂蜜，每斤150元，总收入超过60000元！"

在工作队和村支两委的努力工作下，东山村脱贫攻坚取得显著成效。全村原有建档立卡贫困户97户360人，如今除了8户18人兜底户外，已全部实现脱贫，贫困发生率降至1.47%。如今的东山村，不仅顺利实现了脱贫，还呈现出了一幅乡村振兴的良好态势。

吉久村：
党群同心发力　"互助五兴"前行

田　成　宋明艳

　　"严禁铺张浪费，规范人情宴请。禁止吃喝敛财，建设美丽乡村。"这是连日来花垣县补抽乡吉久村30余名党员干部和村民代表一道，走村串组、入户进门，宣传文明乡风、规劝人情宴请行动的一个缩影。

　　去年以来，吉久村始终坚持村党支部的核心引领，充分发挥党员示范带头作用，在补抽乡率先推进"互助五兴"工作，党群互助开展产业发展带头奖、美丽乡村建设奖、乡风文明落实奖、平安乡村创建奖、基层党建推进奖等"大评小奖"活动，村容村貌、村民精神面貌焕然一新，获评全州美丽乡村示范村、全省文明村。

互助互帮"富脑袋""富口袋"

　　"通过互助学习，村民们过去那种'等靠要'思想得到逐步转变。"思想解放是群众致富小康动力所在，吉久村党支部依托"主题党日"，组织互助组学习宣传当前党和国家的路线、方针、政策；组织能人或技术专家对村民进行培训辅导栽茶、吊瓜种植等农业技能，全面提升农技能力。村民吴金兵想从事养殖业，但苦于不了解养殖业行情、没有技术支持，迟迟不能发展养殖，互助小组成员得知情况后，积极对接介绍企业、联结技术、对接市场，帮助其发展竹鼠75对，实现了在家门口就业"富口袋"。

　　吉久村坚持把产业发展作为"造血"扶贫重要推手，互助携手大兴一批富村产业，村经济联合社在推行茶叶、香菇等长短结合产业时，互助组主动入户做部分意愿不强、支持力度不大的村民工作，实现全村100%参与覆盖，全村如期实现脱贫摘帽。

文明和谐"传真情""绽新颜"

"去年 11 月，村民龙耀兵家婚宴准备大摆宴席，互助对子吴平安得知消息后，立即到他家进行教育规劝，将村规民约再次讲仔细、讲透彻，最终龙耀兵主动放弃了大操大办婚宴的念头！"补抽乡吉久苗寨吴老前对这样的乡风文明行动拍手叫好，"刹住请客歪风，提倡勤劳致富，玛汝（苗语"非常好"），我们大家都支持！"

乡风文明是乡村振兴的要义所在，吉久村村支两委抓住全县推行"互助五兴"基层治理模式的东风先行先试，坚持村党支部核心引领，充分发挥党员示范带头作用，"互助五兴"基层治理模式多点开花、成效初显，尤其是在规范人情宴请方面，召开村民大会会商并制订村规民约，全体村民签订规范人情宴请承诺书，去年以来全村严格审批人情宴请仅 18 件，违规请客为 0 件，实现"婚事新办、丧事简办、其他事宜不办"，村民看在眼里、乐在心里。

绿色家园"共建享""暖民心"

"建设绿色家园是大家共同的心愿。如今乡亲们互助抱团开展清洁家园大行动，党员志愿者义务清洁卫生，村民同行义务编制篱笆，25 户'厕所革命'任务全面完成，村容村貌焕然一新。"老党员麻兴红虽然年事已高，但看到村里都主动参与绿色家园建设，自己也参与义务保洁帮工、上门入户宣传，发光发热。正是在大家的互助携手下，才有了如今飘扬在党旗下的是标准化"一站式"服务大厅、靓丽的民族文化墙、宽敞的村民活动广场、干净整洁的乡村道路……

像吉久村这样全面推行"互助五兴"基层治理模式，乡风文明、村容整洁的村寨，在花垣县已不在少数。该县顺势而为，出台了《关于推行"互助五兴"农村基层治理新模式的意见》等文件，将村规民约、移风易俗、扫黑除恶等纳入"互助五兴"重要内容，"管理民主、民风淳朴、团结友爱、摒弃陋习、新风兴起"的文明新风吹拂着苗乡的村村寨寨！

第五章
乡村振兴特色村镇

总书记来过俺山村
——湖南省美丽乡村菖蒲塘

2013 年 11 月 3 日，习近平总书记到湘西调研扶贫工作，特别要求："到湘西看两个村，一个是脱贫致富做得最好的村，一个是最穷的村。"当天上午 10 点，习近平总书记来到凤凰县廖家桥镇菖蒲塘村，兴致勃勃视察了该村的蜜柚种植基地，了解村里扶贫开发和特色产业发展情况，在果园里亲手摘了两个柚子，品尝后连声称赞说菖蒲塘的水果"口感好、附加值高"。习总书记向当地党委政府和村支两委提出："要加大产业投入，依靠科技，开拓市场，做大做优水果产业，加快脱贫致富新步伐，把产业做大做强。"

习近平总书记的这次视察，犹如春风吹来满园春，给这个土家山村安上了飞速发展的翅膀。

党建引领，党员示范，找准产业发展路子

菖蒲塘村位于凤凰县城西七公里处，改革开放初期有 208 户 906 人，由菖蒲塘、古塘寨、喇叭口三个自然村六个村民小组构成。地理位置处于云贵高原东部，山多土多田少，历来靠种水稻、包谷、红薯等传统种植业为生，产量低、收益少，人均年收入不到 600 元，是凤凰县有名的贫困村之一。

为了摆脱贫困，菖蒲塘人想方设法，到处寻找致富路子。先后尝试过多种产业，均没有发展起来。万事开头难，关键时刻，基层党组织战斗堡垒的优势发挥了出来。在村支两委引领带动下，由党员干部先行先试，村民们充分发挥山地资源优势，引进外地优质果木品种发展水果种植，一下子打开了出路。

1994 年，原菖蒲塘村主任王安全在村里第一个引进福建管溪蜜柚种植。当时村民都不相信种植水果能发财，没有人愿意尝试。这个时候，村支两委班子

成员主动站出来，通过集体决议由村干部先试先种，让党员干部先担当失败风险，试种成功了再推广铺开。四年后，第一批蜜柚挂果，在市场上推出后引发热销，村民看到效益，热情一下子上来了，纷纷主动要求进行种植。1999年，已经担任村支部书记的王安全，又第一个在村里引进"米良一号"猕猴桃种植，也是由党支部成员和村干先行试种。这种猕猴桃病害少、对生长环境要求极低，不仅容易种植，而且产量很高，当时市场销路非常好。村民们刚刚在蜜柚种植上尝到了甜头，对村干部产生了信任，猕猴桃种植一下就铺开了。到1999年底，全村1800亩土地基本上以水果种植为主，产业结构发生了翻天覆地的变化，每亩土地年收入达到万元以上，比传统农业翻了好几番，有些田土多的农户一年收入就有一二十万。

村民从产业调整中看到了奔头，再也不想出门打工了，一心在家发展水果种植。村支两委及时跟进种植技术管理服务工作，多次邀请州县农技专家来村里开展嫁接、培植、管理与病虫害防治等技术培训，组织村里的技术骨干为村民大面积地嫁接培植苗木，参与先试先种的党员干部们起早贪黑手把手地教。村民们学习干劲十足，不仅很快掌握了嫁接技术，许多家庭光卖苗木一年收入十多万，村里涌现出了丁梅军、王兵等十几个水果种植专业大户。菖蒲塘村的成功，带动了周边村寨的发展，许多村寨的老百姓纷纷前来取经。村民们新学到手的嫁接技术马上派上了用场，光是出门帮人嫁接苗木一年都有大几万收入，村里由此产生了以雷志平、田满妹、雷满玉、田香群等为首的100多人的女子嫁接队，在当地打响了菖蒲塘水果苗木嫁接专业品牌。

到2000年，这一年全村产值近两千万元，家家有存款，户户有小洋楼，原来一穷二白的土家山村发生了翻天覆地的变化。2008年，菖蒲塘村成立了猕猴桃专业合作社，以优带劣，以大带小，全村真正走上了共同发展、共同富裕的道路。2011年，菖蒲塘村被湖南省委、省政府评为"为民办实事农民专业合作社省级示范点"。

发挥优势，主动创新，打造特色产业品牌

习近平总书记来到菖蒲塘村视察的2013年，是菖蒲塘村发展的一道重要分水岭。借习总书记视察的大好春风，菖蒲塘村支两委班子充分发挥自身优势，积极对接社会资源，主动创新发展模式，打造了一批现代农业特色品牌，真正实现了全面腾飞。

农业发展的最基本条件，是要有充裕土地作为后盾保障。为适应新形势下现代农村产业发展的新需求，习总书记视察后，菖蒲塘村做的第一件事，就是组

建成一个更大更新的菖蒲塘村。在凤凰县委县政府的大力支持下，按照"以强支部带弱支部、以先进村带后进村"的原则，将相临的樱桃坳、长坳、马王塘三个整村合并到菖蒲塘村，人口由原来的 940 人扩大到 3085 人，有党员 106 人。人口、地域面积和产业规模的扩大，带来了更大的发展红利。新菖蒲塘村成立后，大家总结过来的成功经验，一致认为党组织带头、能人治村，是推动农村发展行之有效的最好办法。在新一届村支两委换届时，11 位党员种植大户、非公企业家进了村支两委班子，继续发挥好党员带头、能人治村示范作用。同时在原村支部的基础上，新成立了水果产业、旅游产业、女子嫁接队三个支部，使党支部进产业、党建引领产业。

四村合并，人口扩大，土地面积也扩大了，依靠县里支持，菖蒲塘村建立了万亩果园，大力拓展农产品外销和水果深加工。新班子充分利用互联网优势，大力发展农村电子商务，先后与湖南盘古电子商务有限公司、苏宁易购等合作，建立了网络营销合作平台，在网络上打造菖蒲塘村水果品牌，仅 2017 年，通过电商平台销售的水果量突破 80 万斤。

而在农产品深加工方面，菖蒲塘村也走出了一条实现特色发展的成功道路。在换届后新当选的菖蒲塘村副村长周祖辉，以菖蒲塘蜜柚基地作为后盾，生产加工蜂蜜柚子茶，创立了"周生堂"知名品牌，旗下有 2 家特色食品厂、1 个金银花基地，4 个自主品牌。并通过加盟扶持的方式，建立直销店 22 家，加盟店 36 家，帮助一批村民走上了创业致富的道路。2018 年，"周生堂"引进的猕猴桃果脯、蜂蜜柚子茶、土家擂茶、酥糖、姜糖、蜂蜜、茶叶 7 条生产线顺利投产，可实现产值 9000 万元以上，解决当地农村富余劳动力就近就业 150 余人，其中建档立卡户 60 多人，并先后在张家界、长沙、贵州等地成立了分公司。2017 年，周祖辉被共青团中央、国家农业部评为"全国农村致富带头人"，并获得湖南省创新创业银奖。"周生堂"公司被国家人社部、国务院扶贫办确定为"全国就业扶贫基地"。

谋划新篇，布局长远，探索新型发展模式

自习近平总书记 2013 年视察菖蒲塘村以来，五年过去了，这个土家山村发生了日新月异的变化，在发展上可以说是一路驰奔。

2013 年，村民人均收入 5050 元。到 2017 年，村里 90% 的果农年收入 3 万元以上，90% 的农户建起了楼房，98% 的农户实现了电气化，自来水和水泥路入户率均达 100%，村民人均年收入达 12926 元。2018 年人均收入达 15000 元以上，是五年前的 3 倍。

"一二十万不算富，三四十万才起步。"这是今天菖蒲塘村人的真实生活写照。

村民张明，家有猕猴桃苗木 4 亩 10 万株，有猕猴桃基地 50 多亩，全家皆会苗木嫁接技术。家庭内就形成了育苗、嫁接、培管"一条龙"。2017 年，通过售卖苗木、果实和外出嫁接，全家毛收入达 40 万元。

朱友军曾是菖蒲塘村有名的贫困户，一家六口就住在一间破旧的土房子里。现在，他家共种了 7 亩红心猕猴桃、7 亩蜜柚，还在外村租了 5 亩田地搞水果育苗，农闲时再搞点其他副业，一年下来能有 20 万元的收入。

1990 年出生的韩子君，学的是财会，她给自己算了一笔账："我在家里卖苗木，一年可以赚 10 万，搞嫁接，两到三万，今年还卖了 1000 斤红心猕猴桃、2 万斤'米良 1 号'猕猴桃，家里也有几十万的收入。如果我出去打工，做个普通的会计，一年顶天 10 万块钱，还不能照顾孩子。"

菖蒲塘村党委书记周子钧算了一笔账：菖蒲塘村水果种植面积 3862 亩，年产水果可达 1 万吨，加上销售苗木和技术输出，一年总产值超过 4000 万元。全村共 710 户 3035 人，约有 90% 的村民留在村里，实现家门口就业。

但是，菖蒲塘村并不就此满足，停步不前。在村支两委的带领下，顺应大势大胆改革，改变农业模式，通过不断加大"外引内联，招商引资"力度，选好项目，瞅准时机，主动出击，不断探索新的可持续发展模式。

村里的飞水谷景区，有落花洞、落花泉、散花瀑、九曲迴廊、玉液泉、遇仙洞、圣女石、飞天瀑等特色景点，峰峦起伏、峡谷深邃、林木葱茏、飞流直下、溪水淙淙，正是大城市人休闲旅游的好去处。村支两委充分利用这一天然资源优势，进一步加大开发力度，借助高速公路廖家桥镇下线，在村西 209 国道旁平整出 30 亩土地，建设旅客服务中心、村水果展销区、现代农业观光园，将特色农业与旅游观光进行深度对接，实现单一业态向多业融合拓展升级。2017 年游客量达 30 万人次，实现旅游收入 2000 万元，为村民提供了 18 个就业岗位，提供摊位 56 个，村集体经济增收 20 万元。

村支两委还充分利用政策优势、资源优势、区位优势，创新打造特色民居仿古建筑，建造村博物陈列馆、民俗文化仿古一条街、大型特色民俗表演场所。同时，村里大量引进种植高山葡萄，筹划建立葡萄酒酿造厂。相信在不久的将来，菖蒲塘村会涌现出更多像"周生堂"这样的优秀企业。

菖蒲塘村十分重视发展乡贤经济，村支两委主动联系在外经商的本村成功人士，把他们请回来，共商村里的发展大计。通过充分利用这些走出去的乡贤们手中的资源，大力拓展村里农产品销售渠道，把村里的致富事业进一步做大做强。

谈起这五年来菖蒲塘村的变化，村民们都说，变化实在太多、太大。机耕道全部硬化了，断头路也拉通了，人饮工程、果园灌溉工程和覆盖全村的460盏太阳能路灯已基本完成，老百姓的日子是芝麻开花节节高。现在村里最大的变化，不是钱越赚越多，而是村民精神文化生活丰富了，眼光开阔了，思路清晰了，越来越熟悉市场、适应商品经济了！

"湘西州作为精准扶贫重要论述的首倡地，菖蒲塘人发挥示范作用做到了率先脱贫，将来还必然会发生历史性的变化。"2017年，复旦大学博士申宸闻名而来，担任了菖蒲塘村党委副书记。他说，接下来，菖蒲塘人一定会用勤劳肯干和全部智慧，将菖蒲塘村打造成为乡村振兴的新样本。

（供稿：凤凰县政协）

补点村：藏在深谷的文明乡村

向绍文

沿着洽比河谷，湖南省湘西土家族苗族自治州吉首市矮寨镇补点村的 4 个村民小组逐一排开，山清水秀，阡陌纵横，安静而祥和。

这个在湘西常见的苗族传统村落，却有着不平常的经历。

从被人笑话"补点补点，每年都靠上面补一点"，到 2016 年全部脱贫，再到如今人均纯收入 4000 多元；从"一年一小水，三年一大水"，到如今建成数百米的防洪堤兼游步道，治水又致富；从缺电到光伏发电，从无产业到多产业并进，从封闭到开放……如今的补点，是全国精准扶贫的缩影，是湘西脱贫的传奇。

村支书石天银告诉记者，补点村的发展可以分为三个阶段：一是 1999 年修好了通村毛坯路；二是 2009 年省委宣传部来扶贫后，硬化道路、改造农网、接通自来水、挖渠修堤，让村里大变样；三是湘西州政协扶贫工作队入村后，村里的变化翻天覆地。

"不信带你去看看。"石天银自信地说。

"每年都要补一点"

从补点村到吉首市区，直线距离不过 10 多公里，但要翻过几座大山。

村民们靠土地吃饭，一年到头就指望河边那几亩稻田。然而，"一年一小灾，三年一大灾"的洪水，常常让人颗粒无收。

以前村民们还有一条生计，便是趁入夏涨水时，从山上砍树沿河放排到吉首去卖；入冬后，又上山砍树烧炭挑往城里卖。然而，这破坏生态的门路终究不是长久之计，封山育林后，无人再敢铤而走险。

"每次去乡里开会，总被人念叨'补点补点，每年都要靠上面补一点'，就这样给传成笑话了。"今年 81 岁、任村干部 20 多年的施正夫回忆起当年，直皱眉摇头。

治水治山又致富

在石天银的带领下，记者实地体验了村民眼里的"翻天覆地"。

走进村里，映入眼帘的便是沿河延伸到山谷里新修的河堤。王庆祝介绍，这条长 298 米、顶宽 1.2 米、高 4.5 米的高标准河堤，去年夏天便发挥出了它的作用，眼见浩浩荡荡的洪水袭来，硬是未漫过河堤，村田村房完好无损，村民们大喜过望。

河边有村民正在建新房，偌大的休闲广场设有篮球场、停车场。下河的游道宽敞平整，入户的路全是青石板铺成，户户坪场皆用水泥硬化，自来水管铺设整齐，苗族特色的木屋内有彩电、冰箱、电脑。

出村不远处，几十个大棚在阳光下闪闪发光。蔬菜种植大户施正珍正在大棚里扯白菜，准备晚上运到吉首市去卖。"以前家里在山上抠两亩多地，一年卖菜最多收入 9000 元。这 13 个大棚虽然建成才一年，但已经实现收入 6 万多元了，相当于以前的五六年。"施正珍对记者说。

紧挨着施正珍基地的另一个大棚里，智障老人施从富正在看自己培育的茄苗、辣椒秧。他笑着对王庆祝比划着说："这苗长这么高了，可卖一块钱一根。"施从富孤身一人，本可以住进养老院，但他执意不去。在湘西州政协副主席宋清宏帮扶下，不仅有了大棚，还有了指导老师施正珍。"种菜加上喂的几十只鸭子，一年收入万把块钱没问题。"石天银说。

沿治比河公路往下，村寨对面的山坡上，摆满了蜂箱，但未见蜜蜂，记者很是诧异。石天银说，180 多箱蜜蜂都被运到广东汕尾过冬去了，那里有它们采不完的花粉。2016 年养蜂合作社净收入 16 万元，人均增收 1000 元。

"终于可以讲句硬话了"

补点村共有 154 户 678 人，原有建档立卡户 30 户，已于 2016 年底全部脱贫。如今，村里蔬菜、蜂蜜、生姜、玉竹、山羊、泥鳅种养已渐渐形成了产业。

2016 年经湖南省政协主席李微微和相关人士的牵线搭桥，中国国际经济技术合作促进会与湘西州签署战略合作框架协议，支持补点村精准扶贫资金 1000 万元，项目涉及公共服务设施、水利工程建设等，湘西州政协负责监督实施。

2017 年新一届州政协接棒，继续扛起"三个一"扶贫行动大旗，抓住补点村脱贫巩固的关键年，加大了结对帮扶的力度。

州政协主席刘昌刚的联系户时远章夫妇，年老且都有残疾，刘昌刚经常到家里慰问，帮他家完成了民居改造。

州政协副主席贾高飞帮扶石家申一家，夫妻二人年迈，贾高飞动员老两口养蜂，帮助其患有精神疾病的儿子联系医院治疗，享受大病救助。

州政协副主席宋清宏的联系户施正珍，4个孩子读书，在宋清宏的帮助下建起了13个蔬菜大棚，每年至少有6万元的稳定收入。

州政协副主席向顶天帮助结对帮扶户施合昌争取了危房改造指标，为他患有癫痫病的女儿争取到了免费治疗。

州政协副主席龙春生帮助石家佑发展养蜂产业，现在已发展到5箱，每年至少有4000元的稳定收入。

......

"目前基础设施基本建好了，下一步将继续壮大产业，争取2018年村集体经济突破10万元。同时，生态旅游、家庭旅馆、农家乐等将通过引进客商或村民自建的方式，因地制宜地起步发展。"石天银说。

"我要喊曾经笑过我的那些人过来看看，补点再也不是以前的补点了！我也终于可以讲句硬话了！"老支书施正夫高兴地对记者说。

（2019年2月）

03 湘西第一村的发展之路

李焱华

巍巍武陵山下，悠悠沅水之畔，有一座古老村庄，那里山清水秀，四季鲜花盛开，平地上一排排花果蔬菜大棚波涌起伏，山脚下一幢幢小洋楼错落有致，公路如玉带交织深入村庄各个角落。在村里随处可见到成群结队的游客，一边在田间地头玩乐，一边为眼前的美丽景色赞叹不已。这就是有"湘西第一村"美誉的泸溪县浦市镇马王溪村。

马王溪村总面积6.18平方公里，辖5个村民小组7个自然寨，368户，总人口1722人，中共党员48名。全村有稻田1244亩，旱地630亩，林地3000亩。

马王溪原来叫蚂蟥溪村，当地有个传说，以前这里有一只蚂蟥精，它吞噬资源，吸走人的精气，使得当地人不思进取，生活十分艰难。其实，这只蚂蟥精就是贫穷。消灭这只吞噬资源、吸人精气的蚂蟥精，改变千百年来的贫穷落后面貌，这是马王溪全体村民的共同愿望。2013年以来，随着精准扶贫国家战略全面推行，在州县各级党委政府大力支持下，村支两委班子紧紧抓住发展机遇，强基固本、开拓创新，带领村民撸起袖子加油干。短短几年时间，马王溪村由历史有名的贫困村，华丽转身成为泸溪县数一数二的小康村，创造了脱贫致富的奇迹。湖南省人大常委会副主任、中共湘西州委书记叶红专专程到马王溪村调研，对当地的发展模式高度认可，赞誉说马王溪村是"湘西第一村"。

建强支部 夯实脱贫攻坚基础

"要想富，先要有个好支部。"这是流传在马王溪村老百姓嘴里的一句话。走进马王溪村，首先看到的就是竖立在村口的一块红旗形状的水泥碑，两行大字赫然醒目："党建引领，以村为主，六项工作创先争优。"

党建引领是马王溪村"脱胎换骨"的源生动力。近年来，马王溪村始终坚持党建引领，组建了8个产业党小组和6个网格党小组，使党建工作在产业建设和网格化管理等工作上真正落脚生根，由"虚"变"实"，由"小"变"大"，由"弱"变"强"，提升了基层组织战斗力。2017年，村民人均纯收入达到了2万余元。连续两年的民主评议中，村组干部的满意率达100%。

"党员干部就是要为群众干实事、办好事、谋利益，我们村党员干部不要派头，只讲干头。"村支部书记石泽林说，马王溪村党支部积极推行民主选举、民主评议、民主决策、民主管理和村务公开、财务公开的"四民主、两公开"制度，并构建了"一核两极三列组织体系"，把党员干部的先锋模范作用充分发挥了出来。

石泽林介绍，"一核两级三列"，即坚持以村支部为核心，协调村支部、村委会两个序列，发挥组长、网格和农户三个层级作用。全村48名党员干部均以联组包户的方式成立了8个产业党小组，村支两委每年初把全村产业建设任务分解到各个党小组，每个党小组主要负责"三好一解"，即抓好产业布局，搞好科技对接，办好样板示范，破解资金难题。同时，村党支部还成立村民矛盾调解委员会和调解小组，及时观察、防止和调处各类矛盾纠纷，确保社会安全稳定，党员们不忘初心，牢记使命，在工作中充分发挥了模范表率作用，特别是老党员发挥余热，积极作为，如担负村卫生义务监督员、矛盾纠纷调解员等，不论是炎炎夏日，还是数九寒天，深入一线督促检查全村卫生清扫情况……正因为有了这样一个充满凝聚力、向心力和战斗力，甘于奉献的党支部，才推动了各项事业的风生水起，各种产业的蓬勃发展，村里有了许多洋房，有了许多轿车，有了10余户的"百万富翁"……原来的"黑三角"蜕变成了今天的"白富美"。

村主任周望喜说："这几年，村里之所以能发生脱胎换骨的变化，关键是发展模式好，在党建引领下，党员干部工作起来有劲，群众大力支持。"

"下一步，我们坚持'双向'培养法，把党员培养成致富能手，把致富能手培养成党员，充分发挥党员的先锋模范作用，夯实基础，进一步提升村支部的凝聚力和战斗力，推动工作，促进村里经济发展，农民增收致富。"石泽林说。

发展产业　增添脱贫攻坚动力

农村发展真正良方是什么？农村的出路在哪里？马王溪村支部书记石泽林一语中的："农村要真正发展，就得有人才。"如何留住年轻的劳动力，不是苦口婆心的说教就能解决的，必须有让农民在家门口就有致富的路子。

"以前，我们村没有什么产业，春种水稻，秋播油菜。"当地村民小周说，"现在村里除了有一个陶瓷厂，三个产业带，一个养殖小区外，还有西瓜、葡萄、黄桃、铁骨猪、小龙虾、陶瓷等10多种生态绿色产业。有了产业，村里真正实现了地常绿，花常开，整个村子都变漂亮了。"

为什么会有这么多产业？村民谭松林道出了其中原因。以前，既无经验，也无胆量，村民根本不敢搞产业建设。村里对产业发展进行统一规划，进行技术指导，村组干部还帮忙跑贷款，协调土地流转，让大家的胆子大了起来。

有资金、技术和土地等要素的支撑，才逐步形成了产业"集群"。"这是村里的致富蓝图，对产业、村道、旅游等都做了规划。"石泽林一边手指规划图，一边如数家珍地说，"目前，已初步形成了'两区两园三基地'的产业格局，即柑橘精品园区、畜牧养殖小区、育苗标准园、七彩花果园，生态休闲观光农业基地、鑫隆陶瓷厂就业基地、妇女就业基地"。

在鑫隆陶瓷厂，正在工作的石长丰，年前刚从浙江打工回来，看到家门口的企业办得红红火火，就不再外出务工。他说："家门口上班，月工资最高可达5000元，还可以照顾老小，比在外打工好多啦。"

"留住了人，村里就有了生机，就有了脱贫致富的创造力。"石泽林说，"仅我们陶瓷厂就创造了260多个就业岗位，村里的一些种植大户、养殖大户的种植养殖基地都创造了就业岗位。2017年，相关产业发给村民的工资就达1500万元"。

像石长丰一样在家门口上班的还有30多岁的村民小张，他在本村的鑫隆紫砂陶瓷厂上班5年多了。厂里计件，没有规定的上下班时间，既能做家里的事，又能赚钱。现在厂里大部分上班的人都是村里的人。

"足不出村，'农民工人'月薪就能有3000至5000元，还能照顾老人小孩，哪个愿意到外地去打工。"在陶瓷厂上班的小莫说，"我们村的村民不仅只是在陶瓷厂上班，还在村里的果园上班。村里还将800余亩土地由村委会统一流转给了租地的果园老板。村民既能拿租金，又能拿工资"。

村里发展产业，在偏远的农村似乎并不鲜见。像马王溪村的产业发展多达10多种，草莓园、葡萄园、黄桃园、苗圃园等成网格状分布在村子道路的两边，品种多样，绝不雷同，不能不让人感到惊奇。原来，马王溪村村支两委为了让产业发展风险降到最低，规定每户只能发展一种产业，不能和其他人重复，避免了村里人恶性竞争，同时也防止"将所有鸡蛋都放在同一个篮子里"，这样就避免了若遭遇一些意外因素时全村人都遭殃的局面。

示范引领　支撑脱贫致富信心

"干部干部，先干一步。只有让群众看到希望，群众才会相信你，跟着你干。"石泽林说，这就要求干部先行先试先干，用行动告诉村民，我行你也行，帮大家把脱贫致富的信心树起来。

早年，石泽林在南方一个陶瓷厂打工，既赚取了人生第一桶金，又学到了制作陶瓷的核心技术，回到家乡后，他就和妻子谭春燕商量创办了陶瓷厂。陶瓷厂起步之初，缺资金缺工人。没有资金，他和妻子向亲戚东拉西借。没有工人，他们先后跑遍了潭溪、合水、达岚等乡镇的50多个村寨，招回新老职工150多人，其中女工120多人。经过多年的发展，如今，陶瓷厂已成为村里的支柱产业。

一花独放不是春，万紫千红春满园。石泽林说，"一个人富起来不算本事，要让大家都富起来才是真本事"。在他的带动下，一些村民也纷纷行动起来。

村民谢龙生原来在石泽林的陶瓷厂打工，有了积蓄后，自己办了一个养猪场，收入明显增加。"看到石支书那股子创业劲，我在想，大家都是两个肩膀扛一个脑袋，他能做到我也能做到。"谢龙生说。正是大家都不服输的劲头，仅养猪一项，2017年马王溪全村就出栏生猪10000余头，实现利润500万元。谢龙生在其中贡献最高。

"授人以鱼不如授人以渔。"要想让村民实现可持续发展，必须把村民变成创业能手。"为了能让村民都能掌握一门发家致富的技术，最近几年，村里组织村民代表到重庆、贵州等地参观考察，开阔视野，学习经验，特别是结合实际，学习生态观光农业开发。村里还经常邀请农业专家和'土专家'指导村里的农业生产，传授大棚高效西瓜种植、葡萄嫁接、油茶育苗等技术。"村民谭松林说，村里配置近万册涉及科技、法律、文学、书法等方面的图书阅览室，方便大家在发展产业遇到困难时去查阅。

生态旅游　美了乡村富了百姓

马王溪曾经多年"养在深闺人未识"，如今，优质的山货、优美的风光、奇特的地理、淳朴的民风，特别是农业耕地、居民住宅、山水资源成片聚集，形成了天然的观光片区。走进今天的马王溪村，你会发现，农户脸上到处洋溢着幸福的笑容。

"有了这绿水青山，何愁不脱贫致富。"家住马王溪村三组村民小石信心满满，"我家早都脱贫了，今年我家种了5亩草莓，每年都有附近的游客来采摘，预计纯收入2万元"。

如何将绿水青山变为致富路径？马王溪村给出了致富密码。借助湘西州委、州政府和县委、县政府加快发展全域旅游的契机，打造自己独居特色乡村旅游。

"我们村里环境好，家家都种植纯天然、无公害的绿色农产品，发展乡村旅游条件优越，距离4A级景区浦市古镇只有5公里，是浦市古镇旅游的一个非常重要的补充。我们将本着'生态观光'旅游发展理念，盘活土地，突出特色，科学布局，全力打造好马王溪生态农业观光长廊、采摘区、陶瓷自制区以及峡谷游，让游客自己动手体验，感受乡村游的乐趣。"石泽林说，乡村旅游涉及建档立卡户35户93人。

石泽林说，创新乡村旅游运作模式，实行"大户担风险，小户享利益"模式，全民入股集体经济，降低准入门槛，议定为每股3000元，两股以下的小户资金保值免承担风险，其他股东则共同承担风险。同时，严格控制大户入股份额所占比例，防止集体经济被大户联合垄断，大户入股最高不得超过20万元。分红利时，村集体只占5%，其他由股民按比例切割。目前，村民参与乡村旅游热情高涨，已吸引入股村民100多户。

走在马王溪村子道路上，你会发现几乎每一幢房屋的前庭后院要么种植葡萄，要么种植香樟，要么种植紫薇……绿化率达90%以上，真是人在其中走，如在画中游。

"发展生态旅游，不是简单搭几个大棚，栽几棵树就能发展起来，必须要让环境美起来，让游客来了的想再来，不来的想来。通过发展生态旅游，我们不仅要让村民的腰包鼓起来，还要让村民的生活美起来。"周有望说，过去我们村是村道两旁杂草丛生，房屋四周垃圾粪便到处皆是，人畜混居，晴天臭气熏天，雨天污水四流。

为了从根本上解决马王溪村发展瓶颈，村支两委班子按照"绿水青山就是金山银山"的思路，狠抓环境保洁工作，硬化村间道路，修建垃圾池，实施人饮工程，建设沼气池160多口，改善环境，村寨变得清洁卫生。设置了护林员、保洁员公益岗位，这些岗位优先考虑建档立卡贫困户，使他们从中受益。同时，开展"大评小奖"活动，按照最清洁户、较清洁户、不清洁户三个档次，对最清洁户给予牙膏、毛巾、雨伞等小礼物奖励，张贴最清洁户标示牌，对最清洁户、不清洁户名单在村里广播进行公布，充分调动村民参与的自觉性和积极性。

"春江水暖鸭先知。"在全域旅游爆发的时代，村民们很早就意识到了发展乡村旅游的好处，自觉主攻生态建设，打造生态村庄，实施造林绿化、饮水、沼气、改厕等项目。近年来，村民在公路两边、屋前屋后、工厂周围开展了大量的栽植绿化工作，并且初见成效。在初步建成的生态农业示范基地观光长廊里，基地负责人介绍说："这个长廊投入建设资金20万元，一边是金银花，一边是野生猕猴桃，藤长到架子上，旁边植竹，形成一片竹林，人可以在棚子下面走，既美观又遮阳。等建成后，马王溪将成为再次引领湘西州观光游火爆行情的好去处。"

漏那村："减"出好风景

吴红艳

绿树掩映，庭院净洁。7月3日，花垣县花垣镇漏那村，空气清新，环境宜人，村党支部书记姚芳妖乐呵呵地介绍："我们漏那村的洁净美，是'减'出来的!"

"漏那"，苗语音译，雨水充沛的田地的意思，全村共3个自然寨280户1130人，是该县美丽乡村建设示范村。

谁都不曾想到，美如画卷的漏那村之前备受垃圾困扰：该县自美丽乡村建设开展以来，热爱卫生的漏那人家家户户、大小村道都收拾得干干净净，可村里设置的5个垃圾围，每天总是装得满满的，清运稍有不及时，垃圾腐烂臭气难闻，清运任务重，特别是夏天，要把又臭又脏的垃圾铲上车，令人苦不堪言，严重影响了人们的生活质量。同时，清运开支也成了村里负担。

漏那村支两委将此事提上2018年议事日程，专门召开会议研讨对策。通过多次实地查看和商讨，9月初，村里决定停用所有垃圾围，实行垃圾不出户的治理方案。

当村干部把村里的决定和要求在村民微信群公布出来时，有村民问："垃圾围取消了，我们的垃圾扔哪儿去?"

"每周星期一至星期六，各家自己管理"，村干部耐心解释："星期天，统一倒到指定地点，请张长寿的车运到县垃圾场去。"

"要交钱不?"有人又问。

得知费用由村里安排，一些村民仍有顾虑："平时，我们一天往垃圾围倒几回，现在，一个星期才收运一次，搞不好，搞不好!"

……

垃圾围停用了一个星期，新问题出现了：部分村民距离垃圾指定地点较远，嫌麻烦，悄悄把垃圾倒进附近的漏那河，让水冲走。漏那河是花垣河的支流，2018 年县里实行河长制以来，禁止往河沟倒垃圾，如有违者，依法进行处罚。

出现这种情况，逼着村里想办法。村里召集全部党员开会，重温入党誓词，明确党员义务，倡议党员带头示范进行垃圾分类减量。同时，以"互助五兴"活动为契机，组织全村党员与非党员的村委会成员及该县机关事务局驻村帮扶工作队共 20 多人，每人联系 10 家农户，挨家挨户上门宣传法规政策，并根据农家实际，探索"卖一点、埋一点、喂一点、烧一点、运走一点"的方法，引导村民对垃圾进行分类减量处理，即可回收垃圾，卖到村里回收站；厨余垃圾，填埋到菜园；菜叶、果皮等，用来喂养家畜；树叶、枝条等，自行焚烧；尿不湿、灯泡、电池等垃圾，每周日交由拖运车，运到县垃圾填埋场处理。

为解决投放垃圾距离远的问题，村里分别在 3 个村民小组增设 3 个临时停靠点，让大家轻松就能把垃圾投放上车。

工作队每月还开展美丽乡村"大评小奖"活动，组织人员不定期入户检查和评比，为做得好的家庭发香皂、毛巾、扫把等奖品，充分调动村民参与积极性。

每周日上午，收运车循环播放着音乐，按时按点收集垃圾成了村里一道独特的风景，姚芳妖欣喜地说："以前一天要清运垃圾 5 次，每次都是满满一大车；分类处理后，大家要倒的垃圾不多，我们一周只要收运 1 次，村里一年至少可以节约 1 万多元。"

垃圾分类减量，"减"出漏那村的洁净美。"下岗"的垃圾围里，小树苗茁壮成长；人们房前屋后，花草芬芳、瓜果飘香；流水潺潺的漏那河，宛如一条碧绿色的丝带飘向远方；郁郁葱葱的田野里，人们正忙着采摘豇豆、辣椒、青菜，一片片猕猴桃、黄桃挂满了枝头，丰收在望。

"火"得不一般的苗寨

2013 年 5 万人次，2014 年 12 万人次，2015 年 20 万人次，2016 年 32 万人次，2017 年 79 万人次，2018 年 102 万人次……

这是湘西墨戎苗寨乡村游有限公司提供的近年来古丈县墨戎苗寨旅游人次的统计数据。透过数字，我们可以看到，墨戎苗寨旅游产业一年火过一年，五年内实现了发展的大跨越。

就旅游资源而言，墨戎苗寨在湘西算是较为普通的一个乡村。然而，随着近年来旅游产业的兴起，墨戎苗寨不等不靠，立足实际，发挥优势，乘势而上，将旅游产业搞得风生水起，一时间成为业界学界的研究对象。"墨戎苗寨旅游产业为何这么火"成为一个"现象级"研究课题。

"五一"期间，古丈县默戎镇墨戎苗寨异常火爆，南来北往旅游大巴车在这里停靠，能同时停泊 100 多台大巴车的停车场早早地就没有了停车位，不少车辆只得停靠在 229 省道路边。一批又一批的游客走过风雨桥、喝了拦门酒，鱼贯而行进入苗寨。寨子里的苗家长龙宴是游客们集中用餐的场所，上下两层、木质结构的偌大厅堂里，熙熙攘攘的游客们一边用餐，一边欣赏浓郁民族风情的文艺表演。"五一"期间，墨戎苗寨每天到访的游客都在 5000 人次左右。墨戎苗寨所在的默戎镇龙鼻嘴村党支部书记石远军说："平时来墨戎苗寨的游客也不少，今年'三八'妇女节那天有一万四千多人到这里游玩，墨戎苗寨是一个没有淡季的景点。"

抓住旅游扶贫好机遇

"墨戎苗寨的'火'，从宏观角度讲，很大程度上是受益于国家经济社会发展，受益于国家各类政策红利的释放。"致力于旅游经济研究的吉首大学旅游与管理工程学院副院长鲁明勇教授认为，"'全民旅游时代'的到来、精准扶贫政策的推动，以及乡村振兴、美丽中国建设等国家层面的战略部署以及地方产业的布局规划，这些给墨戎苗寨发展旅游营造了良好的政策环境。"

据国家旅游局发布数据显示，2018年湘西州国内旅游人数为55.39亿人次，比上年同期增长10.8%。"全民旅游时代"已到来，旅游业界称，"旅游已成为人们生活中不可或缺的一部分，旅游业正领跑中国幸福产业"。

在"全民旅游时代"里，处于"张家界—凤凰"黄金旅游线上的墨戎苗寨，迎来了快速发展的机遇。根据2019年张家界市"两会"期间政府工作报告显示，张家界市2018年接待游客8521.7万人次，增长16.17%。而湘西州去年接待国内外游客5138.7万人次，增长25.1%；凤凰县去年接待游客1800万人次，增长19.2%；墨戎苗寨年度旅游人次首次突破百万人次大关，接待游客102万人次，增幅为29.1%，旅游收入实现1.5亿元。

旅游扶贫是精准扶贫的重要途径之一，在这场脱贫攻坚战中，旅游扶贫在各地发挥着独特且不可替代的作用。旅游扶贫政策的落地，让墨戎苗寨发展旅游产业充满了信心和希望。

2012年之前，墨戎苗寨还是一个贫困山村，这里的人们过着"种田无饱饭，杀猪图过年"的日子，人均纯收入不到800元。早些年，墨戎苗寨所属的龙鼻嘴行政村曾谋划依托墨戎苗寨的民族民间文化资源优势、便捷的交通资源优势，发展旅游产业。2013年11月，习近平总书记考察湘西时提出了"因地制宜、实事求是、分类指导、精准扶贫"的"十六字方针"，这给龙鼻嘴村在探索脱贫致富路上指明了方向。该村把发展旅游产业作为脱贫致富的当家产业，积极行动，引资引智。同时，湘西州旅游部门编制了《湘西州乡村旅游发展规划》《湘西州"十三五"旅游业发展规划》《湘西州全域旅游建设规划》等，制订了《湘西州乡村旅游脱贫工程实施方案》《湘西州乡村旅游脱贫工程指导意见》等文件，推进了全州各地乡村旅游设施建设。

搭乘政策东风，墨戎苗寨改善旅游产业发展的设施建设破解了瓶颈。近年来，围绕墨戎苗寨旅游产业开发，启动实施了丹青河流域默戎段治理工程项目，完成苗寨石板路铺设、特色民居改造、风雨桥架设和亮化、桐木自然寨道路硬化等基础设施，修建了停车场、苗族鼓舞传习所、餐饮接待中心等产业设施。

"齐天坡脚有一寨，龙鼻河绕如玉带，青山绿水结奇缘，坐在家里金自来。"这首流传于墨戎苗寨的苗歌，唱出的是苗寨山民世世代代追求幸福宽裕生活的心声，如今，善抓机遇的墨戎苗寨正朝着"坐在家里金自来"的美好梦想一步一步靠近着。

"吃餐饭"经济

"我们早上9点钟从张家界出发，中午11点多到墨戎苗寨。在这里用中餐后，游览寨子，下午1点半出发赶往凤凰。"张家界"湘当好"旅行社的卓导游向记者介绍他们的行程安排。近日，卓导游告诉记者，他带"张家界—凤凰"黄金旅游线上的团队，都会到墨戎苗寨休息、用餐、游览。"古丈县墨戎苗寨就在这线上，而且旅游资源很好，这就是它的优势。"卓导游说。

墨戎苗寨位于吉首、古丈、保靖三市县交界处，省道229线、龙永—永吉高速以及枝柳铁路都从这里经过，交通区位优势很明显。此外，墨戎苗寨处于"张家界—凤凰"旅游黄金线路的中段，距张家界市区约140公里，距凤凰古城约90公里。

"墨戎苗寨地理位置、交通区位优越，这里还有独特的自然风光和历史人文，旅游资源较为丰富。经营者将墨戎苗寨的优势很好地结合开发，并充分发挥市场机制，促使它'火'起来。"湘西旅游研究院院长龙忠分析说。

"我们巧用优势，让我们墨戎苗寨由最初的'撒泡尿'经济发展成为目前的'吃餐饭'经济。"古丈县默戎镇龙鼻嘴村党支部书记、湘西墨戎苗寨乡村游有限责任公司董事长石远军介绍说。在旅游产业起步的最初一两年，行走在张家界与凤凰之间的旅游大巴车，很多是因为这里作为一个中途休息点稍作停留，让游客在墨戎苗寨上个厕所，游客在墨戎苗寨停留的时间最多半个小时。半个小时的时间，游客在墨戎苗寨买瓶水、吃点小吃，也有游客在这里买点茶叶、银饰、旅游纪念品，但是消费量很不够，这种模式被人戏称为"撒泡尿"经济。

墨戎苗寨从"半小时"中看到了发展的潜力，他们通过提供热情周到的服务以及公司的市场营销推广，从2015年开始，多数南来北往的游客在墨戎苗寨逗留的时间增加到两个小时左右，游客们不仅能在这里吃特色的"长龙宴"，还能漫步游览苗寨，观赏民族特色浓郁的文艺表演，亲身体验苗家风俗民情，还有充裕的时间让游客购买当地的土特产和旅游纪念品，这也就是"吃餐饭"经济。

"我们粗略估计了一下，'吃餐饭'经济模式下，游客在我们这里的人均消费额度可以达到150元，这对我们的产业的长远发展以及带动村民脱贫致富有着非凡的意义。"古丈县默戎镇政府驻龙鼻嘴村干部钟昊旺告诉记者。

除了交通区位优势外，墨戎苗寨还有自身的资源优势，民族文化就是其中最为重要的一个因素。墨戎苗寨 2011 年被国家文化部授予"中国民间文化艺术之乡"，2012 年被住建部、文化部、财政部列为第一批"中国传统村落"名录，2014 年被评为"中国少数民族特色村寨"，2015 年被列入"国家乡村旅游重点扶贫示范村"。此外，墨戎苗寨还是湖南省"特色旅游名村""湖南省美丽乡村"。"这些荣誉让墨戎苗寨的形象和无形资产得以增值，发展旅游的含金量也更高了。"钟昊旺说。

张家界国旅的潘松国导游说："墨戎苗寨的苗族文化底蕴深厚，这里曾是南方长城北段的起点，寨子里拥有苗族文化传习所等场所，可供游人参观体验，游客对这里的评价普遍较好。"其实，墨戎苗寨的苗族服饰银饰、苗族刺绣、苗族建筑等特色民族艺术也很有特色，为了丰富旅游项目，他们还推出了以"赶秋节""四方鼓舞""巫傩绝技""苗族山歌""苗族跳鼓""苗家长龙宴"等神秘苗族民俗表演，推进民族文化旅游内容。

"将区位优势、资源优势转化为经济优势、产业优势，墨戎苗寨做得很到位。所以，墨戎苗寨'火'起来，也是意料之中的。"龙忠评价说。

06 金落河展新颜

唐艳娉

在保靖县水田河镇东南部，国家 AAA 级旅游景区吕洞山腹地，一条古老的河流静静流淌，一座苗族村寨沿河坐落，金落河以河为名，伴河生息。精准扶贫政策实施以来，新的力量如输血般注入，传承与发展，质朴与新生，在这座古雅的苗寨迸发出不一样的火花。

产业发展新布局

金落河村水源优质，稻田肥沃，有着悠久的稻花鱼养殖历史。由于缺乏销售渠道、运输成本较高、养殖规模分散等原因，鲜少有村民想过将稻花鱼养殖发展成产业。保靖县西水·吕洞山风景名胜区管理处驻村工作队和村支两委多次研讨，认为产业发展要因地制宜、精准发力，稻花鱼养殖就是条好路子。他们做了大量调查工作，划分出适宜养殖稻花鱼的区域，并邀请省里专家为农户讲解"稻+渔"养殖技术，通过经验引领和技术创新，减少投入、提高产量。

2019 年，村里成立了金落河稻花鱼养殖合作社，共有 43 户建档立卡户与合作社建立了利益联结模式，本年度投放鱼苗约 1.3 万尾，养殖规模 120 余亩，预估产量 1500 公斤以上。通过合作社经营管理，随着养殖规模逐年壮大，将吸纳更多的建档立卡户加入合作社，参与日常管理和分红。

干群一心新活力

过去，一些村民不愿外出务工，也不愿发展产业，总认为"穷根"是生成的，再怎么努力也不会有起色。工作队驻村以来，对症研究了这个问题，发现并非村民不求上进，而是有许多掣肘发展的现实原因，比如缺乏资金、技术、土地等。村里成立了"互助五兴"小组，多次与贫困户促膝长谈，讲解国家对促脱贫的利好政策，帮扶干部在一次次走访中，鼓励他们努力奋斗改变落后现状，帮助树立脱贫决心，寻找摆脱贫困的内在动力。现在，村里的青壮年们大都走出了村子，务工年收入人均达 30000 元。

"以前村民在外面打工，一个月只有两三千块钱，现在在家门口做工，一天就有 200 元。"村主任石付兴如是说。近年来，村里的项目工程一个接着一个。农家乐刚落成，旅游厕所又开工，便民桥梁还没完工，文化墙项目又启动了，为村里的低收入群体带来了就业机会。

同心共建新家园

金落河村风景秀美，苗族村寨古香古色，高山峡谷、森林溶洞，珍稀动植物资源丰富，60 余只野生猕猴栖息其中。2016 年，该村入选第四批中国传统古村落。

精准扶贫政策实施以来，村民对村子发展旅游产业充满了信心，驻村工作队和村支"两委"将旅游扶贫作为重点开发方向。近年来，该村基础设施建设资金超过 2000 万元，观光公路、美丽乡村项目、游客接待中心等已陆续建成。慕名而来的人越来越多，在凉爽的金落河畔露营，在老乡家品尝肥美的麻鸭，成为湘西小伙伴的必备攻略。面貌焕然一新的金落河村，越来越有乡村旅游扶贫重点村的"范儿"。

07 司城村变形记

罗奋飞

"福石城中锦作窝，土王宫畔水生波，红灯万盏人千叠，一片缠绵摆手歌。"这首由清朝贡生彭施铎撰写的《竹枝词》，不仅脍炙人口，而且生动形象地再现了老司城当年的繁华盛世，让来过司城村的人无比遐想。

从永顺县城出发，向东约 20 公里便可到达老司城遗址。遗址所在地司城村，有四个村民小组，17 个自然寨，全村共 564 户，人口 1784 人，总面积 42 平方公里，是湘西自治州面积最大的行政村。作为湘西彭氏土司八百年的古都，2015 年，老司城遗址被列入世界文化遗产，生活在这里的司城村人也逐渐被世人所关注。

从徒难找到师难求的向老师

向盛福老师是土生土长的司城村人，2002 年退休后他开始专注于老司城的历史文化研究，2010 年 12 月他的《老司城民间故事集》出版发行；2013 年 5 月他的《溪州土司制度盛衰轶事》又面世。

用他的话说，从小在老司城长大，生在老司城，长在老司城，是听长辈们讲述老司城土王故事长大的，一些生动形象的土司王故事一直在他的脑海里保存着。作为村里的笔杆子，如果说他没有把这些故事很好地宣传出去，就是他对不起长辈们的期望，就是愧对做一个真正的老司城人。他说自己对老司城有一份特殊的情感，只要自己还有一口气活着，他就不间断宣传老司城文化，讲老司城故事，说优秀历史文化，唱土家族山歌。

2011 年，二儿子媳妇尿毒症加重了，整个家庭的经济严重透支，沉重的负担让向老师的身体也每况愈下，他有点着急，担心自己所剩下的时间不多了，心急如焚地在司城村寻找一些"徒弟"，想把自己整理的老司城文化传授出去，让他们这些老司城人也学会讲老司城、唱老司城。他不仅仅局限于书本知识的传递，还自编了很多老司城山歌。

可是他从周家湾到左街，再到喻家堡，除了魏明富、向世芹等几个碍于情面勉强同意的"徒弟"外，绝大多数人都不愿意做他的"徒弟"来义务宣传老司城。向盛福老师面对这样尴尬的局面非常忧虑，他认为老司城本地人必须学会认识老司城和宣传老司城文化。

2012年，永顺县正式启动老司城遗址申报世界文化遗产工作；向盛福老师作为老司城本地人高度支持申遗工作，他曾多次在村民大会上表态，一定发挥好自己的优势，带动更多的人来讲老司城、唱老司城，希望大家积极参与。

然而，申遗初期的司城村人，大多数人只有初中文化，根本谈不上对世界文化遗产的认识，对申遗是否成功也是半信半疑，尽管向盛福老师苦口婆心地动员司城村民参与老司城文化的宣传，但还是事与愿违，大家都忙于在考古工地上打工赚钱，文不文化与他们无关。即使到了晚上，也很少有人愿意参加向盛福老师免费举办的老司城文化培训班。

直到2015年老司城遗址申遗成功，老司城遗址管理处组建了老司城开发公司，根据申遗承诺的四原方针(原遗址、原文化、原生态、原住民)，开始大范围向司城村民招收相关工作人员，在招收的条件中，对老司城文化了解是一个必备条件。

这时候向盛福老师的门敲的人多了，更多的司城村民争相而来，一些平时不关心老司城文化的人，一夜之间跑来要做他的"徒弟"。于是，他家厢房就显非常拥挤，坐不下众多"徒弟"，他家的堂屋就变成了临时课堂，县旅文局也送来了几十张课桌椅和黑板。培训班上座无虚席，有时还有临时站着的"旁听生"。一些没有报到名的村民还责怪向盛福老师不给面子，不给他们主动学习的机会。

再后来，司城村的游客多起来了，司城村民的老司城文化学习也活了起来，村民们白天搞服务，晚上搞学习；不仅学习老司城文化，还学习毛古斯、摆手舞、打溜子、哭嫁歌、咚咚喹等非物质文化遗产。

从徒难找到师难求，向老师急坏了，乐坏了，也忙坏了。随着国家精准扶贫政策在司城村渐渐落地开花，学起来的司城村人也正从贫困走向富裕。文化兴则旅游兴，他们慢慢尝到了甜头，幸福的脸上洋溢着对党和国家的感激之情……

从卖水到卖艺的"蛋客"

说起魏明富，在老司城没有不认识他的人，现在已经成了司城村的名人了。听村民说，他不仅被湖南卫视采访过，还上过CCTV。本村人都习惯地管他叫"蛋客"，大概意思是以前是放养鸭子的，靠卖鸭蛋为生。

现在的"蛋客"魏明富是一名老司城公司的演职人员，还是司城村土家族毛古斯舞的传承人，每次重大演出毛古斯的领队。大家都认为，他将毛古斯里的角色表演得入木三分；不仅如此，"蛋客"表演吹木叶在村里也是几乎没有对手，他随便找片树叶就可以吹出悦耳动听的歌。

老司城遗址申遗成功前，他因占据了老司城游道有利位置而从事卖矿泉水的买卖。来老司城的游客大多会选择乘船而下，先去祖师殿，再沿松柏古道路拾级而上，辗转至周家湾，最后参观遗址。由于从祖师殿到周家湾90%以上人都是选择步行折返，时上时下的2.5公里游道对外来游客来说走起来还是有些费力，步行至周家湾后，都会小憩一会儿再前行。"蛋客"魏明富的家，正在路边的那栋精致小吊脚楼，便成了游客的不二选择，在他家二楼上观景休息两不误。

于是，"蛋客"魏明富家矿泉水成了抢手货，坐下来休息的游客也不会光坐着，观景也好，休息也罢，不买瓶矿泉水喝喝，总有种不好意思的感觉。当然，魏明富也是很有耐心地向游客解释，因为周家湾没有通公路，所有的矿泉水要靠骡马托运3里路，本来只能2元的矿泉水加上托运费，变成了现在的3元一瓶，还满脸微笑地请求游客理解。来过的游客从来没有什么异议，觉得完全可以接受，没有欺诈宰客。

魏明富的矿泉水生意随着老司城申遗工作的推进而日趋兴隆，从简单的买矿泉水逐步演化成矿泉水、米豆腐、甜酒、烟等综合性小卖部了，而且生意越来越红火。

2015年老司城公司成立，面向司城村人招收文艺演职人员，"蛋客"魏明富和妻子商量了好久，最终决定去报名，除了他本人天资聪明外，还对民族文化有一定的了解，更是向盛福老师带出来的高徒。用他的话讲，让妻子去经营这个小卖部，尽管有些忙不过来，自己去当一个艺术团的演员工资收入远远低于经营小卖部，但他是司城村人，应该用行动来为村里做点事，通过自己的表演来宣传老司城，让更多的游客来老司城玩得开心，只有把文化旅游做好，司城村人的脱贫致富才有盼头。

"蛋客"魏明富从卖水到一个演职人员，作为一个在老司城保护与利用工作推进过程中先富起来的村民，在他心里除了赚钱，还有对老司城的情感和责任，为老司城文化宣传"卖艺",为司城村文化旅游脱贫做贡献,他愿意,他开心……

从单身汉到为人父的陈兴旺

"旧时老司城,男人多单身。要做发财梦,打工早出门。"这首曾经民间传唱甚广的司城村民谣,无不说明司城村以前的生活环境是多么的艰苦,经济条件是多么的落后。六年前的司城村是交通闭塞、水不洁、电不畅,再加上土壤贫瘠,老百姓一年到头几乎都是在温饱线上挣扎。这里的女孩子绝大多数是选择远嫁他乡来改变命运,而男孩子长大除了外出打工可以挣点钱外,在家就是简单地糊日子,年复一年,因为找不到老婆而变成了白天逮鱼、下午逮酒、晚上逮牌的"三逮村民"("逮",湘西方言,吃、打的意思)。

1973 年出生的陈兴旺曾经是司城村"三逮村民"之一,父亲去世较早,由母亲秦再香靠卖柴把他拉扯长大,无人外出务工而经济条件相对较差,迫使他年少失学。个性孤僻的他也曾外出务工,想挣点钱讨个老婆回来,没文化没口才没主意,也就没有找到发财的好机会。三番五次自信地外出,又三番五次失望而归。名字是父亲给他取的,可是四十多岁了还没有表现出任何"兴旺"迹象。

2013 年 11 月,习近平总书记在湘西花垣十八洞考察提出了"精准扶贫"重要思想,几百里外的老司城也正在寻求通过申报世界文化遗产来带领司城村民脱贫致富的路子,陈兴旺家住老司城左街,是游客来老司城的必经之路,必然隐藏着巨大商机。因考古发掘工作需要,他家在核心遗址区的田土被征收,怀揣突如其来的征地款,他和母亲将自家的房子进行了整修,并在家门外经营起小商品买卖,计划先致富再讨老婆。

比陈兴旺小 15 岁的彭延菊本是来看看正在申报世界文化遗产的老司城,没想到在他家这次购物就永远购进了家门。看到 41 岁还单身一人的陈兴旺人忠厚老实,老司城旅游发展也正日渐兴旺,彭延菊动了芳心。

2015 年 11 月,老司城遗址申遗成功后一百多天,陈兴旺与彭延菊结了婚;2016 年,陈兴旺当上了梦想已久的爸爸,还成为老司城公司的一名保安。

在陈兴旺心里,满怀着对党和政府的感激之情。申遗成功和文化旅游扶贫让他终于有了家,有了孩子,还有了一份稳定的工作,妻子也做着小买卖,从以前讨不到老婆的单身汉变成了过着幸福小日子的爸爸,这是他做梦都没有想到的。

陈兴旺的梦在延伸,老司城的未来在延伸,中国梦也在延伸……

08 翻身村真正"翻了身"

张　军

2018 年底，海拔 1300 多米龙山县大安乡翻身村整村脱贫，村里成立了首届农民工会，2019 年春节，翻身村举行了建村以来第一次集体文娱活动——拔河、跳舞、打球……

村民马超伍清楚地记得，自己在球赛中大显身手，赢得场外的尖叫不已，这让他得意了好长一段时间。

马超伍是翻身村的一名建档立卡贫困户，精准扶贫实施前，在外打工的他虽有些收入，可经不起开销大，一年下来也存不了几个钱，家里留守的两位老人租住在村里别人家的房子。

"在外时交了个女朋友，带回村来一看，连房子也没有个，扭头就走了。"2014 年，随着精准扶贫工作的开展，马超伍和村里的 43 户人家被确定为村里的建档立卡贫困户。2017 年，村里的扶贫工作队为他申请了危房改造，建起了一栋 125 平方米的小平房。马超伍告诉记者，前些年他在温州务工认识了现在的妻子，家里的房子建好后，夫妻俩一合计，干脆回到村里来发展。

如今，马超伍被安排为村里的生态转岗护林员，夫妻俩种植了 50 余亩的烤烟，参加了工作队组织的药材专业合作社，种植了几百根黄精，一年下来有了 10 来万的纯收入。

"黄连坪，屋脊界，吃大米饭不用菜。"翻身村村书记钟凯告诉记者，这句民谣道出了以前翻身村村民们的酸楚，那时的村名叫黄连坪，由于地处高海拔山区，交通设施差，土地薄，生活苦，20 世纪 70 年代，村民们觉得黄连太苦了，盼着翻身过上好日子的村民们一商议，把村名改成了翻身村。

钟凯的这一说法，在村里建档立卡贫困户的李远付的回忆中得到证实，"几间土房子，要么漏雨，要么透风，家里铺盖不够，睡在苞谷叶里取暖，地里种的只有苞谷和洋芋，就这样也只能勉强够一家人的口粮"。

"1994 年前，村民出行运输都是肩挑背驮，去一趟乡政府往返近 5 个小时，去一趟县城要两天时间。"钟凯告诉记者，1996 年后，翻身村才有了一条通往山下的泥巴路，1997 年冬天，村里才通电，但通电才十几天，大雪压断了几十根电线杆，直到 1999 年才恢复通电。

2014 年开展精准扶贫以后，村里 268 户村民有 44 户被确定为建档立卡贫困户。驻村扶贫工作队和村干部反复调研，走家串户听取村民的意见，得出结论——翻身村要"翻身"，重中之重要做好三件事：修路、兜住底、找准产业。

"现在村里 12.5 公里长的通村公路，进行了加宽和硬化，电网全部提质，一栋栋危房进行了改造，田里还修了机耕道。"如今来村里扶贫的是龙山县编办的工作队，工作队队员孙开笠介绍，去年年底，全村脱贫验收，贫困人口减少到 11 人，综合贫困发生率只有 1.25%，基础设施建设也比较完善，达到了贫困村出列"一个确保、两个完善"的标准。2019 年，翻身村发展烤烟、中药材 2000 余亩，44 户建档立卡贫困户与龙山县众泰中药材合作社签订购销协议，让土地收入翻番。

"如今的翻身村是真正'翻了身'。"村支书钟凯介绍，每年夏天，村里都有不少前来露营的游客，这让他们为以后怎么在村里发展后续产业获得了灵感，"位于'湘西之巅'的翻身村夏天凉快，冬天景美，年底龙山通了高铁，到长沙、重庆只要两三个小时，游客会越来越多。我们准备建设露营基地，发展特色乡村旅游，这是'翻身'以后的长远之计。"

"厕所革命"助力乡村美好生活

吴正凯 田 华 杨艳华

"要想生活更美好，就把旱厕消灭了"。2019年6月15日上午，在凤凰县腊尔山镇的流滚村和夯卡村的两场"改厕"先进农户表彰大会上，村民们异口同声，喊出心声和誓言。

流滚村表彰大会现场，夏风轻拂、烈日高悬，金色的阳光照耀着整个村庄。吴建新等21位村民胸前佩戴大红花，手捧奖状和奖金，舒心开怀、笑容满面，幸福的表情犹如这夏日的阳光一样灿烂。

中共湘西州委书记叶红专来到夯卡村大会现场，对吴环兴等6位村民和流滚村21位村民的积极主动、自行改厕之举给予了高度赞扬，鼓励所有村民积极主动，为美丽乡村建设贡献自己的一份力，把获得感和幸福感进一步增强。

现场的村民们热情高涨，鼓掌表示有干劲建设好美好家园。

美好生活，从改厕开始

流滚村和夯卡村地处腊尔山镇的高山台地边缘，受地理条件限制，基础设施滞后，是湘西州典型的集中连片高寒山区深度贫困村。近几年来，在州委办驻村扶贫工作队的帮扶下，加大了对这两个村的产业和基础设施建设投入，于2017年底，夯卡村实现整村脱贫，流滚村也将在今年底全面摘除贫困帽子。

生产生活、村容村貌及村民的精神面貌发生了可喜变化，但这并不是美好生活的全部。因为，流滚村和夯卡村的农户一直还沿用着传统古老的旱厕，这是阻碍提高村民生活品质的一块绊脚石。

旱厕没有冲水设备和下水道，旱厕的蓄粪池不能及时清掏，散发着臭气熏天的气味，招来大批蚊蝇，滋生蛆虫，给村民的身体健康带来极大的威胁。

今年4月初，湘西州委副秘书长、州美丽湘西办主任杨清英到流滚村和夯卡村走访慰问联系户，了解到村民基本上还是使用着旱厕，而村民们对于改厕也不是那么热衷，于是联合腊尔山镇负责人、驻村工作队、村干部一起就农户改厕工作进行座谈调研，决定把这两个村定为改厕的又一个示范点。

在此之前，全州大部分农村改厕工作正如火如荼进行，曾相继出现了保靖"茶市模式"、花垣"鸭八溪模式"等一批先进的改厕样板。所以，流滚村和夯卡村的改厕不仅刻不容缓，而且必须要有所创新。

经过几天的入户走访、宣传发动，村干部和党员带头，仅仅一个月，流滚村第一批30户、夯卡村6户改厕完工，经验收，两村有27户合格。

走进夯卡村吴环兴家，房前屋后干干净净，厕所已告别了传统农村旱厕的样式，用上了冲水式便池，地面整洁、环境美观。"现在好了，上厕所没有臭气了，也不担心小孩子的安全问题了。"吴环兴高兴地对来参观的众人说。

该村龙树根家的厕所更是让各位参观者眼睛一亮，厕所不仅宽敞明亮，且卫浴装置俱全，还配备有梳妆台。龙树根站在厕所旁边，听着大家对自家厕所的赞美，脸上挂着灿烂而自豪的笑容。

"习近平总书记多次强调'小厕所，大民生'，要把这项工作作为乡村振兴战略的一项具体工作来推进，努力补齐这块影响群众生活品质的短板。我们进行改厕也可以说是摆脱贫穷落后的重要一步，是提高生活品质的第一步，是保护环境防止污染的第一步。"杨清英在此次表彰大会上说。

幸福路上，让改厕星火燎原

像流滚村和夯卡村这样举行"改厕先进农户表彰大会"在全州尚属首次，此举得到湘西州委、州政府高度重视。因为，流滚村和夯卡村的改厕，在当前全州的"厕所革命"行动中，溅射出不同凡响的星火，走出了一条不一样的新路子。

吴建新是流滚村第一个改厕的，工作队到他家发动时，正迎合了他想改变原来那不好用的又臭又刺眼的厕所的想法，于是，他自己动手，不等不靠，一个多星期后，改厕完工，并达到了改厕标准。

在这次表彰的名单中，吴建新的名字排在第一个，摘得了个头名。他领奖时兴奋开心的样子，正是对"幸福"二字最本真的诠释。

今年5月，71岁的夯卡村村民欧定潮，到本村欧知兴家看了已改厕完工的新厕所，感觉非常好，回家后就开始对自家的旱厕实施改造。喊来女婿帮忙，拉水泥砖，运砂子，在原来的茅坑上面盖了板，装了便盆，还贴了瓷砖，把厕所和猪圈隔开，用水泥砖砌了围墙，装了门，一个星期就把厕所改好了。

"6月4日，欧大叔给我打电话说改厕搞好了，要我去看一下。我一到他家，他兴奋得像个小孩子拉着我就去看厕所。"欧定潮的帮扶人谭少平说，"厕所因地就势确实改到位了，我给他竖了个大拇指"。

不等不靠不要，政府不安排工程队，不统一购买材料，农户自己出钱出力进行改厕；按照州美丽湘西办提供的基本标准，农户根据自家的经济收入情况而进行选择性和创造性地改厕；对于缺少劳动能力的改厕户，左邻右舍、亲朋好友或村组党员干部相互帮助；经过验收合格，政府按一个标准奖励，每户1500元，厕所上面加了水箱另奖500元。

这就是凤凰改厕的新样板——"流滚和夯卡模式"。

政府出资和奖励，一样花了钱，但是概念不一样，性质也完全不同。给钱要农户改，村民是被动的，某种程度上还会助长"等靠要"的思想；改了进行奖励，是对村民主动作为的激励，是一种观念的改变，其结果是物质和精神的双丰收。

"这种厕改模式有利于发挥村党支部坚强堡垒作用，激发群众的内生动力和艰苦奋斗、自力更生、互帮互助的精神与力量，发挥其勤劳、勇敢、担当的主人翁意识和境界，广泛营造了不等不靠不要、勤劳致富的氛围。"杨清英说，"这种方法和模式是非常适合湘西农户改厕，是目前最值得推广的改厕模式"。

"改厕所本来是自家的事，还有奖励，党的政策真是太好了！"欧定潮老人开心地说，"我改厕用了1600多元，得到1500元奖励，太划算了"。

湘西州委秘书长向邦伟说："农村'厕所革命'提高了群众的生活品质，是进行美丽乡村建设的重要举措，对促进乡村的振兴，实现农村的繁荣发展具有重要的意义。"

判断一个村是否文明、是否富裕，从厕所上面就能够看出来。"在9月底之前，我们将全部完成改厕任务，力争实现旱厕清零。"流滚村和夯卡村的村组干部及广大村民表态道。

"要想生活更美好，就把旱厕消灭了。"这不仅仅是流滚村和夯卡村喊出的心声和誓言，也是全州广大人民摆脱贫穷落后、过上幸福生活、建设美好家园发出的铿锵有力的声音。

10 岩门溪村："为民"创出新生活

付 丹 曹 锋

"滴滴、滴滴……""快看咱们为民微信群里，又有村民点赞给好评了……"2019 年 3 月 12 日晚上 9 点多，泸溪县浦市镇岩门溪村驻村工作队员张成的微信响不停，进群一看，原来村民正在为工作队刚发在群里这一天扎实工作开展情况图片评论点赞……

自 2017 年 8 月以来，岩门溪村积极推进湘西为民村级微信群工作，突出围绕村务公示、工作政策公开、便民服务等重点，充分发挥掌尖"微力量"，在助力精准扶贫脱贫、加强基层组织建设、监督干部履职作为、源头化解信访问题、推进乡村社会治理和服务管理上彰显了"巨能量"。

村务公开公示常常有

"各位村民大家好，这是 2 月份村权监督月例会的村财务收支情况、工作开展情况及 3 月工作部署情况，现在群里公示接受广大村民监督，若有疑问或异议请向村委会提出。"村妇女主任、湘西为民（岩门溪村）微信群管理员唐海利将刚结束的月例会议相关工作在群里进行公示公告。

增强基层执政的公信力，透明公开是一把关键钥匙。岩门溪村坚定强化湘西为民村级微信群工作，按照每家至少进群一人，全村 576 户近 90% 户共 500 余人加入了为民群。设定专人管理、答复群众诉求，做到村党务、村务、财务、项目建设、惠民补助等公开公示常常有，做到第一时间公示、第一时间收集信息、第一时间回应诉求，有效解除村民对村里工作不信任的"小疙瘩"，群众满意度逐年提高。近年来无一起举报村腐败、不作为的信访事件，岩门溪村也从 2015 年的软弱涣散村转变为连获 3 年先进基层党组织的先进村。

落实工作政策时时晒

"今日政策推荐：2019 年中央 1 号文件正式发布，相关政策干货供大家学习了解……"2 月 20 日晚上 11 点左右，驻村第一书记在学习中央 1 号文件后及时推送到群里供大家参阅，引导村民多了解国家政策，抢抓机遇脱贫致富。

驻村工作队积极助推村为民微信群建设，坚持每日发布 2 条消息，将政策宣传、入户走访、开展扫黑除恶专项斗争、产业发展等以图片、文字、短视频等多种方式向群里公开，接受广大村民的意见和建议，有力增强了脱贫成效的宣传力，增进了与群众的感情，提高了群众满意度。

"这是本月村干部坐值班台账，就是村干部每天做了哪些事情，现在公布在群里，接受广大村民监督和提意见建议。"3 月 1 日，村秘书把泸溪县村(社区)干部轮流坐(值)班记录本上 2 月份岩门溪村每日值班情况——拍照公示到群里。岩门溪村五大主干严格落实坐(值)班制度，并详细记录每日工作开展情况，有效促进了责任落实、工作落实、政策落实。

掌尖便民服务频频好

"今年小麻这里脐橙都冻死好多，我们都不懂，工作队啥时候邀请县技术人员来教我们怎样修剪，不然今年要损失好多……"3 月 1 日，村里脐橙种植大户石九金在群里发语音反映村小麻脐橙亟待冻后培管。3 月 5 日，驻村工作队便邀请县镇 6 名专家分别到小麻和村集体经济脐橙林举办了两场实地脐橙冻后培管，发放资料 150 余份，培训果农和村合作社管理人员 100 余人，通过培训指导，村民正抢抓有利天气积极开展冻后修剪培管工作，为有效应对低温冰雪灾害、恢复灾后生产和助力精准脱贫打响了良好开局仗。

"紧急通知，未来 12 小时有强降雪现象，要特别注意交通安全……"浦市镇政府驻村组长在村里发布重大天气预报提醒广大村民注意交通安全。

如今像这类便民信息，及时回复村民诉求已然成为岩门溪村微信掌尖为民服务的常态，通过人人常玩的微信实现及时高效的民意反馈、重大情况通报。

文明素质提升步步高

"这个群是为村民服务的，请张某不要在群里转发游戏……"群管理员在群里进行了点名批评。与此同时，岩门溪村还定期进行监督管理，对于那些转发游戏、广告、甚至不良信息等，经过严肃点名批评后仍不改的群友进行强制踢出群，有效杜绝垃圾信息泛滥影响村民阅读需要信息。

通过强化为民微信群的管理，引导村民正确反映诉求，积极推送有益便民信息，岩门溪不仅各项工作扎实推进，村民素质也得到了显著提升。2018年，先后荣获"全州推进村民服务+监督先进村"、州级文明村、全州美丽乡村示范创建工作优秀村、全州创建全面建成小康示范村，各项民生事业得到快速发展，群众安全感、幸福感、满意度逐年提高。

图 集

湘西州政协主席刘昌刚（前中）陪同湖南省政协主席李微微（前左）
调研湘西州民族文化旅游扶贫模式

湘西州政协主席刘昌刚（左九）率队到十八洞村调研

湘西州政协主席刘昌刚深入凤凰县廖家桥镇菖蒲塘村调研农业产业发展情况

湘西州政协主席刘昌刚(右)在永顺县石堤镇友谊村为农民朋友直播带货销售黄桃

湘西州政协主席刘昌刚（左六）出席"播种希望 放飞梦想"爱心助学金发放仪式

湘西州政协主席刘昌刚率州政协委员深入永顺县松柏镇调研粮食生产情况

政协帮扶开发的花垣县麻栗场镇黄土坡茶叶种植园

吉首市政协主席陈刚深入吉首市双塘街道周家寨社区，走访慰问结对帮扶户张宪清，
并送上产业发展帮扶资金

吉首市政协副主席陈晓瑜深入吉首市丹青镇香花村走访慰问建档立卡户

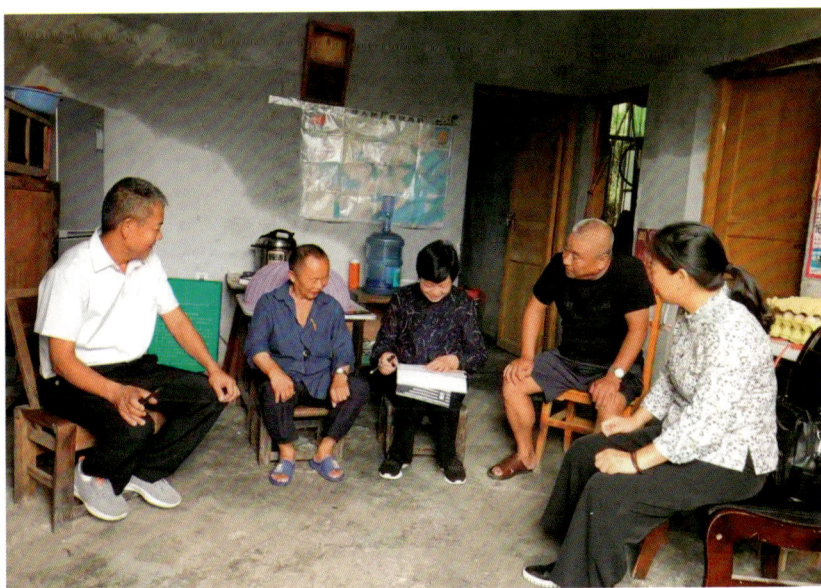

湖南省政协常委、湖南商务职业技术学院院长李定珍（中），率帮扶小组成员市政协委员
周开龙（右二）、肖艳红（右一）深入吉首市峒河街道上佬村走访慰问结对帮扶对象，
送上慰问物资并共同制订帮扶计划

泸溪县政协主席胡成平一行到洞底坪村调研指导洞底坪村电商平台建设情况

泸溪县政协驻洞底坪村帮扶产业——千亩葡萄园

泸溪县政协驻李岩村工作队开展电商培训

凤凰县政协主席田茂君在茶田镇瓦村指导工作

凤凰县政协主席田茂君在茶田镇瓦坪村慰问贫困户

凤凰县政协秘书长田满清在茶田瓦坪村指导扶贫工作

花垣县政协主席杨清泉在麻栗场镇沙坪村视察农作物旱情受灾情况

花垣县政协在麻栗场镇沙坪村召开脱贫攻坚问计于民院坝会

花垣县政协在麻栗场镇沙坪村举行文化下乡(送春联)活动

花垣县政协在麻栗场镇沙坪村组织学习"十九大"精神

古丈县政协主席向加茂走访慰问坪坝镇板栗村结对帮扶对象

古丈县政协主席向加茂带领县政协调研组到高峰镇石门寨村
调研农民工返乡创业助力脱贫攻坚情况

古丈县政协办驻村扶贫工作队到坪坝镇溪口村窝米寨发放鱼苗和"爱心鱼"，发展稻田养鱼

保靖县政协驻村工作队为扶贫村党员培训扶贫知识

保靖县政协主席梁远新为农户宣讲脱贫攻坚政策

保靖县政协副主席彭图韬到毛沟镇略水村陪孩子们过六一节，发放书籍等学习用品

永顺县政协主席曾维秀带队走访慰问精准扶贫户

永顺县政协主席曾维秀带队深入万福村调研精准扶贫工作

永顺县政协驻万福村扶贫工作队与村民们共商推进美丽乡村建设

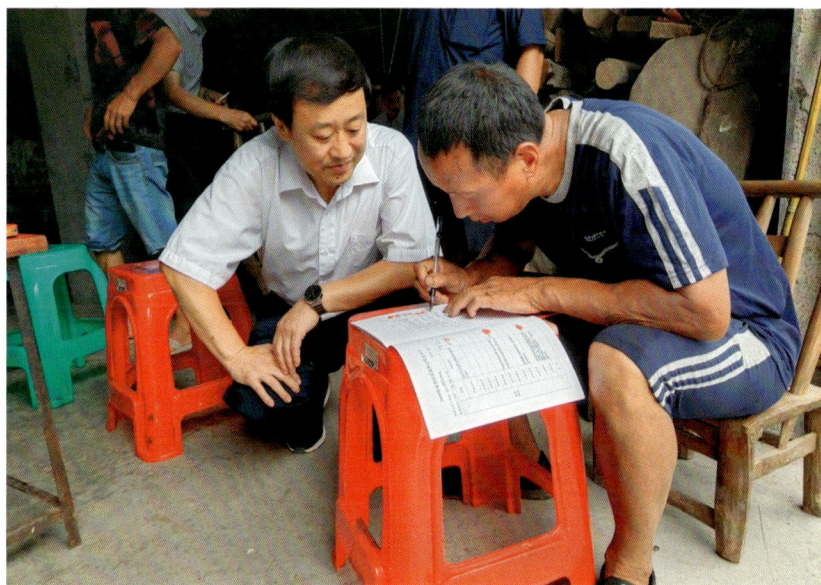

龙山县政协主席吴少叶入户走访杨家溪村建档立卡贫困户张元敏

龙山县雷音社区贫困户培植的食用菌长势喜人

龙山县政协到杨家溪村调研脱贫攻坚工作